教育部人文社会科学研究项目“大学社会责任的实现模式与制度创新”
（13YJC880034）成果

教育管理与教育政策

Integrating and Governance of University
Social Responsibility

大学社会责任的组织融入与治理

康　乐◎著

科学出版社
北京

内 容 简 介

大学无论规模大小、学术实力强弱、成立时间早晚，都需要为自身决策和活动对社会和环境产生的影响承担社会责任。大学无论学术实力强弱，均有责任通过教育、科研、服务引领社会共同应对全球问题的挑战。大学无论是公立高等教育机构还是私立高等教育机构，均有义务为组织的社会责任发展探求最佳的管理模式。

本书对大学社会责任的组织融入与治理开展的系统性研究，在一定程度上丰富了大学社会责任基本理论研究，对推进大学社会责任的实践发展也有所裨益。成果旨在院校层面促进大学社会责任的价值和原则通过大学的政策、战略、程序、过程得到体现，使大学核心学术活动因社会责任原则得到加强和发展，为不同类型的大学思考如何充分结合自身特点并利用自身优势来开展社会责任治理提出前瞻性的对策建议。

本书可供政府部门、高等学校、大学社会责任联盟组织、社会责任与可持续发展研究机构等的政策制定者、战略领导者、学术研究者、实践行动者参阅，也可作为教育经济与管理、教育管理、高等教育学、管理科学与工程、公共事业管理等相关专业的参考用书。

图书在版编目（CIP）数据

大学社会责任的组织融入与治理/康乐著. —北京：科学出版社，2020.6
（教育管理与教育政策）
ISBN 978-7-03-064845-7

Ⅰ. ①大… Ⅱ. ①康… Ⅲ. ①高等学校-社会责任-研究-中国 Ⅳ. ①G646

中国版本图书馆 CIP 数据核字（2020）第 064249 号

责任编辑：孙文影 高丽丽/责任校对：何艳萍
责任印制：李 彤/封面设计：润一文化

科学出版社 出版
北京东黄城根北街 16 号
邮政编码：100717
http://www.sciencep.com
北京中石油彩色印刷有限责任公司 印刷
科学出版社发行 各地新华书店经销
*
2020 年 6 月第 一 版 开本：720×1000 B5
2020 年10月第二次印刷 印张：13 1/4
字数：226 000
定价：89.00 元
（如有印装质量问题，我社负责调换）

前　言

这个新时代使大学更接近为全人类创造美好未来的梦想，这个新时代也带给大学先前未预见的机遇和挑战。随着大学对社会的影响日益重要，社会对大学的社会责任要求也日益提升。全球高等教育对于社会责任的共识与承诺，转化成大学组织层面的措施并得以成功实施，其具有的示范意义无疑是影响深远的。人们认为，如果没有大学组织作为承担社会责任的示范，人类创建可持续发展的未来所需要的个体与社会的转变恐将难以发生。

中国高等教育的办学水平、教育质量、国际地位日益提升，无论是中国大学师生还是外部公众，都为我们正在共同构建的事业而感到兴奋。全球教育界开始关注中国的世界一流大学将怎样影响世界、向人类社会贡献什么样的文明成果、承担什么样的社会责任。我国很多大学及其管理者积极倡导大学社会责任理念，增强高校社会服务功能，彰显大学社会责任的综合效应。一流大学的校长时常在世界高等教育舞台发声，还有一些大学主动加入全球性的可持续发展倡议和大学社会责任联盟。然而，认真研究起来，我国这些大学的社会责任实践并没有真正获得中层管理者和大学师生的积极投入与热情贡献，我国大学对要解决的环境、社会、全球问题并未产生期望中那样重要和积极的社会影响。

这种令人遗憾的现象背后的原因，是现有的大学治理和管理未能将社会责任融入大学日常运营。我国大学还处于社会责任管理缺乏或少量探索的阶段。我国高等教育理论界的一些专家学者仍然将大学社会责任视为“理念”层面的问题，“大学社会责任管理”还不能被称为是一种“管理”。似乎大学的社会责任与企业的社会责任不同，并不需要特别关注并加以具体管理。还有很多大学仍在观望，大学积极履行社会责任能为组织带来什么，能否提高大学的竞争力和全球排名，等等。遗憾的是，尚不能从已有的研究证据中得出清晰的结论。

在世界范围内，一些前摄性（proactive）的大学已将社会责任上升到战略层面。近年来，越来越多的世界一流大学将社会责任作为关系大学长远发展的核心战略，并从中获益。很多世界一流大学开始探索成效更加显著的社会责任管理模式，使社会责任治理服务于高等教育的可持续发展。在建设世界一流大学与一流学科的历史进程中，中国大学尤其需要关注社会责任要素对世界一流大学建设的重要意义。

大学要履行好社会责任，关键要看这所大学是否实现了社会责任的组织融入，将社会责任理念与原则、社会责任核心主题与议题、社会责任管理与实践真正融入组织。中华人民共和国国家标准《社会责任指南》（GB/T 36000—2015）希望从整个社会的角度，为各种类型的组织提供行为指引。组织可以根据自己的性质特点，从这个国家标准中选择适合的行为方式。

结合国家标准的指引，基于理论研究成果和实践经验，本书希望能够为大学实现社会责任提供一个轨迹框架，在院校层面促进大学社会责任的价值和原则通过大学的战略、政策、程序、过程得到体现，使大学核心活动因社会责任原则得到加强并获得可持续发展。

本书致力于探索如下三个学术问题：我国大学如何发现和应用社会责任标准的价值与意义？如何去寻找符合大学组织实际的应用方法和切入路径？如何将社会责任融入大学组织的治理、体系和程序之中？

本书尝试从以下几个方面来分析大学社会责任的组织融入与治理。

第一，大学是否将社会责任理念融入大学战略，是否在制定战略规划时，将大学的宗旨、愿景、核心价值观与社会责任统一起来。

第二，大学是否有社会责任管理体系作为支撑，以确保社会责任理念和战略的落地。

第三，大学是否将社会责任融入日常工作，各部门及其师生能否考虑到工作对社会造成的影响，考虑关键利益相关方的期望和要求。

第四，大学是否将自身优势与社会责任议题紧密结合，长期持续投入，解决社会和环境问题。

第五，大学能否创新社会责任的履行模式，创造共享价值。

根据这五个方面，本书对大学社会责任的组织融入与治理开展了系统性研究，得出了一些具有创新性的结论，在一定程度上丰富了大学社会责任基本理论研究，对推进大学社会责任实践发展也有所裨益。

第一章是大学社会责任概述。本章对大学社会责任、大学社会责任的组织治理和组织融入等重要概念进行了界定；综述了国内外大学社会责任研究现状，使读者可以了解该研究领域经典的研究成果和前沿的研究动态；阐释了大学社会责任组织融入与治理研究的理论基础及其在研究过程中的具体应用；反映了利益相关者视角对战略性社会责任的重要作用，以及如何通过嵌入性治理理论分析大学社会责任履行模式中蕴含的深层次的大学、政府、社会之间的关系。

第二章回顾了现代大学社会责任的演进脉络，分析了现代大学社会责任的核心主题。第二章开始将视野聚焦到中国现代大学的社会责任，并通过访谈法来调查大学师生和外部公众对上述问题的认知。访谈工作历时两年，参与访谈的公众有 120 人次，被访者来自 12 所不同类型的大学。从利益相关者角度看，大学社会责任要获得公众认同，形成对大学长期社会责任行为的积极评判，必须进行社会责任治理模式的转型。本章审视了大学社会责任研究中存在争议的一些问题，进一步回答了大学社会责任是谁的责任；大学应该对什么负责；大学究竟出于何种动机、采取何种方式来履行社会责任；大学社会责任在实践中是不是一个伪命题；大学能否采纳社会责任，并把它视为自身发展的驱动力等问题。大学社会责任反映了特定时期公众对大学组织所寄托的期望，承担社会责任体现了大学对公众的愿望和需求做出的反应。

大学社会责任的组织融入与治理是一项探索性的理论研究，需要研究者从大量大学社会责任治理行为中总结出一些实践与发展的规律。本书以对 12 个院校的案例研究为基础，在第三章、第四章、第五章分别提供了欧洲、北美、亚太地区一流大学的社会责任优秀实践案例。在案例选取上，本书主要选取了世界一流研究型大学的社会责任管理实践。案例研究的过程富有挑战性，笔者在过去的五年里，利用出国留学、参加国际会议、访学交流、国际专家讲座等国际交流合作机会对案例大学进行调研，不断地搜集、跟踪案例大学实施社会责任的战略与行动信息，筛选甄别、归纳整理与研究密切相关及有价值的文本信息，通过对样本大学管理者、项目协调人、社会责任办公室工作人员进行电话和邮件访谈，来确认资料运用的准确性，以避免出现历史事实和分析解释疏漏。本书对案例大学的社会责任实践进行了深度的描述，总结了这些大学开展社会责任管理的核心特征，并基于案例材料的核心主题分析，验证了大学社会责任组织融入轨迹框架的科学性和合理性。

第六章主要描述了大学社会责任组织融入的轨迹框架。本书提出了社会责任组织融入的实现途径，即如何实施大学社会责任组织融入规划，以及如何将原则和相关实践整合并贯穿到大学的战略、决策、教育教学、组织文化之中。第六章是本书研究重点和难点。我国大学社会责任实践的最主要障碍是缺乏制度支持、缺少利益相关方参与、缺乏组织文化。在大多数情况下，大学可尝试基于现有体系、政策、结构和网络等开展社会责任实践，但是要将社会责任融入大学组织并真正发挥作用，需做出更为完善的顶层设计和长期、系统性的努力。大学对社会责任进行组织融入并不是要求我们的大学去做一件全新的事情，而是让大学用新的理念、新的方式去管理，将自身优势与社会责任议题紧密结合，解决教育、社会与环境问题。

第七章为大学社会责任的组织治理提供了一个理论模型。治理机制对大学行为有重要影响，治理失败是造成责任缺失的主要原因。大学应确认各项社会责任原则在大学治理中得到遵循并在其组织文化中得到反映，塑造履责的可靠性、透明性以及可持续性，开展真正的社会责任治理探索。履行社会责任也应当与治理结构相结合，从社会关系层面考虑组织与利益相关者之间的权责安排，并通过合理设计的治理结构来增强社会责任的履行。

一定会有很多高校教育管理者仍然对如何在大学日常管理运营中将社会责任“落地”感到困惑。本书的第八章就是解决这些困惑的。大学社会责任的履责管理是将大学的内生与外源的履责意愿转化为履责行动的关键机制。第八章主要针对中国大学的组织情境展开分析，提出的共性建议适用于研究型大学、教学研究型大学、应用技术型大学等不同类型的大学。管理层面的具体探讨主要包括：大学如何做好战略性社会责任规划；大学如何制定自身的社会责任政策以及政府部门社会责任公共政策的展望；如何开展社会责任项目尤其是跨部门合作项目的运营；如何推动利益相关方的参与，增进与利益相关方的双向沟通；如何进行社会责任监测评价；如何开展社会责任信息披露。

康　乐

目　　录

绪　论

一、研究背景与研究意义

（一）研究背景

大学社会责任实践的发展体现了政府、社会、大学关系范式在追求合理化与合意性。从政府的视角来看，在对大学社会责任实践的推进中，政府是凝聚责任共识、丰富责任实践的引导者。近五年，我国政府不断探索，为大学社会责任的发展提供了更完善的机制保障，营造了更有利的氛围。2015 年 6 月 2 日，国家质量监督检验检疫总局和国家标准化管理委员会正式批准发布了以“36000”数字为系列的三项国家标准：《社会责任指南》（GB/T 36000—2015）、《社会责任报告编写指南》（GB/T 36001—2015）和《社会责任绩效分类指引》（GB/T 36002—2015）。作为我国社会责任领域内的第一批国家层面的标准性文件，这些是 2010 年 11 月 1 日国际标准化组织发布的《社会责任指南》（ISO 26000）在中国的落地，为大学组织履行社会责任提供了系统、全面的指导，对提升国内社会责任水平起到了重要作用。在此宏观背景下，社会责任向大学治理以及内部管理活动的融入将成为必然趋势。

从社会的视角来看，随着中国特色社会主义进入新时代，中国社会主要矛盾已经转化为人民日益增长的美好生活需要和不平衡不充分的发展之间的矛盾。社会需要整个高等教育系统更加关注人民群众对美好生活、幸福福祉的追求，办公平而有质量的高等教育，办人民满意的高等教育，这与大学的社会责任在本质上是契合的。《中国落实 2030 年可持续发展议程国别方案》展现出中国作为负责任的大国，努力实现中国人民人人享有公平而有质量教育的决心。实施“一带一路”教育共同行动，展示了中国希望造福“一带一路”沿线各国人民的社会责任。在这样的背景下，高等教育系统应深知：大学无论组织规模大小、学术实力如何，都要为自身的决策和活动对人类、社会、环境的影响承担相应的社会责任。在建设世界一流大学与一流学科的历史进程中，大学尤其需要关注社会责任对一流大学和一流学科建设的战略意义。

从大学的视角来看，利益相关者、社会责任、可持续发展等概念已经在高校教育管理中得到普遍的认同。但是，大学自身在需求、管理、效果等方面存在的问题仍是其社会责任实践发展的最大阻碍。大学社会责任实践的不足，突出地表现在以下三个方面：一是社会责任未能真正融入大学组织的核心价值观和发展战略，这使得很多大学未能通过价值观的引领和战略规划来促进组织整体和师生个体的社会责任实践的发展。二是一些大学对社会责任的核心主题和相关议题的辨识仍然不够清晰，有的组织履责范畴过于宽泛，不够聚焦；有的组织履责范畴又过于狭窄，不够全面。三是大多数大学还没有对社会责任展开实质性的管理和治理，社会责任实践长期缺乏核心职能部门和院系的有力支持，导致大学开展的社会责任项目的周期较短，这也会影响大学长期的社会责任战略。

大学在社会责任实践中暴露出的不足，迫切需要通过深入的社会责任基本理论研究予以厘清。在过去的半个世纪中，大学治理理论已经有了相对完整的理论体系，但是在传统的经典治理理论框架中却没有社会责任的内容。虽然全球范围内产生了很多影响广泛的大学社会责任的宣言和理论探索，但是它们仍是在高度概念化的层面进行的，并未能建立起一座将大学治理与社会责任紧密结合起来的桥梁。在这样的背景下，大学社会责任的组织融入与治理研究具有比较重要的理论价值和实践意义。

（二）研究意义

本书致力于为学术界、教育管理者和政策制定者提供一个集大学社会责任的本质探索和实践对策于一体的研究成果。

第一，通过运用利益相关者视角的大学社会责任分析框架，研究核心利益相关方对中国大学社会责任的辨识和认同，识别研究型大学、教学型大学、应用技术型大学承担的社会责任内容和实践行为差异。研究成果将促进各类大学充分结合自身的组织特点，利用自身的知识、资源和能力优势开展社会责任实践。

第二，大学社会责任的组织融入研究旨在从院校层面促进社会责任的价值和原则通过大学的政策、战略、程序、过程得到体现，使得大学的核心学术活动因践行社会责任原则而得到加强和发展。这项研究能够为大学社会责任政策与实践的长远发展提供理论依据。此外，本书通过案例研究与经验借鉴，为研究不同类型的大学如何充分结合自身特点并利用自身优势来开展社会责任治理，为各类型、各层次的大学承担共同但有区别的社会责任实践提出前瞻性的对策建议。

第三，基于《社会责任指南》(GB/T 36000—2015)、《社会责任指南》(ISO 26000)标准等国家标准与国际标准，针对中国大学的社会责任履责管理，本书从战略规划、政策制定、议题管理、项目运营、利益相关方沟通、信息披露、绩效评价等多个层面提出适用于我国大学的社会责任履责管理策略。这一研究成果有利于在理论和实践层面促进社会责任的价值和原则融入大学的政策、文化、战略、组织结构、核心活动，并增强大学的战略竞争力。

二、研究方法与研究设计

本书综合运用访谈法、案例研究法、文本分析法展开对主要学术问题的研究工作，具体研究方法的运用与设计如下。

（一）访谈法

在处理一些复杂的社会责任行为或者态度问题时，采用问卷调查方式获得的结论有时存在过于浅显、简单的不足。由于自身研究与工作精力的限制，在开始调查时，笔者对于教学科研型大学和应用技术型大学的社会责任内容和实践仍然不甚了解。学界相关的理论研究文献也缺少关于上述两类大学的社会责任理念和实践的研究成果，这使得理论假设的提出较为困难，较难设计针对调查对象的结构性问卷并进行统一的标准化测量。因此，本书开展了公众对大学社会责任的认知调查，采用质化研究方法，主要运用访谈法来获取 于研究资料。

1. 访谈提纲

本书基于利益相关者理论，研究教育管理者、大学教师、大学生、外部公众对于大学社会责任的概念内容维度、客体对象、驱动因素、效果表现的认知。本书的研究内容契合学者关于加强从个体层面入手来开展社会责任研究的建议，也回应了学者关于加强不同类型大学社会责任研究的呼吁。

第一，在个体认知层面，笔者针对公众对大学社会责任的概念认知进行访谈，以考察教育管理者、师生、外部利益相关方对大学社会责任的内涵与外延、大学承担社会责任的看法。在国际标准化组织的《社会责任指南》（ISO26000）发布之前，社会责任并没有统一的定义，学者和公众对于大学的社会责任也有不同的理解。大学社会责任的概念认知包括公众对大学社会责任是什么的主观认识，以及对社会责任基本内容的描述。被访者首先需要描述自己所在的大学承担着哪些社会责任，其次对这些社会责任进行具体的描述并讲述其亲身参与的社会责任实践故事。

任何社会责任原则的落实和实现，都必须借助一定的行为。笔者首先搜集被访者印象深刻的社会责任行为事件的资料，然后通过内容分析将这些资料归入相应的主类别中，并进行大学社会责任概念范畴的归纳性分析，以区分不同类型大学的社会责任行为特征。行为识别理论认为，行为识别分为低水平行为识别和高水平行为识别，不同水平的行为识别会对行动控制产生不同的影响。低水平行为识别者根据行动的细节，用例行的方法和手段来考虑行动。高水平行为识别者则倾向于考虑多种动机，更倾向于根据因果效应、社会意义和内隐的自我描述来考虑行动，最终达到能明确地识别并控制那些影响后果的行动。行为识别水平是行为的前因变量。既然社会责任认知有高水平与低水平之分，水平不同，人们对社会责任的认识也会存在差异，因此，社会责任行为也会存在差异。[①]大学社会责任认知是社会责任管理模式的前因变量，对大学社会责任管理模式具有决定性作用。

第二，以定义和内容为维度的访谈问题只能够用来分析不同类型的大学社会责任包含哪些构成要素，并不能解决这些大学应该对谁承担社会责任的问题，而后者才是大学社会责任理论和实践研究的关键所在。因此，本书的访谈研究设计了题项 4，用来分析和解释大学在其生存和发展的过程中需要对哪些利益相关者履行社会责任。题项 5 和题项 6 帮助分析大学履行社会责任的驱动因素。为了确保回答的真实性，访谈者原则上不做任何导向性的解释。

综上，笔者设计了半结构式访谈提纲，其中，六个题项问题对于各类被访者都是适用的。访谈提纲具体如下：

您好，我是大连理工大学高等教育研究院的康乐，本人主持的国家社会科学基金教育学青年项目“社会责任视角下的大学可持续发展组织转型”需要在贵校进行一个小规模的结构式访谈。

---

① 李艳丽，高岚. 企业社会责任管理模式的影响因素模型与提升政策. 管理评论，2018，(9)：186-198.

您的回答将有助于我们了解中国大学师生对大学社会责任的认知情况。

请您在百忙之中客观真实地回答如下问题。

1）请描述您对大学承担社会责任持有的态度。

2）您所了解的大学在过去一年中承担了哪些社会责任？请描述 2～3 件印象最深刻的事情。

3）您所了解的研究型大学/教学科研型大学/应用技术型大学应该履行哪些社会责任？请列举出 5 项主要内容。

4）大学应该对谁承担社会责任？

5）您认为大学及其师生出于何种动机承担大学社会责任？

6）您认为承担社会责任给大学的生存发展带来了哪些影响？

2. 访谈对象

在这项访谈中，遵循理论性抽样原则，对来自研究型大学、教学科研型大学、应用技术型大学的受访对象进行选择即由在研究过程中形成的概念范畴或理论指导下一步研究的抽样和资料的采集。质化研究要求访谈者对研究问题有一定的了解，样本量的确定以实现理论饱和为依据。本书借助个人深度访谈进行数据收集，以获取一手资料。

笔者在中国选取 12 所大学，其中教育部直属一流研究型大学 4 所，省属公立教学研究型大学 4 所，高水平应用技术型大学 4 所。其中，4 所应用技术型大学均为应用技术大学（学院）联盟的成员。笔者选取的大学类型不同，并对它们的社会责任的核心主题进行比较研究。

每类大学的内部公众选择专任教师（教授、副教授、讲师）、大学生（本科生和研究生）、教育管理者（学校高层管理者、机关行政人员、辅导员），外部公众则选择教育部、省教育厅行政管理人员，与样本大学开展过产学研合作的国有大型企业高层管理者、校友、学生家长等，以更好地分析核心利益相关方对大学社会责任的认知。具体的样本分布如表 0-1 所示。

表 0-1 样本大学及调查对象的基本信息 单位：人

大学类型	大学名称	教师	学生	管理者	外部公众	访谈人数
部属研究型大学	北京大学 北京理工大学 南开大学 大连理工大学	15	12	11	10	48

续表

大学类型	大学名称	教师	学生	管理者	外部公众	访谈人数
省属教学研究型大学	辽宁师范大学 大连工业大学 上海大学 山东师范大学	10	17	7	5	39
应用技术型大学	天津中德应用技术大学 上海应用技术大学 上海杉达学院 大连东软信息学院	8	8	7	10	33
合计	12 所	33	37	25	25	120

在前期关于企业社会责任认知的实证研究文献中，一些实证分析结果表明，个体特征如性别、年龄、所在地域对社会责任认知没有显著影响。因此，本书没有对被访者的性别、年龄、所在地域进行专门统计。

在初试时，大学一年级新生、入职不到一年的讲师和行政人员表示不能很好地满足访谈条件，而且对相关问题并不了解。普遍而言，大学师生在大学学习和工作的时间越长，其对所在大学的社会责任认知水平会越高。因此，笔者优先选择大学二年级以上的本科生、高年级的研究生、工作 5 年以上的教学科研岗教师和教育管理岗教师，以确保被访者对该校社会责任的履行情况有足够的了解。

3. 访谈实施

访谈工作由 2016 年 12 月开始至 2018 年 12 月结束，历时两年，被访人数为 120 人。访谈地点分布在北京、上海、大连、天津、济南。调查者通过实地研究和参与式观察，从公众那里获得有关大学社会责任理念与实践价值等丰富的信息和资料，逐步科学地理解了公众对不同类型大学的社会责任的认知。

在访谈前事先取得了个案大学和被访者的许可，得到研究对象的同意，将要访谈的问题和访谈意图提前告知被访者，争取他们对研究的支持。在访谈期间，向被访者承诺和践行保密原则，保证他们在心理上不会受到研究工作的伤害，尊重其个人隐私，对所有访谈资料进行匿名处理，并对敏感性材料进行剔除。

（二）案例研究法

案例研究法强调发现“什么样”的问题，尤其适用于探索性研究问题，以形成新的概念或理论。当我们要探索像现代大学这种复杂的组织系统时，特别是要决定它们如何接受变革时，相关院校的案例研究为此提供了一条道路。案例研究可提供深层信息，从这些信息中我们能够汲取浓缩的概念研究结果。案例研究方法乃是对大学进行深层次研究的一个强有力的工具。[①]

本书的研究目的是发展新理论，研究问题具有描述性、归纳性和探索性特征。从前期的发现问题、选择研究视角与理论，到构建与证明理论模型，案例研究方法均发挥了重要的作用。不同类型的多重案例可保证研究观点更具可复制性。本书根据样本属性的多样性选择案例，开展跨国案例比较分析。案例研究方法为本书提供了一个很好的切入点，所得结论对我国大学社会责任实践的推广也十分有利。

本书在案例选取上主要考虑了以下原则。

其一，根据样本属性的多样性选择样本大学。在选择样本时，笔者尽可能考虑到被调研大学的性质、类型、规模、成立时间、发展水平等方面的多样性，并以丰富的案例数据作为支撑。

其二，案例的典型性和可推广性。要求选择的样本大学实施社会责任战略、开展社会责任管理已有3～5年，其影响和范围在所在国家具有鲜明的代表性，所呈现的背景和信息比较全面。大学社会责任合作网络（University Social Responsibility Network，USR Network）执行委员会有14所创始高校，符合上述条件的大学有6所，分别是曼彻斯特大学、圣路易斯华盛顿大学、塔夫茨大学、香港理工大学、新南威尔士大学。此外，还从国际可持续校园合作网络（International Sustainable Campus Network）顾问委员会成员高校中选取符合上述条件的学校，分别为哈佛大学、不列颠哥伦比亚大学、澳大利亚国立大学，以及获得“全球可持续校园杰出奖”的同济大学。

其三，数据的可获得性。笔者在能力范围内十分重视对全部资料的采集工作，以增强研究结论的准确性。考虑到国内外实地调研的难度，以及研究精力与研究条件的限制，笔者在选择样本时考虑到高校比较集中的地区、与研究者所在高校及其学术团队有一定的合作和接触且调研阻力较小等因素，最终在欧洲地区、亚太地区、北美地区各选取4所高校。

经过对案例大学的社会责任管理与优秀实践进行筛选与比对，本次研究最终

---

① 伯顿·克拉克. 大学的持续变革——创业型大学新案例和新概念. 王承绪译. 北京：人民教育出版社，2008：90.

确定 12 所样本大学：欧洲地区的曼彻斯特大学、爱丁堡大学、维也纳大学、蒂宾根大学；北美地区的哈佛大学、圣路易斯华盛顿大学、塔夫茨大学、不列颠哥伦比亚大学；亚太地区的香港理工大学、同济大学、澳大利亚国立大学、新南威尔士大学，如表 0-2 所示。

表 0-2 案例大学的统计信息

大学名称	国别	学校类型	成立年份	学生数（人）	2017 年 QS 世界大学排名的位次
爱丁堡大学	英国	公立研究型	1583	41 312	19
曼彻斯特大学	英国	公立研究型	1824	38 500	29
维也纳大学	奥地利	公立研究型	1365	89 716	155
蒂宾根大学	德国	公立研究型	1477	28 500	167
哈佛大学	美国	私立研究型	1636	22 000	3
圣路易斯华盛顿大学	美国	私立研究型	1853	14 842	106
塔夫茨大学	美国	私立研究型	1852	11 767	238
不列颠哥伦比亚大学	加拿大	公立研究型	1908	60 000	45
香港理工大学	中国	公立研究型	1937	29 978	111
同济大学	中国	公立研究型	1907	35 809	315
澳大利亚国立大学	澳大利亚	公立研究型	1946	25 500	22
新南威尔士大学	澳大利亚	公立研究型	1949	40 000	49

资料来源：笔者根据各大学官方网站信息整理

笔者通过搜集案例大学公布的官方数据和资料，跟踪了 2015—2019 年案例大学实施的社会责任战略与行动信息。数据采集来源包括案例大学的社会责任网站、政策文本、社会责任报告、可持续发展报告、高层管理者演讲、研究者参观案例高校的交流活动，同时通过对案例高校的管理者、师生、社会责任项目负责人、社会责任办公室工作人员进行访谈，来确认所获取的案例资料的准确性。案例材料与访谈资料相互补充，保证了资料的准确性和研究的信度、效度。

在外部效度方面，笔者力求对案例学校进行全景式描述，探究一流大学是怎样履行大学社会责任的、为何这样履行社会责任，并进一步验证大学社会责任的实现路径的科学性和合理性。最终实现从组织、文化、制度等层面探讨的研究结果外推至同一层次、同一类型大学的程度和可能性，以及对所有大学此方面实践的可迁移性。

（三）文本分析法

资料分析是质性研究中最困难也是最重要的部分。文本分析法主要用于处理本次研究的访谈资料、案例资料，以及搜集到的大学社会责任政策文本、使命陈述、大学社会责任报告、大学社会责任联盟倡议等政策文本资料，并使用质性数据分析软件分析和提取大学社会责任的内涵构成要素、治理模型的结构要素。

本书将沿着“归纳系统结构与要素关系—构建 USR 理论模型—实证检验反馈—理论模型修正—基于理论模型的实践路径和推进策略分析”的思路开展研究，力求理论研究有所创新和突破，社会责任推进策略切实可行。技术路线图中的“大学社会责任”统一使用简称“USR”代替，如图 0-1 所示。

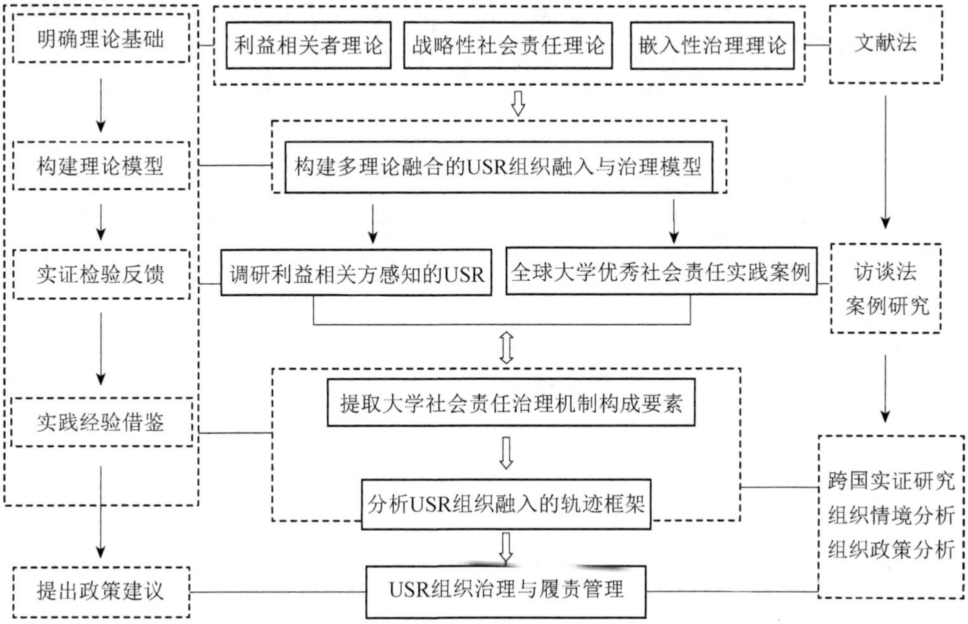

图 0-1　技术路线图

第一章 大学社会责任概述

本书关切大学作为学术组织的基本属性，大学社会责任的组织融入与治理的目的是要把大学办出更高的水平，促进大学培养人才、发展知识，使其为人类社会做出更大的贡献。大学社会责任的组织治理是对大学及其利益相关者所涉及的社会责任行为进行激励、约束、规制、引导的制度设计和组织安排。大学社会责任的组织融入是指大学在整个组织的影响范围内，通过政策和实践融入组织，实施和促进对社会负责的行为。大学社会责任研究属于高等教育管理领域的前沿探索性课题，国内外学者在仅仅十余年的研究历程中，沿着社会责任理念、社会责任标准、社会责任治理的研究脉络，使研究成果得以不断丰富和完善。

第一节 大学社会责任的概念界定

一、大学社会责任

中华人民共和国国家标准《社会责任指南》（GB/T 36000—2015）中对“社会责任”的定义如下：组织通过透明和合乎道德的行为，为其决策和活动对社会和环境的影响而担当的责任。这些行为致力于可持续发展，包括社会成员的健康和社会的福祉；考虑了利益相关方的期望；符合适用的法律，并与国际行为规范相一致；被融入整个组织并在组织关系中实施。[①]

本书基于国家标准中提出的社会责任定义，认为大学社会责任是指大学通过透明和合乎道德的行为，为其决策和教学、研究、服务等职能活动对社会和环境的影响而担当的责任。

大学社会责任、大学职能、大学使命是既有联系又有区别的三个概念。大学

---

① 中华人民共和国标准 社会责任指南：GB/T 36000—2015. 北京：中国标准出版社，2015：3.

社会责任指大学以强烈的责任感和使命感，明确不同类型的大学要培养什么样的人才、从事什么样的科学研究、提供什么样的社会服务来承担组织的社会责任。大学职能是大学依据社会发展的需要（大学应该做什么）、大学自身的逻辑（大学能够做什么）、长期的历史沉淀和印证（大学实际做了什么）而发挥的作用，是大学必须履行和完成的共性职责。大学职能主要包括人才培养、科学研究、社会服务、文化传承与创新、国际交流与合作。大学使命是对大学应有价值的判断、追求和选择，是对大学必须承担的社会责任的一种判定，具体体现为大学组织的宗旨、理想、目的和责任。大学社会责任的履行正是大学共同体发挥其职能、达成其使命的过程。大学社会责任是大学履行职能的平庸与卓越、功利与崇高、盲从与引领的“分水岭”。大学社会责任深刻彰显着大学使命的崇高精神与时代内涵，充分地折射着每一所大学的生存方式与伦理价值。与大学使命相比，大学社会责任涉及对各国广泛的社会期望的理解和尊重，因为大学不仅尊重法治和履行具有法律约束力的义务，还承担超越法律义务的社会行动。

二、可持续发展与大学社会责任

可持续发展是指在不损害后代人满足其自身需要的能力的前提下满足当代人的需要的发展。可持续发展要求为人类和地球建设一个具有包容性、可持续性和韧性的未来而共同努力。要实现可持续发展，必须协调好三大核心要素——经济增长、社会包容和环境保护，这些因素是相互关联的，且对个人和社会的福祉都至关重要。

社会责任以可持续发展作为总体目标。《社会责任指南》（GB/T 36000—2015）要求组织在社会责任活动中将可持续发展作为更广泛的社会期望加以考虑。社会责任理念代表着时代发展对组织提出的新要求，代表人类可持续发展的新观念。这个新观念的实质就是关于大学的发展为了谁、大学如何负责任地发展、大学如何体现出负责任地发展以及如何衡量负责任地发展成效等一系列问题。一所大学要想深刻认知并解决好这一系列问题，就要将可持续发展理念融入大学的发展观，也就形成了大学的社会责任观。

联合国《2030 年可持续发展议程》系统规划了世界可持续发展的蓝图，设立了 17 项目标，涵盖消除贫困与饥饿、健康、教育、性别平等、水与环境卫生、能源、创新与科技、气候变化等。可持续发展目标将成为促使各国的计划与其全球承诺一致的指针，指导开展由各国承担责任并主导的可持续发展战略。《2030 年可持续发展议程》旨在于2016—2030年以综合方式解决社会、经济和环境三个维度的发展问题，实现全球可持续发展。截至2018年，已有102个国家自愿报告2030年可持续发展目标的执行情况，另有51个国家在2019年完成报告。

联合国明确强调了教育对人类和世界可持续发展的重要性。现代高等教育是国家发展的重要基石，是实现人类可持续发展的关键要素。2012年，联合国可持续发展大会"里约+20"峰会提出"高等教育可持续性倡议"（Higher Education Sustainability Initiative，HESI），要求成员国的高等教育机构在全部学科的教学中开展可持续发展教学，鼓励可持续发展科研与知识传播，建设可持续校园，并支持当地的可持续发展，加入全球可持续发展伙伴关系并分享经验与知识。2017年7月，联合国可持续发展高级别政治论坛再次强调"可持续发展目标应融入高等教育机构的战略、科研、教学、教育和校园实践，高等教育机构应成为实现可持续发展目标的核心驱动者"①。

近年来，世界范围内已经有越来越多的大学积极建设以可持续发展为导向的高等教育机构，制定可持续运营的战略规划，并为实现可持续发展进行系统化改变，从人才培养、科研、校园建筑与环境、政策参与、社会影响等方面全面落实可持续发展理念，共同为人类社会创建繁荣和可持续的未来。

对于可持续发展与大学社会责任这一命题需要从两个方面来理解。

一是大学自身的可持续发展责任。大学将可持续发展理念融入大学组织，提供"包容和公平的优质教育"，采用可持续的管理模式，使大学及其高等教育系统具备包容、公平、绿色、协调、开放等良性特征，使大学的发展既符合当前学术共同体的成长需要、学术发展需要、学校整体发展需要，同时也不能影响甚至损害学校后续发展的需要。

二是大学具有促进和引领经济社会可持续发展的责任。大学肩负着培养人才、科学研究、社会服务、文化引领等多重使命，在应对气候变化、建设资源节约型和环境友好型社会的进程中，理应成为引领和推动社会可持续发展的先行者，积极履行促进经济、社会和生态环境可持续发展的社会责任，成为创造可持续发展社会的变革动力源。

上述两方面的责任是相互联系、密不可分的，因为高等教育在社会可持续发展中的作用正是其自身可持续发展能力的体现。

---

① United Nations. Higher education institutions—key drivers of the sustainable development goals.（2017-07-19）. https://sustainabledevelopment.un.org/hlpf/2017/HESIGlobalEvent.

三、大学社会责任的组织融入

大学社会责任的组织融入是指大学在整个组织的影响范围内，通过政策和实践融入，实施对社会负责的行为。

《社会责任指南》（ISO 26000）国际标准于2010年发布，中国相应的国家标准《社会责任指南》（GB/T 36000—2015）也于2016年起正式实施。这标志着社会责任的概念和内涵在全球范围内达成共识，各类组织均可通过《社会责任指南》（ISO 26000）中的社会责任原则、社会责任核心主题和议题以及如何将社会责任融入组织等内容获得相关指导。《社会责任指南》（ISO 26000）和《社会责任指南》（GB/T 36000—2015）中设有独立的章节——关于社会责任融入整个组织的指南。社会责任国家标准强调要“将社会责任融入整个组织”，“融入”在《社会责任指南》（ISO 26000）中对应的是“integrating”，译成中文也有一体化、整合的含义，并且是在时刻进行着的。

社会责任应该全面地融入组织，并和战略、理念、规划等结合，以有利于社会的方式进行管理。对于大学而言，将社会责任的理念与原则、社会责任的核心主题和议题、社会责任的管理与实践融入组织并转化为实际工作，还需要不断地尝试和摸索。无论是哪种类型的大学、大学现有的管理水平如何，在大学基于社会责任标准进行社会责任组织融入的过程中，首先需要明确具体需要纳入社会责任管理体系的管理内容，然后可以根据大学的类型属性和管理运营特点将社会责任的内容嵌入现有的治理架构或者构建新的管理架构。这种将社会责任组织融入的基本思路，既可以帮助大学找到更具有针对性、可行性的融入途径，也会使大学的社会责任治理和管理具有一定的创新性和领先性。

大学社会责任组织融入的主要目的是通过与自身的核心活动相关联，把承担的社会责任从额外负担变成价值创造的来源。但是对于社会责任认知和管理水平处于不同阶段的大学来说，如何找到适合自身特色和发展水平的社会责任融入模式，既需要自身去探索和创新，也需要学习和吸收先行者的经验。因此，通过案例研究提炼出各国大学将社会责任融入大学组织的不同方式，能够帮助我国大学找到更具有针对性、可行性的社会责任融入途径。

大学宜促进社会责任的价值和原则通过战略、决策、政策、持续的日常活动等得到体现，使社会责任成为组织整体核心战略的基本组成部分，以便在组织内各适当层次均确立相应的责任。组织每做一项决策和开展一项活动，均需时刻考虑到社会责任。社会责任事关组织决策和活动的潜在影响和实际影响，因此，持续的日常活动就构成了组织需要管理的最重要行为。由于大学的决策或活动的影响结果会受到与其他组织间关系的极大影响，因此，大学也需要与其他社会组织和处于组织影响范围内的利益相关方一道来共同履行社会责任。

四、大学社会责任的组织治理

大学社会责任的组织治理是对大学及其利益相关者所涉及的社会责任行为进行激励、约束、规制、引导的制度设计和组织安排。治理本质上是对行为进行激励、约束、规制、引导的秩序和规则。发展逻辑和治理逻辑的有效协调是维持大学和社会联动发展的重要保障。为了使大学为其决策和活动的影响承担责任，并将社会责任融入整个组织及其组织的各种关系，组织治理是最为关键的因素。组织治理是组织内部的决策框架，因此，它是各组织的核心职能。大学社会责任的组织治理具有特殊性，这种特殊性源于组织客观实际的需求，即通过组织治理来监督并实施社会责任原则。

本书涉及的大学社会责任治理是指大学为实现其社会责任目标而制定和实施决策的系统，它包括正式的治理机制和非正式的治理机制，前者以既定的结构和程序为依据，后者的形成则与大学的文化和价值观有关，并通常受到组织领导层的影响。

本书也使用了“大学的社会责任管理”这一概念，尤其是针对我国大学的组织情境专门撰写的第八章内容“大学社会责任的履责管理”。大学社会责任的履责管理是一种有目标、有计划、系统性地展开的并对社会责任实践活动进行管理的过程，其本质属性是大学有效管理其决策和活动所带来的经济、环境、社会影响。

大学是研究高深学问的社会组织，在追求教育质量和卓越的科研产出的同时承担并实现社会责任。尽管国际社会责任指南与社会责任国家标准在一定程度上协同了各国、各类组织对社会责任的认知，但是大学面对的是与各国企业截然不同的政策规制，各国大学所处的高等教育系统环境及其竞争程度也与企业具有显著的差异，各国大学自身的组织与文化独特性也使其管理方式与企业或政府以行政力量为主的责任管理具有不同之处。由于组织的特殊性，大学并不能把社会责任泛化，既不能忽视大学作为学术组织的本质，也不应该简单对照企业社会责任管理体系进行同质的行为模仿。

大学也需要转型，现代大学可以向更加负责任、可持续的组织转型。大学是底部沉重的学术组织，基层学术组织是由一个个独立个性的学者汇集到一起形成的共同体，辩论、质疑和挑战是学术共同体的本质性特征，这使大学的管理文化呈现出“有组织的无政府状态”。为实现对组织的控制和影响，大学逐渐创设出两个等效而不同的系统，其中一个是基于合法权威建立的行政系统，另一个是基于专业权威建立的学术系统。管理层为达到这两个系统的平衡，维护学术共同体所倡导的自由平等、兼容并包等核心价值观，在组织内部和外部的重大事务上多采取协商式的组织机制来实现良好治理。同样地，这种管理特征也决定了大学较难采取与企业一样的标准化社会责任管理体系，或者对社会责任管理过程与运营实践实现标准化。由于一些大学对社会责任的履责缺乏应有的行动力，政府部门监管的缺失与相关制度的不完善，社会责任实践还远未达到利益相关方的期望与理论界所倡导的效果。大学社会责任亟须由大学或政府的单边社会责任的推进式管理转向社会责任治理。

大学社会责任治理是对传统社会责任管理的范式转换。社会责任治理的内涵更全面，是一种优化、多元化、多角度的社会责任管理，它强调组织要综合考虑来自社会需求、环境目标等多元的利益诉求，并将其细化、设计为不同的参与方式，让更多的利益相关方加入管理过程，合作完成决策和实践，共同分享价值和收益。因此，不同的价值偏好与价值诉求的利益相关方以合作、共享与信任作为基本的治理机制，促进大学最大化地实现其以经济价值、社会价值与环境价值为构成的综合价值，具体如表 1-1 所示。

表 1-1　大学社会责任管理与社会责任治理范式比较

区别要素	社会责任管理	社会责任治理
主体	大学组织单一主体	利益相关者共同参与
客体	少数一流研究型大学	各类大学普遍参与
目标	单一价值创造	综合价值创造
驱动力量	制度规则驱动	多元利益相关方共同驱动
管理结构	单向度管理	网络治理
决策模式	规则命令式	多元主体协作共享式
管理模式	目标管理 指令式管理	基于价值认同的价值观管理 网络式的社会责任管理

资料来源：笔者研究整理

第二节　国内外研究综述

21 世纪以来，经济发展、环境保护和技术创新以及各项全球性挑战层出不穷，促使各国大学跳出传统的教学、科研的既定框架，重新厘定角色和责任，以期增加对社会的影响力。在联合国教科文组织等国际机构的推动下，大学社会责任在世界范围内备受关注，并被视为大学治理变革的重要战略因素。在此背景下，大学社会责任日益成为主流研究领域，并在实践层面成为大学治理变革的重要战略领域。大学社会责任研究属于高等教育管理领域的前沿探索性课题，国内外学者在仅仅 10 余年的研究历程中，沿着社会责任理念、社会责任标准、社会责任治理的研究脉络，使研究成果不断丰富和完善。

相关的国内外研究主要有以下三个方面。

一、大学社会责任的内涵与理念研究

（一）大学社会责任的内涵

20 世纪末 21 世纪初，大学社会责任的理念与构想在世界范围内迅速发展，其概念界定逐渐清晰并具体化，大学社会责任与其他组织的社会责任的差异逐渐被发现，文献可考据的大学社会责任的表述与定义也在这一时期产生。

欧盟委员会（European Commission）及研究者认为，任何一所大学，无论公立还是私立，均对社会产生影响。大学的核心学术活动以社会责任的价值观和原则为基础。大学作为一个社会组织，企业社会责任也可以被应用于大学，因此，大学社会责任是大学通过公开透明的和符合伦理的战略，实现大学的决策和活动对社会和环境的影响。欧盟委员会强调，大学社会责任应成为未来学术界重视的一项研究内容，并倡导更多不同类型和层次的欧洲高等教育机构将社会责任融入组织之中。

笔者在 2012 年提出，大学社会责任是大学通过教学、研究和向社会延伸的职能活动，旨在树立不断追求卓越、增进公共利益、引领社会进步的大学理念。笔者从社会责任的主体、目的、内容、标准、范围五个方面分析了大学社会责任概念的关键要素，并且大学社会责任的标准在不同的社会中也有所不同，而且这些标准也是随着时间的推移而不断演进的。通过对世界上 9 个主要国家的大学社会责任的内涵进行实证研究，提出大学社会责任具有保证组织的公平、质量和社会适切性，探索知识并积极将知识应用于社会，对社会发展做出贡献并积极承担社会义务等内涵。①

张维红认为，大学社会责任是大学存在的社会意义与方式，是大学对社会的期待与要求做出的反应，是从责任角度对大学与社会关系的整体描述。狭义的大学社会责任是指大学根据社会分工理论确定的角色定位而对社会承担的角色责任；广义的大学社会责任是指大学通过透明和伦理的方式，有效地管理其活动对利益相关方和环境所产生的影响，以实现大学、社会、人与环境可持续发展的理念与行为。②

葛二长从综合价值创造的视角提出了一个更加具有操作性的定义：大学社会责任是指大学遵循法律、道德规范，追求由大学的管理、教学、知识创新、社会服务等活动带来的经济、社会、环境的综合价值最大化的行为。③

概念是反映事物的特有属性（固有属性或本质属性）的思维形态，因学科视角不同、研究的逻辑起点不同、关注点不同等，国内外学界对大学社会责任尚无统一的概念界定。大学社会责任的概念看似简单，实则包含很多不直观、不易懂的问题。大学社会责任可以是个人的，也可以是集体的；是学者的，也是学生的；可以是行动导向上的，也可以是道义上的；大学可以对各种各样的任务负责，也可以从道义上感到有责任促进并实现某些理想。

国内外学者的核心观点均认同大学应超越教学、研究和服务的核心职能，自愿采取超出法律要求的行动，以促进公共利益和环境的可持续。大学社会责任体现着大学通过管理、教学、研究、社区参与及其他活动不断增进公共利益，并适应、引领社会发展。时至今日，大学还是出现种种违背社会责任的原则、危害高等教育可持续发展的做法。若加以深察，所患者，在于对现代大学社会责任的内涵体认尚有未尽而实践尚有不力耳。

（二）大学社会责任的理念

早期的国内外研究主要集中于对大学社会责任的内涵及其价值进行探讨，一

---

① 康乐. 大学社会责任理念与履行模式研究. 大连：大连理工大学出版社，2016：43-45.

② 张维红. 大学社会责任概念探究. 现代教育科学，2015，(1)：1-9.

③ 葛二长. 利益相关者视野下的大学社会责任研究. 大连理工大学硕士学位论文，2016：22-24.

些知名的高等教育思想家提出了诸多经典观点。

德里克·博克在1982年出版的经典著作《走出象牙塔——现代大学的社会责任》中，对大学的道德基础和社会责任的阐述具有很强的思想性。他将现代大学的社会责任划分为学术性责任和非学术性责任的分类思路不仅对后世研究有非常重要的启示，也推动了研究型大学管理者对自身非学术性社会责任的认同。

博克认为，大学应当把学术性社会责任作为自己必须承担的社会责任和全部活动的基础，从学术的角度看，大学对社会的责任主要有：让所有的人享受教育；鼓励学生思考社会问题，促进学生的道德发展，提高社会整体道德素质；通过学术研究、技术转让，创造新的产品和产业，最终刺激生产力的发展；考虑科学发明的利用价值和可能产生的不良后果；对外技术援助等。

博克还认为，大学作为一个社会机构，并不应该排斥其非学术的社会责任，这些社会责任对于不同国家的大学来说都是存在的，只是程度上有差别。非学术性的社会责任包括大学对社区所负的责任；大学在接受捐赠过程中所负的责任；大学在对待社会问题上的政治立场；大学在政治斗争、利益斗争过程中所负的责任等。①

克拉克·克尔深刻地指出，21世纪高等教育要想成为未来个体和整个社会发展的动力，高等教育不能逃避社会责任。这些社会责任主要包括：保存和传递人类的智慧成果；发现、保留和分析昔日的人类经验，为现在的研究和个体创造性的活动提供环境支持；为未来提供训练有素的人才，使人类现存的知识储备得到进一步发展。克尔期望大学“为学生发展提供有益的环境和良好的教育机遇，为中学后适龄学生提供平等的受教育机会；发展和创造新思想和新技术，选拔和培养人才并使他们充分发挥自己的才能，促进全社会每一个人能力的提高；促进科学和文化上的创造；对社会的发展进行判断并指导社会沿着健康的轨道前进”。②

近年来，Nejati等针对哈佛大学、麻省理工学院、耶鲁大学、芝加哥大学、普林斯顿大学等10所美国一流大学的调查研究表明，上述大学均在不同程度上展现了对社会责任的承诺。在样本大学的战略性使命陈述中，均表明“公平、多

① 德里克·博克. 走出象牙塔——现代大学的社会责任. 徐小洲，陈军译. 杭州：浙江教育出版社，2001：3.

② 克拉克·克尔. 高等教育不能回避历史——21世纪的问题. 王承绪译. 杭州：浙江教育出版社，2001：26-29.

元化与包容性"，促进"可持续发展"，致力于"解决社会问题"等责任内容。研究者借助内容分析法对其官方网站及其年度报告进行分析，发现美国大学的社会责任的核心议题涵盖了组织治理、人权、劳工实践、环境、公平运营等主要议题。①

归纳国内外现有的研究成果，一些学者根据责任属性识别大学应承担的教育、研究、服务、文化、道德、经济、环境等方面的社会责任内容。通过这种划分方式阐述大学社会责任内容在初期的研究中是最为普遍的。王冀生教授认为，现代大学正在全面地承担着教育责任、学术责任、服务社会与引领社会前进的责任和国际责任，并成为国际多元文化沟通和融合的中心和桥梁。②龚放教授认为，随着新的社会需求不断出现，大学的职能不断拓展，它们所承载的社会责任也在不断增加，每一次新的社会危机的出现都会强化大学的社会责任，促使大学参与社会、介入社会。③

一些学者根据不同的责任对象分析了大学对利益相关者应承担的各项社会责任，并证实了利益相关者对大学社会责任影响的互动性。李福华、尹晓敏、刘庆红等都从利益相关者的视角来分析大学社会责任的内容，认为大学的社会责任在于积极回应不同利益相关者的利益需求，并将其内容划分为对国家和社会的责任，对学生的责任，对教职工的责任，对校友的责任，对大学科研经费提供者、产学研合作者、贷款提供者等利益相关者的责任。例如，潘留仙、陈文联从利益相关者的视角出发，提出我国民办高校在承载时代赋予高校的公益责任、教育责任、学术责任、服务并引领社会责任的同时，不仅应当承担对债权人及股东的责任，而且需要承担起对包括学生、教职工、国家和政府等在内的其他利益相关方的责任。④

一些大学领导者根据不同的社会责任履责主体的特点，提出一流研究型大学、地方大学、高职院校、私立大学等各具特色的社会责任内容。已有研究表明，各国大学的社会责任的理念与内容是一个情境化的问题并且与各类大学的实践紧密相连。笔者认为不同类型大学（研究型、教学型、应用技术型大学）的社会责任核心主题、履行社会责任的具体方式均存在差异，建议各类大学应该根据自身

---

① Nejati M，Shafaei A，Salamzadeh Y，et al. Corporate social responsibility and universities：A study of top 10 world universities' websites. African Journal of Business Management，2011，(2)：440-447.

② 王冀生. 超越象牙塔：现代大学的社会责任. 高等教育研究，2003，(1)：1-6.

③ 龚放. 试论现代大学的社会责任. 北京大学教育评论，2008，(2)：118-127.

④ 潘留仙，陈文联. 论民办高校社会责任推进中的政府作为. 中国高教研究，2015，(11)：66-70.

的办学定位、类型特征、综合实力，判断、选择、追求共同但有区别的社会责任内容。

在今后的研究中，对大学社会责任的内涵和价值的认知，仍需要从少数高等教育的领导者和学者的真知灼见扩展成为广泛的理念共识，逐渐形成兼具国际视野、国际标准、中国特色的现代大学制度的责任话语体系。

二、大学社会责任的主题与标准研究

进入 21 世纪以来，“大学社会责任”已不再是理念和实践脱节的时髦词汇，而是成为一种真正的实践，迫切需要可靠、均衡地分析实践的规范和进展。因此，社会责任标准化成为大学社会责任发展的阶段特点之一，社会责任标准也成为大学师生创新社会责任实践的行动指南和内在驱动力。目前，大学社会责任领域的国际前沿研究方向是，制定制度化的大学社会责任规范和标准化程序，影响和推进大学社会责任治理。

21 世纪初，社会责任问题逐渐成为国际社会关注的焦点，一些国家和组织开始研究并制定有关社会责任的标准，并推动这些标准的实施。标准化组织、政府、政府间机构、非政府组织、行业协会和多元利益相关方联合制定了各种社会责任的标准与倡议，其形式涵盖管理体系、报告框架、涉及劳工/人权的国际规范、特定行业的行为公约和守则等。而标准、原则、报告以及遍及许多行业的准则的制定提高了公众对社会责任的问题意识，又使社会责任更加具体化，更加具有可操作性、可衡量性，成为组织衡量自身社会责任行为的工具，也成为公众监督社会责任行为的工具。

“国际社会责任组织”于 1997 年制定了 Social Accountability 8000（社会责任管理体系）国际标准。全球报告倡议组织（Global Reporting Initiative，GRI）于 2000 年发布的《可持续发展报告指南》为编写社会责任报告或可持续发展报告提供了指引。国际标准化组织于 2010 年发布的《社会责任指南》（ISO 26000），是深受广泛关注的国际标准，已经被翻译成几十种语言，有 70 多个国家将其转化为国家标准。该标准在起草过程中，包括中国在内的 90 多个国家的 400 多名专家共同参与了制定工作。ISO 制定的国际标准均以自愿性为标准，世界各国及各组织可根据自身的实际需要自主选择是否采用《社会责任指南》（ISO 26000）。该指南明确将社会责任扩展到各类组织，履行社会责任的主体是组织，而不只是企业。《社会责任指南》（ISO 26000）中国际普遍认同的七大议题和七大原则，也成为国内理解、推进社会责任工作的基本共识和基本框架。《社会责任指南》（ISO 26000）意在为所有类型的组织提供社会责任的基本原则、与社会责任相关的核心主题和议题，以及将社会责任行为整合到组织战略、系统和实践中的方法的指南。

为解决欧盟大学社会责任行动存在的不平衡问题，欧盟委员会资助实施大学社会责任计划（EU-USR project，2012—2015），倡导并推动更多的欧洲大学将社会责任理念融入发展战略，使USR成为欧洲大学的核心竞争力。英国、德国、荷兰、西班牙、葡萄牙等14个国家的超过50所优秀的大学及其研究者成为该大学社会责任项目计划的合作伙伴。由17位专家学者共同完成的《欧洲大学社会责任比较研究与共同标准框架的发展》研究报告，分析了USR“欧洲模式”的特点，制定了欧盟大学USR实践基准，该标准包括研究、教学、学习支持、公众参与，治理，环境和社会可持续性，公平运营四方面的核心主题与40项议题，作为成员国家及其大学共同认可、遵守、普遍适用的USR行动参照框架。具体如表1-2所示。

表1-2　欧盟大学社会责任的核心主题与良好实践

核心主题	大学社会责任的良好实践
1. 研究、教学、学习支持、公众参与	1.1 保证教师和学生的学术自由 1.2 增加教育机会，发展多元化教育，为终身学习提供保障 1.3 保证学生录取的公开与公正，使用明确的录取标准，公开录取结果、给予未录取学生正式的反馈 1.4 保证用于支持教学与学生发展的公共财政经费不被挪用 1.5 要求课程的开设基于负责任的、符合伦理的研究，使毕业生具有基于证据和事实思考和决策的品质、具有积极的公民意识和就业能力 1.6 采取以学习者为中心的教学方法及培养方法，保证各种评价和反馈有利于促进学生学习 1.7 促进学生合作学习以及独立思考，鼓励学生超越课堂学习、积极参与社会 1.8 促进国际合作，支持教师及学生跨国学术流动 1.9 严格执行研究、教学及相关活动的伦理规范 1.10 促进与研究界、公众、政策制定者的沟通与对话，促进大学的科研与社会实际的联系 1.11 通过公众参与和研究成果的开放，增进大学对社会的贡献
2. 治理	2.1 以高度的伦理和专业标准、避免利益冲突的明确协议，鼓励社会责任文化 2.2 正式承认教师工会和学生会作为大学治理和决策制定的合作伙伴，为师生代表提供董事会及其咨询委员会的席位 2.3 董事会和学校高层管理者需将大学社会责任视为大学的核心承诺，保证大学的社会责任表现成为年度评估报告的焦点 2.4 通过评估大学所有活动的风险和影响而做好尽职审查的准备，制定符合的法律标准和规范 2.5 建立合乎伦理的、负责任的投资程序 2.6 作为负责任的邻居，促进与当地社区的对话与合作 2.7 通过内部的奖励计划来激励教师和学生的社会责任行动 2.8 积极参加相关的社会责任联盟组织的活动 2.9 清晰的、可独立地报告大学社会责任与可持续发展目标的进展情况 2.10 公布内外部评论意见、学术诉讼、资金来源与使用情况

续表

核心主题	大学社会责任的良好实践
3. 环境和社会可持续性	3.1 保证组织政策、实践、行动或供应链对环境产生的任何的负面影响最小化 3.2 促进环境和社会的可持续发展 3.3 提供一个可持续的改进计划，致力于建设一个更加清洁、可持续、生态高效、资源节约、零浪费、采购程序符合伦理要求的大学 3.4 公布常规的环境可持续报告，包含对环境、社会以及供应链的风险和行动评估 3.5 鼓励使用环境友好型技术和节约能源的、可循环利用的、可降解的材料 3.6 实施负责任的、可持续的采购，公布保证采购行为及其决策符合伦理的准则，这一准则应包括工作人员的权力、公平贸易的原则和涵盖整个供应链对社会责任和可持续发展的要求 3.7 保证尊重和遵守国际公认的各项人权、法律以及国家和国际的反腐要求 3.8 保证大学所有的国际活动都能够促进人类及社会的发展，并尽可能帮助解决贫困问题、提高生活质量、促进和平、解决争端等
4. 公平运营	4.1 促进和支持多元化和多样性，保证教育公平，杜绝对年龄、文化、种族、性别或性取向的歧视 4.2 实施开放、透明、公正和公平的教职工招聘与晋升渠道，在适当情况下采取积极的行动为教职工提供综合性的发展机会 4.3 与教师工会协商建立全面的沟通、咨询、谈判的协议和实施办法 4.4 提升教职工和学生的保健、安全、身体和精神健康状况 4.5 促进机会均等，保证平等、公平、公正地支付工资和提供合理的工作条件，主动通过灵活弹性的工作方式、职业发展、晋升机会避免工作中的不平等 4.6 保证工作条件符合相关的国家法律规定、集体协议、适用的国际劳工组织标准，尽可能避免遣散雇员的行为 4.7 维护结社自由和集体谈判的权力 4.8 拥有公开透明、平等、公正的投诉和纪律处分程序，确保投诉和违纪问题得到公平、及时的解决 4.9 对证实违背伦理及有关要求的制裁结果予以公布，并保护举报人 4.10 为有特别需求的学生和教师（如残疾人）提供专业的支持和服务 4.11 与供应商沟通，并对采购政策和采购决定予以公开

资料来源：Resch K，Fritz J，Uras F，et al. UNIBILITY：USR-Toolkit of Practices. Austria：University of Vienna，2016：2

欧盟研究制定的大学社会责任标准将大学社会责任作为明显区别于企业社会责任的独特领域，可以识别大学组织的特殊属性及其社会责任的独特贡献，并为大学社会责任的长远发展提供了制定相关政策和实践发展的客观依据，也为致力于履行社会责任的大学制定大学社会责任制度性战略计划奠定基础。项目协调人蒂玛（Dima）表示，期待参与大学社会责任项目的大学通过合作共同制定大学社会责任政策，对区域和国家教育政策产生积极影响，可以提高大学共同体的社会责任意识，使其成为社会中积极主动的、负责任的教师与学生。大学社会责任标准是组织开展社会责任实践的指引者，也是评估社会责任工作绩效的工具。

在分析社会责任的良好实践的过程中，我们可以发现这样一种现象：做得好的实践，几乎都可以从标准中寻找到相关依据；主动应用标准的实践，几乎都可以成为做得好的实践。这更加坚定了欧洲大学对于应用社会责任标准的价值判断。

近年来，我国采用国际标准的有关规定，针对我国经济、社会、文化的特点，参照《社会责任指南》（ISO 26000）的内容，研究并制定符合我国国情的社会责任标准，以推动我国企业等组织社会责任工作健康、有序发展。故此，国家质量监督检验检疫总局、国家标准化管理委员会联合发布 2015 年第 19 号中国国家标准公告，公布了《社会责任指南》（GB/T 36000—2015）、《社会责任报告编写指南》（GB/T 36001—2015）、《社会责任绩效分类指引》（GB/T 36002—2015）三项社会责任国家标准，并于 2016 年 1 月 1 日实施。这三项国家标准就社会责任的特征、社会责任的原则、社会责任的核心主题和议题，以及如何将社会责任融入组织等提供了指南性的意见和建议，也成为本书开展研究的重要依据。标准将社会责任的内容界定为七大核心主题，包括组织治理、人权、劳工实践、环境、公平运行实践、消费者问题、社区参与和发展。《社会责任指南》（GB/T 36000—2015）从整个社会的角度出发，希望能给各种类型的组织提供行为指引。组织可以根据自己的性质特点，从国家标准中选择适合的行为方式。我们的大学也可以利用国家标准中的七大核心主题进行战略管理。

葛二长借鉴国际社会的主流社会责任指南和欧盟大学社会责任标准框架的核心要素，结合社会责任的核心主题和大学对利益相关者应承担的社会责任内容，提出了一个较为完整的大学社会责任的核心议题体系，如表 1-3 所示。

表 1-3　利益相关者视角下的大学社会责任议题

核心主题	大学社会责任议题内容
1. 组织治理	1.1 以高度的伦理和专业标准、避免利益冲突的明确协议鼓励社会责任文化 1.2 学校高层管理者需将大学社会责任视为大学的核心承诺，保证大学社会责任的表现成为年度评估报告的焦点 1.3 通过评估大学所有活动的风险和影响做好尽职审查工作，制定符合相关法律的标准和规范 1.4 建立合乎伦理的负责任投资流程 1.5 通过内部的奖励计划来激励教师和学生的社会责任行动 1.6 积极参加相关的社会责任的联盟组织 1.7 清晰的、可独立验证地报告大学社会责任与可持续发展目标的进展 1.8 公布内外部的评论意见、学术诉讼、资金来源与使用情况
2. 环境和社会的可持续	2.1 保证组织政策、实践、行动或供应链对环境产生的任何负面影响最小化 2.2 促进可持续发展 2.3 提供一个可持续的改进计划，致力于建设一所更加清洁、可持续、生态、高效、资源节约、零浪费、采购程序符合伦理要求的大学 2.4 公布常规的环境可持续报告，包含对环境的、社会的以及供应链的风险和行动的评估 2.5 鼓励使用环境友好型技术和节约能源、可循环利用、可降解的材料 2.6 实施负责任的、可持续的采购，公布保证采购行为及其决策符合伦理的准则，这一准则应包括工作人员的权利、公平贸易原则和涵盖整个供应链的对社会责任和可持续发展的要求 2.7 保证尊重和遵守国际公认的各项人权、法律以及国家和国际的反腐要求 2.8 保证大学所有的国际活动能够促进人类及社会的发展，并尽可能帮助解决贫困问题、提高生活质量、促进和平、解决争端等

续表

核心主题	大学社会责任议题内容
3. 公平运营	3.1 维护结社的自由和集体谈判的权力 3.2 有公开、透明、平等、公正的投诉和纪律处分程序，确保投诉和违纪问题得到公平、及时地解决 3.3 对证实违背伦理及有关要求的制裁结果予以公布，并保护举报人 3.4 与供应商沟通，并对采购政策和采购决定予以公开
4. 对学生的社会责任	4.1 提供良好的育人环境 4.2 保障学生参与大学管理的权利 4.3 保证教育公平 4.4 为有特别需求的学生和教师（如残疾人）提供专业的支持和服务 4.5 尊重学生的人格尊严和民族风俗习惯 4.6 促进和支持多元化和多样性，保证教育平等，杜绝对年龄、文化、种族、性别或性取向的歧视 4.7 提升学生的保健、安全、身体和精神健康的意识 4.8 正式承认学生会作为大学治理和决策制定的合作伙伴，为师生代表提供董事会及其咨询委员会的席位
5. 对教职工的社会责任	5.1 遵守国家法律，保障教职工的合法权益 5.2 为大学教职工提供合理的薪酬和福利待遇 5.3 为大学教职工提供成长与发展机会 5.4 保障教职工平等地参与大学管理 5.5 保障学术自由 5.6 正式承认教职工工会作为大学治理和决策制定的合作伙伴，为教师代表提供董事会及其咨询委员会的席位 5.7 实施开放、透明、公正和公平的教职工招聘与晋升，在适当情况下采取积极的行动为教职工提供综合性的发展机会 5.8 与教师工会协商建立全面的沟通、咨询、谈判协议和实施办法 5.9 提升教职工的保健、安全、身体和精神健康的意识 5.10 促进机会的均等，保证平等、公平、公正的支付工资和提供合理的工作条件，通过灵活弹性的工作方式、职业发展、晋升机会以避免组织中的不平等 5.11 保证工作条件符合相关国家的法律规定、集体协议、适用的国际劳工组织标准，尽可能避免遣散雇员的行为
6. 对国家的社会责任	6.1 遵守相关的法律法规，响应国家重大的政策方针 6.2 培养社会所需的人才 6.3 知识创新和应用 6.4 服务和引领社会发展 6.5 传承人类文明 6.6 提高办学效益
7. 对社区的社会责任	7.1 建设绿色校园，保护社区的自然环境 7.2 提供基本的社区公共服务 7.3 促进社区经济发展 7.4 遵守社区的公共准则
8. 对公众的社会责任	8.1 及时、准确地披露相关信息 8.2 合理、高效地使用资金 8.3 开展多种形式的交流和合作，实现资源和信息共享 8.4 提供出资者参与大学管理的途径

资料来源：葛二长. 利益相关者视野下的大学社会责任研究. 大连理工大学硕士学位论文，2016：22-24

三、大学社会责任的治理与管理研究

廓清大学社会责任的内涵和标准之后，更为引人关注的问题就是现实中的大学应如何更好地履行社会责任。大学社会责任的治理与管理策略研究是目前应对实践需求的前沿研究。学者们认为，大学社会责任的治理不仅对大学的长远发展非常重要，还对大学社会责任的承担也具有十分重大的影响。现有研究中的大学社会责任的管理主要包含对大学社会责任的内容选择和治理。

（一）大学社会责任的履行模式研究

大学社会责任的履行是指大学如何去承担起相应社会责任的系统化的思考，其包含大学社会责任的实现过程中的各种要素。笔者提出欧盟、美国、中国采取差异化的大学社会责任的治理方式，分别为大学主导的合作型治理模式（本书第三章欧洲大学的“伊拉斯谟+大学社会责任计划”属于典型的合作型治理模式）、社会主导的多元化治理模式（以美国大学为代表）、政府主导的复合型治理模式（以中国、印度等新兴发展中国家为代表），每种模式都具有独特之处和自己的优势，也处于不断融合与完善之中。王世权通过研究大学社会责任的履约机理与治理要义，提出“大学、市场、社会”三个主体要素，但他并不认同政府在责任治理中居于主导地位，而认为我国大学适合采用“学术力量主导、市场力量推动、社会力量引导”的治理方式履行社会责任。为解决我国大学存在的主体责任履行不协调、各类责任履行不均衡等突出的矛盾问题，康乐、葛二长借鉴治理理论并结合各国大学履行社会责任的主体角色、动力机制等特征，归纳演绎得出四类大学社会责任的履行模式，分别为自由主义模式、利益相关者模式、委托代理模式、主体主导型模式。但是在实践中，各国大学难以使用一种统一的完美模式来履行社会责任，而应该在适应履责环境的变化的基础上做出合理的选择，同时依据履责效果加以完善与规范。

（二）大学社会责任的管理策略研究

国内外学者对大学社会责任实践的基本原则、实现路径、推行策略等进行了研究，为根据国情和发展现状寻求社会责任实践与社会的契合点提供了理论依据。学者普遍认同：高等教育系统需要由不同层次、不同类型的高校，承担不同层次、不同类型的社会责任，满足不同类型的社会需求，这被认为是大学推进社会责任变革的重要趋势。学者普遍认同，在现实实践中，各国大学都难以使用一种统一的社会责任治理模式。王世权和刘桂秋通过研究大学社会责任的履责机理与治理要义，认为我国大学适合采用“学术力量主导、市场力量推动、社会力量引导”的治理方式履行大学社会责任。①

我国的一些学者进一步通过实证研究证实了提升社会责任信息披露的水平，这对于促进利益相关方参与、推进大学社会责任的治理具有重要意义。尹欣欣以上海地区高校为例，开展了有关高校社会责任信息披露的实证研究，她在研究中发现我国高校社会责任信息披露的起点比较高，具体表现在：利益相关者界定明确；报告结构固定；信息表达形式多样。同时，学者也发现了在社会责任信息披露方面的不足：披露的内容不完整；重点模糊；披露不均衡；报告缺乏可比性；可信度不高，缺乏独立的第三方验审；缺少与报告使用者的沟通。笔者认为，政府的相关部门需要完善法律制度和监管机制；高校自身需要建立社会责任管理体系，将社会责任工作按章依规地融入日常工作中；社会第三方积极发展高校社会责任报告的验审服务。②

（三）大学社会责任的绩效监测和评价

社会责任绩效（social responsibility performance）是有关组织社会责任活动的结果或产出的定性或定量信息，主要反映了与组织社会责任的核心主题和议题有关的行动实施进展和期望的实现程度。它具有可比性，且能证实随时间推移而发生的变化。由于大学社会责任是非常复杂的概念，有一些责任绩效并不能直接被测量。大学对社会的贡献的很多方面具有潜在的影响，指标量化的难度较大，较难进行直接监控，这是一个公认的学术难题。由于大学的组织属性及其提供的高等教育服务的特殊性，亦无法简单套用企业社会责任评价标准。一些学者对于大学社会责任绩效评价是不是一个真的科学问题仍存在异议。而从事相关探索性研究的学者普遍认同，在大学的具体实践中应该运用按照一定重要性排序的社会责任评价体系，并设计有效的利益相关方的参与方式，正确反映利益相关方的期望。

全球大学创新联盟秘书处采用德尔菲调查法收集专家意见，以调查分析“在大学社会责任及其公益活动的适切性方面，认证体系应着重考察哪五个关键问

① 王世权，刘桂秋. 大学社会责任的本原性质、履约机理与治理要义. 教育研究，2014，（4）：85-93.

② 尹欣欣. 高校社会责任信息披露研究——以上海地区高校为例. 华东交通大学硕士学位论文，2016：41-42.

题”，调查参与者以李克特五点量表的方式打分，表明其对认证体系在大学社会责任及其公益活动的适切性方面应检查的 7 个大类 28 个具体项目的同意度。通过研究结果可以看出，以高校活动、管理与组织文化相关的选项获得的分数都很高，可见人们普遍认同这些因素对大学承担社会责任的影响。其中得分最高的 5 个选项为：①良好治理、透明度和绩效责任（4.71）；②学术培养项目的质量（4.63）；③教师和科研人员的资格和质量（4.60）；④质量评估体系和持续质量改进文化（4.55）；⑤使教育活动（教学和科研）得以顺利开展的物质手段和基础设施（4.40）。但是这 5 项的调查结果也显示出北美、欧洲、非洲、亚太地区在选项同意度上存在分歧。如在“良好治理、透明度和绩效责任”这一选项上，非洲（4.36）、拉美和加勒比地区（4.33）、亚太地区（4.21）的参与者都表示高度认同，但是北美和欧洲的参与者却表现出较低的同意度（平均分别为 3.25 和 3.29）。[①]这一调查研究表明各国专家既在如何承担大学社会责任的一些问题上存在着共识，又在一些问题上存在着认识差异。

Lo 等的研究团队提出了大学社会责任的价值、过程和影响概念模型，并基于利益相关者的观点制定了大学社会责任绩效评估的框架。[②]该评估框架提供了一种构建大学社会责任指数的方法，该指数可以对大学进行评级和基准测试，并将其作为一种管理模式加以推广。大学社会责任绩效的评估框架可作为一种管理工具，进一步推动大学社会责任实现三重底线的可持续发展。

我国比较有代表性的研究是沈映春运用利益相关者理论设计的大学社会责任指向和大学社会责任评价指标，沈映春找到了一个很好的研究视角。沈映春认为大学依据社会责任可将利益相关者对象分为员工责任、社区责任、学生责任、公共责任以及对合作伙伴的责任，并据此设计出学生责任评价指标、教职工责任评价指标、政府责任评价指标、出资者责任评价指标、社区责任评价指标。[③]邓敏等参考 ISO 26000 等国际社会责任指数和国内社会责任的倡议文件，从责任管理、人才培养、科研能力、社会服务四个维度设计了高校社会责任评价指标体系，如表 1-4 所示。在这一指标体系中，“责任管理”位于中心位置，笔者认为这是每所高校开展社会责任实践的起点，也反映了高校对社会责任实践的系统管理。因此，文章

---

① 全球大学创新联盟. 2007 年世界高等教育报告：高等教育的质量保证. 汪利兵，阚阅译. 杭州：浙江大学出版社，2009：17，38-39，346-347.

② Lo Wing-Hung C，Rose X P，Egri C，et al. University social responsibility：conceptualization and an assessment framework//Shek DT. L，Hollister R M. University social responsibility and quality of life：A global survey of concepts and experiences. Berlin，Germany：Springer，2017：37-59.

③ 沈映春. 高校的社会责任. 太原：山西人民出版社，2015：197-199.

表 1-4　高校社会责任评价指标体系

目标层	准则层	指标层
高校社会责任	1. 责任管理	1.1 社会责任理念和社会责任文化 1.2 高校内部和外部社会责任沟通机制 1.3 政府部门、社会公众对高校的整体评价
	2. 人才培养	2.1 教师与学生比 2.2 重点学科的数量 2.3 硕士、博士学位授权点的数量 2.4 中外合作办学项目 2.5 创新人才培养的基地建设
	3. 科研能力	3.1 科学研究人员数 3.2 国家级科研成果奖励数 3.3 专利数 3.4 新产品数 3.5 纵向课题数 3.6 博士后在站人数 3.7 科研经费总量
	4. 社会服务	4.1 成果数 4.2 应用成果数 4.3 学生就业率 4.4 校办企业数

资料来源：笔者整理自邓敏，刘文宇，马蕾. 基于现代大学制度下的高校社会责任研究. 技术经济与管理研究，2015（2）：42-46

采用层次分析法来确定指标权重，对高校社会责任履行情况进行考量，并以 N 大学 2009—2013 年数据为样本来分析高校发展中存在的问题。

以上国内外学者从事的大学社会责任评价指标体系的研究工作，对推动大学社会责任的履行具有重要意义。但是研究不足之处是未将环境责任、社区参与和发展责任这两项重要的责任议题纳入评价指标体系。

四、研究述评

在经济全球化、科技一体化、文化交融化的形势下，各国的高等教育界和政府呼吁对现代大学的社会责任进行更大范围的再认识，再加上近年来大学社会责任与其他组织的社会责任的差异逐渐被发现，大学社会责任研究逐渐走向高等教育治理与管理思想的主流领域。

通过对国内外文献进行综述，已有的研究成果存在两方面的不足。

第一，国内外现有的研究成果多为高层管理者和大学领导的理念阐发式论文，很多优秀成果的研究者都对社会责任有独到的认识、见解丰富，并且处于能够制定和影响大学政策的位置上。这类论文多关注的是某个国家宏观高等教育系统层面的社会责任理念，而对院校履责的实践研究的认识比较匮乏，导致已有的研究成果难以为大学具体的社会责任实践提供必要的经验。由于这些研究成果多为教育哲学视角的理论研究，缺少运用管理学、社会学、经济学等理论视阈和多样化的研究方法扩展大学社会责任的研究思路，不利于应对大学与社会关系的复杂态势并制定出具有针对性的社会责任的公共政策和院校政策。

第二，大学社会责任的实践倡议在很多大学并没有获得中层管理者和师生的积极关注或热情投入。在令人遗憾的现象背后，最重要的原因是国内外的研究成果仍然未能将“大学社会责任”和“大学治理”真正结合起来进行制度建构，已有研究尚未揭示社会责任融入大学组织的驱动要素、治理要素、轨迹框架等。目前，我国还没有成熟的大学社会责任的治理机制来指导大学的社会责任实践行动。虽然学者们对于大学社会责任治理的内容、治理框架有一些论述，但鲜有关于大学社会责任治理要素的系统研究，也缺少实践层面的案例支撑。

综上，今后的研究工作亟待解决的学术问题如下。

一是如何将大学社会责任与大学治理结合起来进行制度建构，使其成为大学顶层设计的一个不可分割的组成部分。

二是如何将社会责任融入大学的日常运营之中。在此背景下，系统地探索大学社会责任的组织融入与治理问题，成为突破现有研究局限的关键。

三是现代高等教育的发展面临着的巨大而深刻变化的时与势，多元化的社会需求与动态变化的教育环境使现代大学与社会关系面临着复杂态势，并对大学履行社会责任提出新的挑战。因此，我国未来的研究应面对即将到来的高等教育普及化阶段高等教育治理的新态势，为促进大学履行和实现社会责任制定出具有针对性的公共政策。

第三节　本书的理论分析框架

一、利益相关者理论

大学社会责任构建了大学与社会关系的一种新框架，既着眼于大学组织的微观功能，又着眼于高等教育系统整体和整个社会的宏观功能。基于利益相关者理论，大学处于一个开放的社会系统中，其发展离不开大学的众多利益相关者的支持，大学的各项活动也对利益相关者产生广泛影响。大学是典型的利益相关者组织，利益相关者理论成为大学社会责任研究中的一个重要理论基础，有助于明确大学履行社会责任的对象、具体的社会责任内容以及社会责任的涵盖范围。

大学的利益相关者是那些能够影响大学的战略，同时也受其影响的个人、群体或组织。在具有责任价值的高等教育的利益相关者网络中，学生、教师等首要的利益相关者会对各类大学组织进行选择和淘汰。现代大学早已不是社会中孤立的学术组织，它的许多活动具有外部性，对社会责任不断加深的认识使很多大学愈发关注自己在社会中的角色，也意识到应该将自身的社会责任与满足利益相关者的需求紧密地联系起来。大学社会责任不仅仅是大学的责任，也是利益相关者的责任，大学社会责任既包括大学对其利益相关者的社会责任，还包括利益相关者对大学的社会责任。

Freeman 运用利益相关者理论回答了组织应该对谁承担社会责任的问题。他将利益相关者定义为"能够影响组织目标的实现或受到组织目标的实现影响的群体和个人"[①]。利益相关者理论与实证检验的结论表明，企业在承担起对各利益相关者的社会责任，并对利益相关者的付出给予回报的同时，也能够促进企业的可持续发展。企业的生存和发展是利益相关者共同治理的结果，企业要对利益相关者负责。

在利益相关者视角下，社会责任可划分为六个主要部分：①企业对政府的责任；②企业对股东的责任；③企业对消费者的责任；④企业对员工的责任；⑤企业对资源、环境、社会、人类及地球生态的可持续发展的责任；⑥企业对社区的责任。

利益相关者理论的提出为企业社会责任找到了明确的责任主体，并且社会责任研究中最重要的问题是"公司应当为谁承担责任"，利益相关者即为其答案。利益相关者理论成为公司治理与企业社会责任相融合的重要理论基础。[②]企业在选择社会责任项目、投入要素与时机时，要积极倾听并充分考虑公众尤其是利益相关者的建议和意见。此外，企业对外披露的社会责任信息既包括有利于提升企业形象的信息，也应涵盖有来自利益相关者的批评和建议，以此来实现企业和利益相关者之间的信息均衡，获取并提升公众对社会责任的认同。

---

① Freeman R E. Strategic Management：A Stakeholder Approach. New York：Cambridge University Press，2010：23-27.

② 高汉祥. 公司治理与社会责任：被动回应还是主动嵌入. 会计研究，2012，(4)：58-64.

如今，利益相关者理论作为社会责任研究的理论基础已经得到了普遍的承认。全球报告倡议组织的《可持续发展报告指南》和《社会责任指南》（ISO 26000）国际标准也都使用了弗里曼建议的利益相关者分析方法。对于社会责任的影响因素及相关领域的实证研究来说，利益相关者理论为此提供了一个较为完整的理论分析框架，同时也为如何评价社会责任的表现提供了分析思路。近年来，运用利益相关者理论来分析大学的社会责任也开始得到国内外学者的普遍认同。李福华、尹晓敏、刘庆红、沈映春等都基于利益相关者的视角来系统地分析了大学社会责任的内容及其实践，研究者们普遍认为大学的社会责任在于积极地回应不同利益相关者的需求。

学者研究认为，社会责任是利益相关者理论的重要体现，是大学治理的重要维度，其对大学发展有着较为积极的影响。社会责任使大学与利益相关者之间的关系得到改善，大学不断地将利益相关者的需求纳入学校发展之中，大学因为得到利益相关者支持，反而更容易获取竞争优势，从而获得可持续发展。大学社会责任作为一个过滤器，能够保证大学组织不同导向的行动而不会伤害利益相关者，并具有长期的可持续发展能力。

本书将着重分析大学的首要利益相关者（primary stakeholders），即大学组织的生存和可持续运营的不可或缺者，包括教育管理者、教师、学生、校友、政府、社区、投资人、合作企业，这些首要的利益相关者是大学社会责任的治理主体。此外，还有一些能够影响大学的次要利益相关者（secondary stakeholders），包括媒体、未来学生、学生家长、行业协会、非政府组织等，这些次要的利益相关者需要在治理过程中加强对社会责任的沟通与信息披露。内部利益相关方本身就是大学的组成部分，教师和学生在大学组织的目标及其实现的过程中有着共同的利益，但这并不意味着其所有与该组织有关的利益均相同，不同的利益相关方可能有着各自不同的利益，有的利益之间甚至可能会相互冲突。并非所有的利益相关方均参加了能够代表并维护其利益的、有组织的团体，许多利益相关方可能因为根本无法被组织起来，因而有可能被忽略或忽视，例如弱势群体、后代人等，对于弱势群体和下一代人的利益，大学组织也有责任予以关切。

大学社会责任的实现，理论上是利益相关的多主体通过多元化的实现机制共同实现社会责任的过程。利益相关者理论视角主要关注的是大学对利益相关者的需求做出回应，从而识别、履行、实现社会责任，一方面，它为分析大学社会责任治理模型提供了一种结构化框架，大学应设计有效的利益相关方参与方式，加强信息公开与社会责任间的沟通，提供更具包容性的社会责任治理方法；另一方面，大学良好的社会责任表现也有利于赢得利益相关者的信任和支持，从而形成声誉资本，不仅有助于提高利益相关者对大学的正面评价，而且能够缓冲负面事件对大学价值的冲击。①

本书关注利益相关者对大学社会责任决策和实践的重要作用，利益相关者会对大学组织的战略制定与社会责任的组织融入产生直接或间接的影响。基于以上判断，本书建立了基于利益相关方感知视角的大学社会责任分析框架，用于分析并验证大学社会责任的内涵与外延、驱动因素和效果表现。如图 1-1 所示。

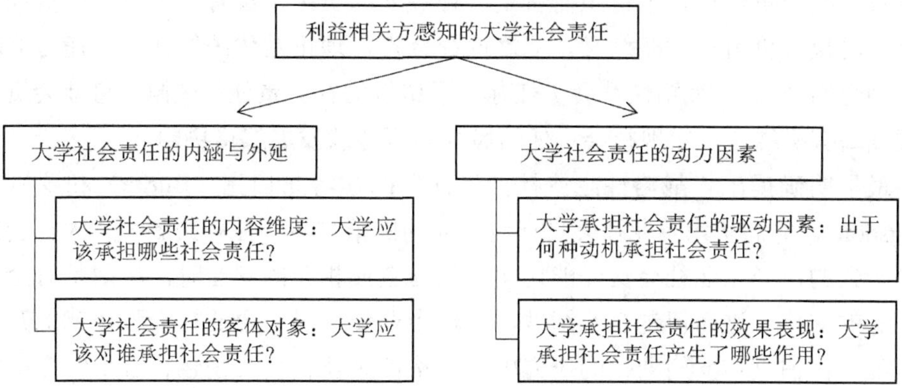

图 1-1　利益相关方视角的大学社会责任分析框架

具体来说，本书是对以下四个问题的回应。

1）管理者、教师、学生、公众认为大学应该承担哪些社会责任？（内容维度）

2）大学应该对谁承担社会责任？（客体对象）

3）大学及其师生出于何种动机承担社会责任？（驱动因素）

4）大学承担社会责任给大学的生存发展带来了哪些作用？（效果表现）

为促进社会责任理念在大学内部的真正落地，开展大学社会责任的组织融入与治理的研究工作，故本书第二章从利益相关方的认知视角来考察管理者、师生、外部公众对大学社会责任的内涵与外延、对大学承担社会责任的认知水平。

对于如何将社会责任行动融入大学的各项职能活动和管理运营中并实现内在的契合，利益相关者理论还不能很好地解释这一问题，还需要采用战略性社会责任理论、嵌入性理论等治理理论进一步加以分析。

① Godfrey P C，Merrill C B，Hansen J M. The relationship between corporal social responsibility and shareholder value：An empirical test of the risk management hypothesis. Strategic Management Journal，2008，30（4）：425-445.

二、战略性社会责任理论

传统的社会责任在理论发展和履行实践中都存在着一定缺陷。传统的社会责任承担比较随意，社会责任活动与经营管理活动和战略决策三者间缺乏应有的联动效应。一些组织并没有把对社会责任的履行整合到管理运营的实践中，社会责任在履行过程并没有与这些组织的战略方向、核心业务、经营过程等相结合，这就导致了社会责任行为于组织而言是一种额外的负担，没有发挥出社会责任行为所具有的核心价值和战略意义。战略性社会责任理论是传统的社会责任与战略管理相融合的产物。[①]战略性社会责任弥补了传统的社会责任的缺陷，将社会责任与发展战略有机结合，实现社会责任的履行与可持续发展战略协同。

最早明确提出“战略性企业社会责任”的学者是伯克（Burke）和罗格斯顿（Logsdon）。他们认为企业社会责任对企业的回报与对利益相关者和广大社会的回报是一致的，当企业社会责任能切实产生与企业相关的利益时，特别是对企业核心业务的支持，进而促进企业绩效，实现企业使命时，企业社会责任就上升到战略高度。在伯克和罗格斯顿的研究中，战略性企业社会责任包含五个维度：①社会责任项目与企业的使命和目标的一致性；②社会责任项目的专用性；③按环境趋势来规划行为的前瞻性；④不受外部制约而自由决策的自愿性；⑤赢得认可的可见性。[②]

Porter 认为，企业社会责任的本质是强调一种可持续发展的经营战略理念，是企业的一种战略行为。Porter 在《哈佛商业评论》上发表经典文章，明确指出战略性社会责任行为能够形成企业的竞争优势。[③]Porter 将社会责任分为回应型（responsive）社会责任和战略型（strategic）社会责任。履行回应型社会责任虽然能给组织带来竞争优势，但是这种优势通常很难持久，战略型社会责任则是寻找能为企业和社会创造共享价值的机会，包括价值链上的创新、针对竞争环境的投资、在核心价值主张中考虑社会利益等。[④]Porter 考虑到战略性社会责任所反映的企业主观能动性的发挥，主张企业应该把社会责任融入整体的经营战略，加大对

---

① 刘建秋，盛梦雅. 战略性社会责任、关系资源与企业竞争优势. 财会月刊，2019，(4)：59-63.

② Burke L，Logsdon J. How corporate social responsibility pays off. Long Range Planingm，1996，29(4)：495-502.

③ Porter M E，Kramer M R. Strategy and society：The link between competitive advantage and corporate social responsibility. Harvard Business Review，2006，(39)：44-51.

④ Porter M E，Kramer M R. The competitive advantage of corporate philanthropy. Harvard Business Review，2002，(12)：56-68.

社会责任的投入以求增强企业的竞争力，企业承担的社会责任并不会约束企业的发展，相反是企业获得机会、创新和竞争优势的源泉之一，这是社会责任管理理念的一个重要飞跃。

基于战略思考的社会责任实践模式的研究，强调从社会责任研究的组织内部视角出发，逐渐开始关注将社会责任与管理活动相结合。根据利益相关者理论，战略性社会责任为组织提供了可以影响利益相关者态度和认知的工具，由此来建立同利益相关者的互信关系，从而带来社会责任关系资源和组织利益。大学实施战略型社会责任活动，也能够为组织自身及其利益相关方取得许多无形收益，例如提高大学的社会声誉、增强大学的凝聚力、激励师生员工的积极性等。刘建秋、盛梦雅认为，战略性社会责任活动的内生性能够取得利益相关者的认同，获得利益相关者对组织正面而积极的评价，从而形成关系资源。而且，具有向心性、前瞻性及专用性等战略特征的社会责任也具有构建可持续竞争优势的潜力，但要想完全地将潜力发挥出来，必须对社会责任履行的整个过程进行系统有序地组织。①

根据战略性社会责任理论，大学通过积极的社会责任战略管理，不仅可以构建良好的利益相关者关系，提高组织的资源获取能力，而且可以提高组织的声誉，获取竞争优势，实现可持续发展。故大学应该积极尝试从战略性社会责任视角来考虑社会责任问题，积极促进社会责任与教学、科研、服务、管理活动的融合，对社会责任履行时的整个过程进行系统有序地组织。

三、嵌入性理论

大学社会责任的内涵与外延的扩展，体现了大学与国家、社会关系的动态变迁。大学社会责任的履行与实现，涉及大学、国家、社会之间的互动关系。一方面，嵌入性理论能够帮助我们从整体性、开放性、互动性、适切性的分析视角来理解大学社会责任的履行和实现；另一方面，针对大学社会责任的行动与现有的运营实践相融合的困难，大学社会责任在大学内部的嵌入式关系也应该得到重视，大学社会责任实践本身也需要对社会责任治理理论加以回应。本书试图运用嵌入性理论来探索如何将社会责任的理念和原则融入大学的战略、管理流程、组织架构及文化理念，促进社会责任与教学、科研、服务、管理活动的融合。

波兰尼（Polanyi）最早提出了经济体系与社会体系的嵌入性，并用这一概念

---

① 刘建秋，盛梦雅. 战略性社会责任与企业可持续竞争优势. 经济与管理评论，2017，(1)：36-49.

来解释工业革命前后两个不同社会中的经济体系与社会体系的关系问题。波兰尼认为，“嵌入性”规定了市场和社会之间的本质关系，即市场对社会的从属特征。斯坦福大学的Granovetter教授于1985年在《美国社会学杂志》发表论文《经济行为和社会结构：嵌入性问题》，创造性地重塑了“嵌入性”的概念。他认为“我们研究的组织及其行为受到社会关系的制约，把它们作为独立的个体进行分析是一个严重的误解”①。他认为经济行为是适度嵌入社会结构之中的，并提出了适度社会化的嵌入性思想。②

不同的研究者从不同的研究视角出发，将嵌入性理论划分为不同维度的分析框架，并将“嵌入性”划分为不同的类别。Granovetter提出的结构嵌入性和关系嵌入性框架是嵌入性理论的经典分析框架。Zukin和Dimaggio提出，从结构嵌入、认知嵌入、文化嵌入和政治嵌入的视角来研究政治经济学与社会组织理论，更容易发现行动理性和经济效率之间的平衡。其中：①结构嵌入性——关注网络结构以及公司间社会联系的质量，应用于分析公司在网络中所处的位置与其经济绩效之间的关系；②认知嵌入性——是指经济活动主体在进行行为选择时受周边环境和原有思维意识的引导或限制，企业组织长期以来形成的群体认知对战略选择、执行和日常运营有影响；③文化嵌入性——关注促成经济目标实现的共有信念和价值观，是指行为主体在进行经济活动时受传统价值观、信念、信仰、宗教、区域传统的制约；④政治嵌入性——关注经济能量和激励的某些制度特征，是指行为主体所处的政治环境、政治体制、权力结构对主体行为形成的影响。③

其中，第一类“嵌入性”和经济分析中所引入的网络化观点更为接近，即组织所融入的网络类型决定了其可能获得的潜在机遇，企业在网络中的位置和其所维系的企业关系决定了企业能否把握住这些机会，后三类则是从内部个体认知及外部文化和政治环境等不同角度来分析影响经济行为的嵌入性。

Hagedoorn在组织间合作、伙伴关系构建的研究中提出了嵌入性特征会直接影响组织间合作关系形成，企业的嵌入性特征与其所处的环境、网络和双边关系情境有密切关系的观点。因此，他提出嵌入性可分为三个层次，即环境嵌入性、组织间嵌入性与双边嵌入性。这三个不同层次的嵌入性可被分别理解为企业的行为选择受特定的国家与产业环境、企业组织间网络的历史背景及合作企业间的双边

---

① 波兰尼. 巨变：当代政治与经济起源. 黄树民译. 北京：社会科学文献出版社，2013：51.

② 马克・格兰诺维特. 镶嵌：社会网与经济行动. 罗家德译. 北京：社会科学文献出版社，2007：11.

③ Zukin S，Dimaggio P. Structures of capital：The social organization of the economy. Cambridge：Cambridge University Press，1990：46-49.

关系影响的程度。[①]

经历了几代研究者的不断努力，嵌入性理论逐渐形成了较完整的影响深远的理论体系，同时在社会网络、组织发展等多个领域也得到了普遍的应用，成为新经济社会学的核心内容之一，也为我们研究高等教育存在的问题提供了方法论上的指导。[②]

嵌入性理论是从组织与社会体系的普遍联系中研究它们的相互作用与相互影响。如今，网络联系视角下的结构嵌入性与关系嵌入性成为嵌入性理论的重要组成部分，已经引起了众多学者的关注。

政府不仅对大学的教育活动产生影响，也对大学的社会活动产生较大的影响。社会契约理论、利益相关者理论等都只是将“政府”作为一种利益相关者纳入分析的范畴，相对忽视不同教育体制下的政府深刻影响并塑造了高等教育生存和发展环境这一事实，忽视了政府的行为和政治、经济、教育体制对大学社会责任的影响。政府拥有双重角色，一方面是权利的保护者，另一方面是基本商品和服务的提供者，而这些商品和服务是个人无法提供的，这些角色为政府负有确保人人享有包容、公平和优质的高等教育的责任奠定了基础。[③]政府不是单一的、统一的行动者，而是由许多部门、单位、层级和权力机构组成。不同的政府结构、政府所面临的挑战以及应对这些挑战的能力，影响着它们履行责任的方法。例如，高度集权的系统以一系列硬性控制和命令工具为特征，在权力较分散的系统中，协调工作越来越依赖较软的间接机制，使得中央政府和地方政府能够合作，同时让决策者独立地组织、执行工作。

根据嵌入性理论，中国的公立大学作为事业单位，是国家机关或其他组织利用国有资产举办的从事教育、科学研究、文化传承与创新等活动的社会组织。在中国环境下，政府对于资源的控制、对高等教育的干预和规制相对较强，大学的履责行为受到政府和政治力量的影响。很多大学希望将自身服务于国家战略、履行社会责任的信息及时通过有效的途径上报或者披露给政府，并期待政府能够持续地分配可靠的资源给履责的大学。

---

① Hagedoorn J. Understanding the cross-level embeddedness of interfirm partnership formation. Academy of Management Review，2006，31（3）：670-680.

② 杨玉波，李备友，李守伟. 嵌入性理论研究综述：基于普遍联系的视角. 山东社会科学，2014，(3)：172-176.

③ 联合国教科文组织. 全球教育监测报告 2017/8 年：教育问责：履行我们的承诺. 北京：教育科学出版社，2018：19-20.

第二章　认知大学社会责任

本书第一章已经阐述了大学社会责任的概念，并将其与大学使命、职能等相关概念进行了比较。20 世纪末 21 世纪初，随着“大学社会责任”这一概念的提出，国内外学界对于大学是否应该承担社会责任这一问题并没有太多的争议。研究重心并不是大学是否应该承担社会责任，而是承担什么样的社会责任以及如何承担社会责任。大学社会责任的实现正是大学将利益相关方的认知所形成的社会责任内容和核心议题转化为实践。大学的管理者、教育者、行动者、利益相关方都需要认知现代大学的社会责任，需要谨慎考虑如何激励教育行动者的心理学假设，从而避免大学对社会责任的承诺只是“表面功夫”。在对大学社会责任形成特定认知的情境下，大学社会责任的发展还受到多重因素的影响，这些因素的演变不仅会传导至社会责任实现方式的多个维度，而且共同推动大学社会责任的发展，进而影响社会责任的行为和治理模式的选择。

第一节　现代大学社会责任的演进脉络

大学社会责任认知，分为应然与实然两种视角。按照与历史和逻辑相一致的马克思主义方法论，无论是基于应然视角还是实然视角，对大学社会责任认知的客观分析都不能忽视大学的变革与历史演进。大学社会责任的发展与演进的历程本质上是“政府－大学－社会”关系宏观与微观共同演化的产物。审视大学社会责任的发展轨迹与演进脉络，对于科学地理解和合理地认知现代大学的社会责任在新时代的演变与发展，具有重要的理论价值和实践意义。

大学社会责任不是一个停滞不前的概念，它是一个随着广泛的社会期望的发展，大学自身价值认定的变化不断演进的动态的内容范畴。尽管大学社会责任的内容是动态的内容体系，但是处于不同历史时期的大学，例如中世纪大学、近代大学、现代大学的社会责任仍然具有明确且较为稳定的内涵与外延。大学传统的社会责任和现代的社会责任之间没有本质性冲突。满足人类社会的发展需求，是大学从它的原始状态起就肩负着的一种特殊的使命，这也是大学社会责任得以孕育和发展的原因和动力。从历史发展的溯源来看，大学开始承担社会责任，是比企业社会责任甚至比企业的诞生还要早很久的，只是中世纪大学、古典大学因其单一的教学职能，通过静态权威的知识传播、僵化思想的主宰，并对社会事务不屑一顾，建立起了相对狭隘的责任边界。

19 世纪 60 年代至 20 世纪初，现代大学的社会责任理念开始形成，美国大学的实践逐渐成为世界上其他大学效仿的典范，大学开始步入了另一个发展阶段——一个注重社会责任和使命意识的阶段。这种力量使美国大学开始打破大学与社会之间的边界，并确认大学只有从事社会服务才能尽到一个现代大学的社会责任。这样的转变逐渐引发了世界范围内的大学教师和大学生在价值观和实践上的变化，越来越多的经济学家通过政府的经济税务委员会发挥作用，政治学家帮助起草法案，工程学家帮助规划道路建设方案，农业学家促进农业和乳制品业的发展等。社会服务理念的倡导者威斯康星大学原校长范海斯告诫为社会提供服务的教师，希望他们不要忘记最重要的社会服务是创造性的研究工作和培养新一代学者，要尽可能地把社会服务与创造性的研究结合在一起。尽管这一时期大学与其他社会力量对话与合作的范围依然较为有限，但大学在社会发展方面已经开始成为一个具有巨大潜力的伙伴，现代大学找到了发展和繁荣的新途径，并开始与社会的发展相得益彰。

随着大学从“象牙塔”走出转变为公共服务机构和独立法人，大学在享受学术自由这一珍贵权利的同时，必须承担相应的义务和责任。政府、社会越加重视大学的绩效、质量，对于经济增长、文化传承创新、全球竞争、可持续发展、劳动就业等诸多方面的贡献。社会公众将大学及高等教育看作是某种“社会公众资产”，认为大学有责任实现社会利益的最大化。从 20 世纪后半叶开始，大学社会责任的发展逐渐进入一个重要时期。在全球范围内，现代国家将科学发展作为社会的一种广泛的权力和经济资产，并认为发达的高等教育有益于社会进步，这对各国大学社会责任的进一步确立和责任边界的扩展发挥了重要的激励作用。进入知识经济时代之后，大学在探索高深知识的同时又增添了将知识应用于社会经济发展的相关特征。大学的科学研究成果以前所未有的速度向市场转移，对产业创新和经济发展产生了重大影响，进而推动了大学通过知识服务于社会的进程。全球对高等教育机构在知识创新和经济发展中担负责任的期望也在持续提高，各国纷纷把实现创新驱动发展作为战略选择，也越来越依赖大学作为国家和区域创新体系的支撑。创业型大学的崛起，使美国、德国、英国、荷兰等国大学、政府和企业的合作发展进入了黄金时代，日本、中国、印度等亚洲国家的大学也开始仿效美国大学的模式，并为使大学进一步服务区域社会经济、社会、文化的发展不断开拓和丰富新的途径。

20 世纪 80 年代之后，现代大学扩展了传统的教学、科研、服务职能，以适应大学作为新的社会中心角色，大学的使命超越了各自的民族、国家边界，以更加开放、创新、发展的视野促进了现代大学社会责任的发展。各国大学纷纷开展高等教育国际交流与合作、跨境高等教育等，培养具有跨文化沟通能力的负责任的全球公民（responsible global citizenship）。各国大学的学者和科研人员也致力于促进世界范围内知识前沿的发展与创新，关注人类社会共同面临的巨大挑战，如气候变化、自然灾害、可再生能源、全球健康等，并取得丰硕的创新成果，以更广阔的范围促进知识成果的传播、转化、应用。为增进人类社会的福祉，大学、政府、企业、非营利性机构之间建立新的合作网络，大学领导者们确信大学与政府部门和企业之间创建合作网络具有重要性，也意识到大学与其他教育机构之间创建合作网络的重要性，只有这样才能让大学把焦点集中在核心能力上，又可以通过联盟来满足社会更广泛和多元的需求。[①]各国大学主导建立的高端智库以战略问题、公共政策、经济发展等为主要研究对象，既服务于国家和区域的发展，又成为推动世界经济发展的重要力量之一。现代大学在文化传承与创新、思想引领、意识形态建设方面更成为时代的表率，使大学的社会价值得到更大彰显。

进入 21 世纪，现代高等教育的发展面临着巨大而深刻变化的时与势，大学社会责任的内涵在不断地丰富、深化。2009 年，在巴黎召开的世界高等教育大会发布重要公报《高等教育与研究在促进社会变革与发展中的新动力》，报告中明确阐述了高等教育机构对于社会的责任，包括：①面对当前和未来全球挑战的复杂性，高等教育应承担起促进人类理解并应对多方面问题的社会责任，此类问题涉及社会、经济、科学和文化等方面。高等教育应在创造全球知识以应对全球性挑战中引领社会发展，这些挑战包括粮食安全、气候变化、水资源管理、跨文化对话、可再生能源和公众健康等。②高等院校应在院校自治和学术自由的背景下，通过教学、科研和社会服务这三大核心功能，提高跨学科解决问题的能力，提高批判

① 詹姆斯·J. 杜德斯塔特. 舵手的视界——在变革时代领导美国大学. 郑旭东译. 北京：教育科学出版社，2010：342-343.

性思维能力和积极的公民意识。③高等教育不仅要为当前和未来世界提供坚实的技能基础，而且要有助于加强公民的道德教育，致力于构建和平、民主的价值观。④高等教育机构应提供更为丰富、开放和透明的信息，以便公众了解该组织的使命和绩效。[①]

当今世界经历着百年未遇的大变革、大调整，和平、发展、合作、共赢的世界潮流不可阻挡，同时也充满着变数和博弈。随着世界多极化、经济全球化、文化多元化、社会信息化的深入发展，新一轮科技革命和产业变革加速演进，一些重大的、颠覆性的技术正在引发新业态与新生态。全球科技创新进入空前密集活跃的时期，新一轮科技革命和产业变革正在重构全球创新版图、重塑全球经济结构。科学技术从来没有像今天这样深刻影响着国家的前途命运和人民的生活福祉。综合国力竞争越来越聚焦于科技知识、优秀人才的竞争，这使得国家事业发展对高等教育的需要比以往任何时候都更为迫切。由于互联网时代开放、自主、多元、交互、共享等特征，知识的数量、质量、更新速度几乎呈几何级数发展，也为大学履行社会责任带来了新思路与新挑战。大学应该如何在上述背景下审视自己的角色、权衡自己的责任、承担自己的使命，是世界各国和各地区的大学都必须直面的课题和挑战。面对教育的挑战，公众想要知道由谁来负责，而政策制定者正在寻求解决方案。

在 2015 年千年发展目标收官之时，联合国全体成员国通过了 2030 年可持续发展议程，从 17 个方面为可持续发展设定了宏伟目标，希望到 2030 年全球实现经济发展、社会包容与环境的可持续发展[②]。在可持续发展目标中，教育被理解为一项共同责任，如何使所有教育行动者负起责任，成为世界各国关注的问题。联合国教科文组织呼吁更多的国家利用问责最大限度地建立起包容、公平、优质的教育体系。可持续发展目标 4 提出确保全纳、公平的优质教育、使人人可以获得终身学习的机会。在这样的时代背景下，包容（inclusion，或译为全纳）、公平、开放、创新、质量、适切性、可持续等要素逐步融入了现代大学社会责任的核心主题。

---

① 熊建辉. 全球高等教育趋势：学术革命追踪——2009 世界高等教育大会趋势报告摘要（下）. 世界教育信息，2010，(1)：28-31.

② 联合国开发计划署. 2030 年可持续发展议程. https://www.cn.undp.org/content/china/zh/home/sustainable-development-goals.html[2019-11-20].

第二节 现代大学社会责任的核心主题

社会责任的核心主题表明了现代经济社会的发展时期和发展阶段在组织社会责任行为的不同方面和社会对组织的期望。随着社会的发展和时代的进步，组织社会责任所包含的主题也将会不断地发展变化。现代大学的社会责任是不断扩张的社会需求与动态变化的高等教育环境相互作用的结果。

一、为更多人提供公平而有质量的教育

人权是人人享有的基本权利，作为社会成员，每个人均享有为维护其尊严和实现个人发展所需要的经济、社会和文化权利，其中包括工作、基本生活水准、社会保障、健康、受教育、文化、环境等权利。为促进这些权利的实现而探索出与大学核心活动相关的方法，现代大学有责任尊重社会成员的权利，联合政府机构和其他组织为提供公平而有质量的教育做出应有的贡献。2015 年，联合国教科文组织发布《教育 2030 行动框架》，倡议为全民提供平等地接受高等教育的机会，保证弱势群体的教育机会，使得人人都能享受到优质的、有获得感的高等教育。

因此，提供公平而有质量的教育理应成为现代大学社会责任的核心主题。该主题的具体内容体现在以下三个方面。

第一，现代大学有责任为每一位有潜力从高等教育获得收益的人提供入学机会，不论他们的背景、出身、性别、国别如何。

近年来，美国、中国、英国、澳大利亚、德国、加拿大、新西兰等国均将提供更加公平的高等教育入学机会、探索公正的高等教育招生制度，视为高等教育机构的社会责任。很多美国大学在使命陈述中提出提供更多教育机会、满足多元化学生群体的需求等内容。美国最古老的大学——哈佛大学在独立性、学生多样性、包容性和影响力方面表现出色。哈佛大学第 29 届校长 Bacow 在 2018 年 10 月 5 日的就职演说中强调高等教育始终要记住承担公共利益的义务，Bacow 提出高等教育的领导者应努力降低教育成本，确保大学教育仍然是较低收入家庭提升经济

地位的大门。[①]

中国作为世界上最大的发展中国家，应该充分发挥社会主义制度的优越性，让每个人都有平等的机会可以通过教育改变自身命运、成就人生梦想。中国在过去的二十多年里努力实现由精英阶段向大众化阶段和普及化阶段的快速发展。根据教育部发布的全国教育事业发展的数据统计公报，1998 年，我国各类高等教育总规模 360 多万人，高等教育毛入学率为 8%。[②]2003 年，我国各类高等教育总规模达到 1900 多万人，高等教育毛入学率达到 17%，已经进入高等教育大众化阶段。[③]2017 年，我国各类高等教育总规模达到 3779 万人，高等教育毛入学率达到 45.7%，正向普及化阶段快速迈进。[④]由此可见，我国各类大学为响应国家战略需求，不断扩大适龄青年的高等教育入学机会，努力使人民享有公平而有质量的教育。

第二，现代大学有责任积极利用现代信息技术提升高等教育的效率和普及程度，使更多人享有终身学习的机会。

以现代信息技术为核心的知识经济引发了新的高等教育和学习革命，世界高等教育普及化的进程在明显加快，现代大学在帮助实施终身学习方面具有特殊优势，为终身教育的发展提供了必要的组织框架和现实条件。基于互联网、大数据时代背景下的现代大学开始重视开放和共享优质的教育资源，例如，哈佛大学和麻省理工学院合作通过 edX[⑤]为全世界有才华的人提供高等教育机会，成为世界开放教育资源的领导者。当然，我国大学也在大力推进信息技术与教育教学的深度融合，教育部计划到 2020 年累计推出 3000 门“国家精品在线开放课程”，带动 10 000 门慕课和 5000 个虚拟仿真实验教学项目在线运行，把更多高质量课程输送到中西部地区高校，让更多人共享优质的高等教育资源。[⑥]实施远程开放教育的新型高等教育机构——开放大学的建设，也成为各国建立终身教育体系、促进国民素质提升的重要载体，很多开放大学成立了针对在职从业人员、农业劳动者、退

---

① Bacow L S. Installation address by Lawrence S. Bacow.（2018-10-05）. https://www.harvard.edu/president/speech/2018/installation-address-by-lawrence-s-bacow.［2018-11-20］.

② 中华人民共和国教育部. 1998 年教育统计数据.（2015-01-08）. http://www.moe.gov.cn/s78/A03/moe_560/moe_570/［2019-03-21］.

③ 中华人民共和国教育部. 2003 年教育统计数据.（2003-01-08）. http://www.moe.gov.cn/s78/A03/moe_560/moe_564/［2019-03-21］.

④ 中华人民共和国教育部. 2017 年全国教育事业发展统计公报.（2018-07-19）. http://www.moe.gov.cn/jyb_sjzl/sjzl_fztjgb/201807/t20180719_343508.html［2019-03-21］.

⑤ edX 是哈佛大学和麻省理工学院于 2012 年 4 月联合创建的大规模开放在线课堂平台。

⑥ 中华人民共和国教育部. 介绍首批“国家精品在线开放课程”有关情况.（2018-01-15）. http://www.moe.gov.cn/jyb_xwfb/xw_fbh/moe_2069/xwfbh_2018n/xwfb_20180115/201801/t20180112_324467.html［2019-03-21］.

役军人、老年人、残疾人等的学习中心，面向社区、行业、农村等不同地区和行业为不同人群提供相应的终身服务。

第三，现代大学既然为多元化的学生群体提供高等教育和专业服务，就意味着对他们负有社会责任。

这些社会责任包括大学为处于不同水平的学生提供高质量、创新性、满足多元化需求的课程，不断提升并保障人才培养质量，以培养有教养、有道德，具备社会责任意识，具有终身学习能力及创新创造能力，尊重文化和民族多样性的全球公民，最终引导学生关注和探讨国家和人类发展面临的重大现实问题，并寻求创新性的解决方案。例如，中国大学重视培养既有坚定的科学精神及高度的社会担当、又有终身学习能力及创新创造能力的人，通过社会责任主题教育、融入各类专业课程的可持续发展教育、专业知识教学与思想政治教育紧密结合的课程，培育大学生的社会责任意识。

二、探索知识并将知识应用于社会发展

现代大学在知识创新和经济发展中担负的责任正在持续增加，其中，通过知识探索和应用所形成的对人类和人类社会的责任是现代大学的立身之本。这类社会责任主要包括以下三个方面的内容。

第一，现代大学有责任不断增加研究活动与社会的联系与合作，为公共利益和人类社会的发展而全面应用各种学科的知识，为现实的社会问题承担研究的责任，使开放的合作与创新产生显著的社会效应。不同类型的大学在承担这一社会责任时其侧重点有所不同。

研究型大学的基础研究促进了科学知识、技术和医学的发展，这正是经济增长、提高物质生活水平和改善人类健康状况的基础。那些在全球高等教育系统中发挥着引领作用的一流研究型大学有责任面向科学前沿，参与全球知识体系的构建。知识创新和科学发现是这类大学社会责任的重心。应用技术型大学则将知识的探索与社会需求联系起来，它们为促进社会发展的技术创新和应用研究提供有力的支撑。很多应用技术型大学侧重扩展应用研究能力、发展创业精神，并将具有社会价值的技术投入市场，对研究、创新和区域经济发展具有举足轻重的意义。一些欧洲国家如德国、瑞士、芬兰等于 20 世纪 70 年代开始创办应用技术大学，积累形成较为先进的办学理念和独具特色的大学文化，如德国应用技术大学具有“来自实践、面向应用、开放协作、立足本地、面向全球”的特点，充分发挥应用

技术大学与区域经济关联密切的优势，积极承担社会责任。这类学校的科研工作同研究型大学的不同之处在于，有关学术前沿的研究只是少量的，大部分研究是应用研究，其重在同企业合作开展产品研发或技术更新，并致力于发展创新能力尤其是中小企业的创新能力。

第二，现代大学及其研究机构通过科研项目与政策研究，影响所在区域、国家乃至国际社会的政策制定与发展，成为国家和地方具有影响力的智库、科技和公共政策创新的平台。

现代大学拥有的知识资源、技术资源能够使其成为服务政府决策的思想智库、具有重大影响的学术高地、技术研发的重要基地、区域创新发展的引领阵地。例如，澳大利亚国立大学作为气候科学与政策研究的引领者，通过与本土和亚太地区的政策制定者进行合作促进全球可持续发展。正如耶鲁大学校长苏必德指出的："大学创造知识、分享知识、培育知识，然后把这些知识与社会进行分享，大学尤其是在研究教学、培养未来领导人方面发挥重要的作用，这使得社会能够变得更有韧性，应对更多的挑战。从当下来看，大学当然也负有社会责任，需要对当地的社区以及社会的需求负更大的社会责任。尤其是大学作为一个知识储存的地方，我们要确保这些知识能够得到应用，以解决社会和社区的问题。"①

第三，现代大学固守以学术责任为核心的社会责任，用最有益于人类社会共同利益的方法促进科学研究的发展。

这类社会责任主要包括以下内容：大学坚持维护和发展学术自由和社会责任，倡导并践行负责任的科学行为；大学及其学者共同体要对科学技术应用所带来的风险和危害保持高度警觉，主动对研究课题进行伦理道德和社会价值的评估，拒绝从事有悖于人类文明发展的科学研究，尽力防止和排除对科研成果的不当运用，自觉采取措施控制和防范潜在的技术危害，避免科研成果对正常的社会秩序产生不利影响。建立公正的学术标准、学术规范及其评价制度，防范学术不端行为；自动中止、拒绝不利于社会公共利益的科研项目；大学的活动尤其是科研活动应避免对环境的不利影响，并将这种不利影响降到最低；维护从事科研的专业人员和实验参与者的尊严、权利，保护他们的安全和健康；对可以预见的科研成果应用的不利或危险后果负有告知有关部门和公众的责任；大学中的学者、教师要对公开发表的研究成果负责，对以专家身份从事的咨询、参与决策、服务、宣传等社会活动负责，要考虑到对国家、社会、大学及利益相关方的影响。

---

① 苏必德. 大学要承担应有的社会责任. 中国经济时报，2018-03-25（8）.

三、持续推动人类社会文明发展的进程

高等教育传承过去，造就现在，开创未来，是持续推动人类社会文明发展进程的重要力量。

第一，现代大学有责任在组织内部营造尊重知识、尊重人才、尊重学生的包容文化的氛围，消除就业和职业歧视，让师生获得更有尊严、更加体面、更有价值的发展。大学应当在人力资源管理政策及处理相关事务时遵从社会责任规范；协助校内各位教职员工充分发挥自身潜力；大学应奉行尊重人权、保护人身安全、消除歧视等基本原则；支付公平薪酬，遵行最低工资政策。侵犯人权的案例中歧视较为普遍，大学宜确保不歧视其内部利益相关方（教师、学生、未来学生等）和任何与之有联系的外部利益相关方，并检查自身行为中是否存在直接或间接的歧视。故此，大学在招聘、培训、晋升等方面应尊重机会平等和待遇均等，不应因国籍、性别、年龄、残障等个人特性而有歧视行为。大学宜考虑帮助弱势群体增强权利意识，只要可行就宜纠正现有歧视或补救以往歧视的遗留问题，例如，某些规定或做法看似不偏不倚，但仍有可能将某些具有特定属性的人员置于相对不利的地位。大学应是一个集包容性与多元化的机构，教师和管理者对人的多样化要有包容性，不能让大学成为改造学生和教师个性的工厂。

第二，现代大学有责任正当、明智、负责地使用所配置的资源，将组织对环境、经济、社会的不良影响降到最小化，与利益相关方携手为人类社会创建更加繁荣和可持续的未来。大学有责任共同面对全球的经济、社会、文化和环境的挑战，寻求解决方法，促进世界公平、融洽、和平与可持续发展。在欧洲和北美，已经有越来越多的大学开始明确地寻求运用价值观、愿景、治理、科研、课程、社会参与、校园管理等探究、发展、展示、证明可持续发展理念、原则、思想、方法，进而大学成为一个充满活力的、可持续发展的机构，使自身发展既符合当前学术共同体成长的需要、学术发展的需要、学校整体发展的需要，同时又不影响乃至损害学校后续发展需要。与此同时，现代大学还在区域层面或全球层面参与和推动社会的可持续发展，运用教学、科研、社会服务与合作等方式帮助社会实现可持续发展转型。例如清华大学、同济大学等一批中国高校积极承担社会责任，通过成立可持续发展研究院深入开展关于联合国可持续发展目标的整体框架、政策执行和各个学科具体目标的交叉研究，并与中国政府机构密切合作，与联合国机构、国际组织和学术界建立了广泛的、可持续合作的伙伴关系，在创新和服

务中影响和引导社会可持续发展。

第三，现代大学通过社区服务、产学研合作、政策参与等社会服务方式，帮助社会对伦理、文化和社会问题进行思考并采取行动，在创新和服务中影响社会、引导社会发展。大学并不孤立于社会，也不独立于所在社区。现代大学应将公共参与（civic engagement）和社区服务纳入其研究和教学任务之中，反映出这种发展趋势的著名国际性宣言《塔卢瓦尔宣言：高等教育的公民角色和社会责任》（Talloires Declaration on the Civic Roles and Social Responsibilities of Higher Education）提出："大学通过教学、研究和公共服务，用道德的方式扩大高等教育参与和社区服务；将公共责任深入到个人的实践与高等教育组织的政策和实践；通过制度建构，鼓励、表彰和认可师生与社会的合作以及从事社会服务的积极实践；培育大学与社会的合作关系，增进理解和支持，加强大学教育和科研的社会适切。"[①]现代大学利用具有商业化前景的研究成果、技术许可和专利等资源，与地方社区的政府、企业合作，促进当地社区的创新产业发展，努力塑造知识创造者和知识商业化相互联系的理想场所，如改善城市环境、提升城市文化、提高城市生活质量等。

第四，现代大学帮助人类文化在多元化和多样性的环境中理解、体现、保护、增强、促进和传播民族文化、地区文化、国际文化和历史文化，促进世界文化的多样性发展。现代大学重视培养学生跨文化研究的适应力与发展力，营造国际学生和本土学生和谐共处、充分交流、共同发展的国际化氛围，增进各国学子对彼此文化的了解认同、互容互鉴，建立起广泛的全球合作伙伴关系。世界一流大学无一不是人文文化和科技文化的领跑者，在加强与不同地区大学的深度国际合作与交流、推进民族文化和人类文明发展中均有卓越表现，为世界和谐发展和人类命运共同体的建设提供示范和借鉴。在中国，文化传承创新、国际交流与合作已经成为公认的中国大学的社会职能，并致力于发展先进文化、构筑文化的根基、引领社会主流文化、促进文化交流与沟通。中国大学通过深化国际交流合作，鼓励师生在国内国际舞台弘扬中国优秀文化；各省份及其大学立足其区域定位和历史文化特色，打出各自的文化"优势牌"，唱出各自的文化"特色戏"；积极利用企业工程实践、社会实践、文化体验、创新创业活动等途径，促进来华留学生了解当代中国发展进步的根本方向，加深留学生与中国学生的文化交往，这些举措彰显了现代大学独特的社会责任。

---

① The Talloires Network. https://talloiresnetwork.tufts.edu/who-we-are/[2019-03-20].

第三节　公众对我国大学社会责任的辨识与认同

中国正沿着中国特色社会主义道路奋力前进，正经历着历史上最为广泛而深刻的社会变革：全面建成小康社会进入决胜阶段，经济社会发展进入新时代，贯彻“五位一体”总体布局、“四个全面”战略布局和供给侧结构性改革等任务紧迫而艰巨；在向世界深度开放，实施“一带一路”倡议、建设世界科技强国、创新驱动发展战略等，在呼唤高等教育有新担当、大作为。上述背景为人们清醒地分析和深悟现代大学的社会责任拓宽了新视域、开启了新思索。[①]今天，是中国高等教育最好的时代：党和政府高度重视，社会高度关注，公众高度期待，高等教育发展基础厚实，发展目标明晰，发展空间宽阔，发展前景可期；但同时，这也是中国高校责任重大、任务艰巨、使命光荣的时代：地方高校转型稳步有序、综合改革蹄疾步稳、创新创业教育方兴未艾、“双一流”建设大幕开启……因此，我国大学应将深化自身社会责任理念与中国社会新时期发展的需求相结合，为中国社会的发展贡献自己的力量。

大学社会责任反映特定时期内公众对大学组织所寄托的期望，大学承担的社会责任体现了大学对公众的愿望和需求做出的反应。履行社会责任成为大学实现可持续发展的内在要求，也是满足利益相关方期望与诉求的重要方式。笔者在前期的专著《大学社会责任理念与履行模式研究》中，基于 9 个国家的大学社会责任进行文本分析，得出的调研结论是，在各国大学的社会责任实践中，在特定的社会背景下，社会责任被学术共同体和社会公众赋予了不同程度的价值和意义，某些社会责任也在特定的背景下成为大学优先考虑、优先选择的责任主题，大学社会责任的表现和认知受到文化和社会背景的影响。因此，本书将视野聚焦到中国现代大学的社会责任，并通过调查研究，分析大学师生和外部公众对中国大学社会责任的辨识和认同。

近年来，公众对于大学社会责任问题的关注程度呈不断上升的趋势，社会责

---

① 中国特色高等教育思想体系研究课题组. 中国特色高等教育思想体系论纲. 北京：高等教育出版社，2017: 2-3.

任的履行情况成为公众评价一个大学社会价值的重要标准。本书对于“公众”的界定是与一个社会组织发生直接或间接联系，对该组织的生存和发展具有现实的或潜在的影响力的个人、群体和社会组织。大学的“公众”包含内部公众和外部公众：内部公众包括教师、学生、教育管理者等，外部公众主要包括学生家长、校友、社区、企业、中央和地方政府部门与教育行政部门、第三方评估机构等。大学在与公众互动的过程中，公众不是被动的客体或受众，公众的需求、态度、参与都是大学在承担社会责任的过程中需要高度重视、认真对待的大事。

社会责任认知由身份识别和基本责任的定位构成。大学的身份识别是大学师生对组织在社会中所起作用的主观认识，反映了大学与社会的关系，决定了大学履行社会责任的行为特征。其基本责任定位是大学及利益相关方对大学应承担的社会责任的认识，实际上界定了大学承担社会责任的实践范畴、主要内容和核心议题。不管基于何种理论、方法或层面来研究大学社会责任的问题，都需要关注教育管理者（尤其是中高层管理者）个体、教师个体和学生个体对社会责任的认知。倘若他们对大学社会责任的基础性问题并没有清晰的认知和判断，那么他们所做出的社会责任的管理决策就会偏离应有的主旨，社会责任的实践效果也会大打折扣。

一、访谈的实施与访谈文本的处理

笔者主要采用访谈法来了解公众对大学社会责任的认知情况。在本书访谈工作所涉及的 120 名被访者中，有 17 位教授、副教授、研究生及本科生明确表示“不了解”大学的社会责任，无法给出明确的回答，在这种情况下，笔者中止了后续访谈工作。

代表性表述如下：

我对学校所承担的社会责任印象不深，不清楚。（大连理工大学，理工科副教授）

我不了解。（大连工业大学，二年级硕士生）

我真不知道我所在的大学都承担了什么社会责任。我今天特意去网上查一查，准备一下才能回答您的其他问题。（辽宁师范大学，二年级硕士生）

从调研的角度我可能不能很好地满足条件，这些问题我确实不了解，回答不出来。（清华大学，副教授）

从被访者回答的情况来看，有一部分被访者对什么是大学社会责任的认知是较模糊的，一些被访谈者的回答则表明师生对于大学社会责任认知存在着泛化、虚化、窄化的情况，例如，有的教师将大学社会责任等同于大学的社会职能，或者等同于教师的社会服务，还有一部分低年级本科生将大学的社会责任等同于社会公益和慈善责任。

代表性表述如下：

我觉得我每天做的事、我承担的所有工作都体现着大学的社会责任。（澳门理工学院，教授）

我现在对大学社会责任的定义把握不清晰，大学社会责任与大学社会服务之间的区别是什么？（南开大学，二年级博士生）

大学的社会责任就是大学所做的社会公益。我曾作为学生代表去看望孤寡老人和留守儿童，还做过项目志愿者。（大连工业大学，二年级硕士生）

通过调研了解到，本书选取的样本大学对社会责任基本理念的知识传播和教育仍然存在着认知不够到位的情况，一些师生尚未理解高等教育为了共同利益而承担的社会责任超越了公益的辅助性概念，一些师生对可持续发展目标的了解很不充分。为此，大学需要通过课程和教学形式来进一步普及社会责任教育。

关于题项①“请描述您对大学承担社会责任持有的态度”，103 名（占比 94%）被访者在访谈中给出了明确的、有效的回答，这表明“大学应该承担社会责任”的观念被公众普遍认同，公众对大学承担的社会责任持有积极、信任的态度，对大学开展社会责任管理持有积极的认同态度。

针对题项②“您所了解的大学在过去一年中承担了哪些社会责任？请描述 2～3 件印象最深刻的事情”，103 名被访者共提供了 346 条有关大学社会责任行为的描述，平均每人 3.35 条。

针对题项②和题项③，本书作者康乐以及大连理工大学高等教育研究院的李福林、兆玥琪等三位研究者合作完成了数据编码与主题识别工作。对数据进行编码主要是为了对调研到的定性数据按照主题进行分类。定性数据分析分为四步：第一步将受访者提供的事件或项目进行统计；第二步对原始数据进行编码，按照同一性原则生成主要类别；第三步识别每一个主要类别下的子类别；第四步，整合每个子类别下的项目，并对整合的子类别进行归类、合并和提炼，避免重复与遗漏。如果一个类别的项目很少，就表明很少有公众认同此类社会责任维度和内容。

开放编码是三位研究者对文本进行裂解、检视关键字句并加以比较，将主题和事件概念化、范畴化的历程。第一位研究者在编码到 106 个样本时，认为概念和范畴的饱和状态已基本实现，不会再有新的性质出现，第二位研究者在编码到 87 个样本时，第三位研究者在编码到 79 个样本时，认为概念和范畴的饱和状态已基本实现，不会有新的性质出现。

三位研究者重复上述步骤，使模型的理论饱和度和效度得到较好的保证。在进行开放编码之后，研究者进一步将文本聚合或连接到相应的社会责任主题类别。

二、公众对大学社会责任内容维度的认知

通过对题项①②③进行统计分析发现，公众对大学社会责任的概念认知属于低水平识别。国家标准《社会责任指南》（GB/T 36000—2015）对“社会责任”定义为“组织通过透明和合乎道德的行为为其决策和活动对社会和环境的影响而担当的责任”[①]，这一概念适用于各类社会组织。但在现实中，这一概念与我国公众对大学社会责任的理解和认知之间存在着一些差别。在描述大学社会责任的内容时，一部分公众是通过分析大学要培养什么样的人才、从事什么样的科学研究、提供什么样的社会服务的逻辑思维，来理解和认知大学社会责任的概念和内容维度；另一部分公众是通过分析大学对教职工、学生、社区的社会责任等利益相关方视角的思维方式，来理解和认知大学社会责任的概念和内容。笔者接触的被访者中，只有几位专门从事社会责任研究的专家学者在访谈中是按照《社会责任指南》（GB/T 36000—2015）中的概念界定方式来描述大学社会责任的。

《社会责任指南》（GB/T 36000—2015）将社会责任内容界定为七大核心议题，其内容包括组织治理、人权、劳工实践、环境、公平运行实践、消费者问题、社区参与和发展。公众在描述大学的社会责任内容时，主要从人才培养责任、科学研究责任、社会服务责任、文化传承责任、生态文明责任等议题来识别，仅涉及指南中七项议题中的环境议题、社区参与和发展议题这两项，其余议题均很少涉及，这并不是说我国大学不承担这些方面的社会责任，而是将大学作为一个致力于知识探索与传播的社会机构，其对自身社会责任的界定以及发挥社会责任的方式具有特殊性。这意味着大学在试图进行社会责任的组织融入时，不宜简单地将

---

① 中华人民共和国国家质量监督检验检疫总局，中国国家标准管理委员会. 中华人民共和国标准　社会责任指南：GB/T 36000—2015. 北京：中国标准出版社，2015：3.

七个社会责任议题直接照搬和套用。

通过公众对印象最深刻的社会责任行为事件的表述可以得知，三类大学的师生和外部公众都对于人才培养方面的社会责任描述最为丰富、具体，这表现出公众对大学承担此类社会责任的价值期待和认同。在公众对大学的诸多期望中，最重要的就是"立德树人""教书育人"。关于立德树人，教育管理者、本科生、研究生、本科生辅导员、研究生辅导员对"大学应培育、提升大学生的社会责任感"有明确的认知。本科生和研究生辅导员普遍认为，大学应"培养当代青年树立正确的价值观和道德观念"，"正确认识国家发展进程中面临的问题，以培养客观全面的分析能力，能够正确发声，弘扬正能量"，"秉持爱国主义精神，自觉遵守社会道德，树立乐于奉献精神"等。然而，教学科研岗的教授、副教授在访谈中较少提及培育研究生社会责任感的表述。因此，坚持立德树人，应成为教师群体的共识，而不仅仅是思想政治辅导员的责任。

代表性描述如下：

立德树人是大学根本任务，是广大老师的根本职责，每一位老师要把立德树人贯彻到底，努力培养担当民族复兴大任的时代新人。每一位老师应该把教知识、教学问和教学生做人统一起来。如果每一位老师不能做到立德树人，那么大学谈立德树人就是一句空话。（大连理工大学，党委书记）

首先就是立德树人，大学老师不仅要传授学生专业知识，更要成为学生品德、价值观方面的榜样，还应该密切关注国家层面的教育方针政策的动态，捕捉变化与趋势，调整教学计划与目标。大学老师应该从事对社会发展、人类进步有促进作用的科研活动，追求真理，潜心学术，积极为政府出谋划策。大学教师应当推动社会文化的进步与发展，传播适应社会发展的思想文化，批判并制约不适应时代发展趋势的思想文化，指明社会文化的未来发展方向。（大连理工大学，大四本科生）

针对我国高等教育系统已经初步形成分类发展的态势，研究型大学、教学科研型大学、应用技术型大学的发展定位是较为明确的。内部公众与外部公众普遍认同大学应发挥自身的特色优势、发挥大学师生的知识和专业技能优势来承担社会责任。因此，本节按照三类大学的社会责任内容维度，分类阐述公众对其社会责任的认知情况，探索不同类型大学的社会责任是否存在内容上的差异，并分析各类大学共性的社会责任内容。

（一）研究型大学的社会责任

研究型大学强调对知识的传播、探索、发现、创造的责任，对研究型大学高水平的科学研究有较为深刻的责任认知。公众认为研究型大学通过关注世界科学的前沿发展，参与到全球知识体系创建；面向国家重大战略需求，关注制约经济社会发展的紧迫问题和重点科研领域，主动开展具有前瞻性、对策性的研究。

对中国研究型大学而言，人才培养的责任很重要，公众普遍认为研究型大学应该为国家、为世界培养“一流”人才来承担“服务国家”和“科研创新”的责任。研究型人学应通过将教学与研究的优质资源有效整合，将新知识的探索与创新融合到教育教学之中。

根据对社会责任行为事件的描述，被访者认为研究型大学不仅要具有顶尖的科研水平，更要孕育出行业精英与一流人才，研究型大学应心系国家重点建设项目，为经济社会的发展做出巨大贡献。在访谈周期内，被访者不约而同地提到通过新闻了解到“校友为港珠澳大桥建设做出重要贡献”“学校科研人员参与了港珠澳大桥项目难题的技术攻关”等相关项目，公众对于研究型大学通过参与国家重大建设项目等方式来承担社会责任充满自信。

代表性描述如下：

中国要成为世界强国，一定要有一批大学成为中国特色的世界一流大学。我们要建设特色鲜明的世界一流大学，应该积极承担一流大学的社会责任，不仅要培养中国的学生成为世界一流人才，还要为世界各国培养一流人才。习近平总书记强调加快推进教育现代化、建设教育强国、办好人民满意的教育，努力培养担当民族复兴大任的时代新人，培养德智体美劳全面发展的社会主义建设者和接班人。大连理工大学作为中国的一流大学，我认为可以这样说，我们要培养“一流”的、德智体美劳全面发展的社会主义建设者和接班人。（大连理工大学，校长）

从我国高等教育发展的现状来看，如果要求所有类型高校都追求一流的本科教育以服务学生的终身发展，暂时恐怕还做不到。北京大学、清华大学都高度重视专业教育，要求学生有扎实的知识基础。综合性研究型大学由于具备办学条件好、学科力量强、教学资源充分等条件，应更多地担负起培养学生终身发展需要的核心素养的责任。（北京大学，教授）

过去一年中，大连理工大学在国家重点工程建设方面承担了社会责任。印象比较深刻的就是帮助设计港珠澳大桥的事情，我校主动承担了难度系数较高的项目，为国家建设贡献力量。另外保持毕业生培养质量一直是大连理工大学的追求，我认为这也是承担社会责任的重要表现。中国大学应当主动承担人才培养、科技创新、道德引领、社会公知引领、文化传承等社会责任，并能为一些典型的社会事件发出专业的、负责任的声音，有批判的、中肯的意见，这正体现了知识分子的社会责任。大学应当是中华文明的集散地，学校应当是创造文明的新高地，而不仅仅是学习文明的场所。（大连理工大学，二年级硕士生）

此外，还有少数管理者结合负责的相关工作，描述了学校定点扶贫工作、校园安全与师生健康、无偿献血、征兵工作、志愿服务、生态文明责任等行为，具体将在后文“公众对社会责任客体对象的认知”部分详述。

（二）教学科研型大学的社会责任

教学科研型大学通常有较齐全的学科专业，其中一部分学科科研实力较强，同时兼具教学和科学研究的社会责任，但是也有其独特的特点。我国教学科研型大学的社会责任主要是通过提供高质量的本科生教育，保证人才培养质量，为社会提供持续优质的人力资源。公众也认同教学科研型大学及其教师需要承担科学研究的责任，一方面，这类大学及其师生应结合地方经济文化发展的需要来开展科学研究；另一方面，科研应该为培养人才提供创新动力，教师为追求科研而忽视教学工作，反而是没有承担好核心的社会责任。

相比较而言，让省属本科高校、教学科研型大学的管理者感到些许失落的是，这类高校的被访者们普遍较为笼统地描述这类大学应该传授知识、培养人才，进行科学研究、生产新知识。但是，对于具体要培养什么样人才、从事什么样的科学研究才是承担社会责任，师生的认识较为模糊，并且众说纷纭。例如，在访谈中有的教师认为“教学研究型大学要培养全面发展的人”，有的教师认为学校应培养“高层次的应用型研究人才”，有的教师认为应该培养“专门性、应用型人才”，有的教师认为“有责任培养更多的应用型技术人才”，仔细了解之后发现这类被访者所在的本科专业大多是学校明确要转型发展成为应用型理工科的专业。

教学科研型大学同样也是将“为地方经济社会作出贡献”作为重要的社会责任。它们通过各项社会责任活动提升所在区域社会公众的科学素养、道德境界、文化情操，用优秀的大学文化引领区域社会的文化风尚，实现其社会责任。地方政府的诉求是希望省属高校积极承担面向所在省份/城市经济社会文化发展的社会责任，努力提高科研成果的就地转化率，激励引导毕业生省内就业，以科技和人才支撑，助推所在省份的产业转型升级和创新驱动发展。随着《教育部 国家发展改革委 财政部关于引导部分地方普通本科高校向应用型转变的指导意见》的实施，高等教育分类发展的趋势日渐明朗，各高校逐渐明确了自身的办学类型，教学科研型大学对如何立足这一定位，将大学办出特色、办出水平，并将自身的优势特色与社会责任议题结合等问题，应该成为今后重点关注的方面。

代表性描述如下：

教学科研型大学的社会责任应该包括：传授知识、培养人才；进行科研项目，无差别地对待各个学科的科研人员；开展校企合作，为经济建设和社会发展服务；积极弘扬优秀的社会文化，对优良中华文化的继承承担着重大责任，为不断增强中国特色社会主义文化的吸引力和感召力做出应有的贡献。为促进社会公正，高校当培养具有社会公正意识的人。为承担生态环保责任，维护社会稳定，高校要具有政治意识和大局意识，促进学生健康成长，为国分忧、为社会解难。（大连工业大学，研究生三年级学生）

我觉得大学的社会责任是培养有素质、有修养、有志向的新一代大学生；研发新技术，促进国家科技发展，为国家工程项目的建设提供建议与技术指导；招收高质量的留学生，响应国家的一带一路政策，促进国际文化交流合作，增强中国与各国之间的联系与友谊。（山东师范大学，大二本科生）

我们学校的发展定位是教学科研型大学，但是我们专业还没有一项国家社科基金，也没有像研究型大学那种特别好的科研氛围。我们学科现在是省里的一流学科，将来希望能够冲刺国家一流学科，并准备申报博士点。学校希望本专业能获批一项国家社科基金，今年暑假我们专业几位老师去参加北京大学举办的研究方法培训班，希望能提升科研水平。对于教学科研型大学来说，科学研究的责任是要结合地方经济、文化发展的需要来开展科学研究，而且本专业和企业的合作很多。教学科研型大学最重要的还是要承担好教书育人的责任，培养专门人才，为辽宁省经济社会发展服务。（大连工业大学，副教授）

（三）应用技术型大学的社会责任

本书调研的 4 所应用技术型大学分别是天津中德应用技术大学、上海应用技术大学、上海杉达学院、大连东软信息学院。这 4 所大学鲜明地坚持中国特色高水平应用技术型大学的办学定位和特色，能够深刻地认识到社会责任实践与研究型大学、教学研究型大学存在着差异。公众对应用技术型大学社会责任的认知水平较高，重视将充分发挥核心社会功能作为大学的核心社会责任，越来越注重履行社会责任内容边界的理性责任，更加突出社会责任内容的差异，凸显高水平应用技术型人才培养和服务地方经济社会发展的独特优势，提升并引领支撑行业企业技术进步的能力。

1. 在人才培养方面，被访者均认为应用技术型大学最重要的社会责任是培养适应经济社会、区域、行业的发展需求的高水平应用技术型人才

上海应用技术大学的教师在描述学校的人才培养责任时认为，学校应该培养“实践能力强”“具有创新精神”“国际视野”的高水平应用技术型人才。天津中德应用技术大学的教师明确描述该校作为中国第一所应用技术型大学，应承担“培养高素质应用型人才”“培养应用型技术技能型人才”的社会责任。天津中德应用技术大学遵循“用最先进的设备培养最优秀的人才”的实践教学理念，打造各专业组群多层次的“教学工厂”模式，坚持聚焦工业发展需求，致力于培养“政治过硬、技能精湛、诚实守信、理性平和”的高级技师、一线工程师、大国工匠。其中，上海应用技术大学被访的老师重视在教学中对学生实践能力的培养，使课堂内容更加贴近工程实际，尽最大可能地联系实习单位、实习基地，让学生将课本与现实联系起来，将学生培养成高素质的应用型人才。

代表性描述如下：

第一是育人的责任，应用技术大学培养具有“工匠精神”，具备“本科水平，技术特长”的高水平应用技术人才。我走访的企业多反映我校毕业生理论基础扎实、动手能力强、岗位忠诚度高，与高职院校、“211 工程”高校、“985 工程”高校的学生确实有不同之处。第二是科研的责任，科研以应用型研究或基础应用型研究为主，着力解决工程的实际问题。印象比较深的是我的一个科研项目成果真正用到了地铁 5 号线的建设中。第三是校企协同的责任，加强校企产学研合作，全方位构建产学研协同应用技术研究与技术创新体系。第四是对接产业的责任，服务地方产业，主动对接地方支柱产业升级和转型（如加强研究成果、技术转让）。第五是面向区域，服务地方经济、社会发展。（上海应用技术大学，副教授，实验室主任）

2. 应用技术型大学承担满足地方经济社会发展需求的应用研究

这类学校的科学研究责任同研究型大学的不同之处在于，教师承担的大部分

研究是应用研究，重在同企业合作开展产品研发或技术更新，致力于发展企业的创新能力，尤其是帮助提升中小企业的创新能力。

天津中德应用技术大学的校长认为“科研服务能力的提升是学校事业发展的必然要求，是评价应用技术型大学社会服务能力的重要指标，应以科技创新推进一流应用技术型大学的建设，为天津市全面深入实施创新驱动发展战略，为天津市高质量发展贡献中德力量”，“结合应用型技术型大学特点来开展科研工作，发挥校企合作优势”，“应用技术型大学的老师从事科研的目的是支撑人才培养，通过科研训练提升人才培养质量”①。上海应用技术大学科技处处长认为：“应用技术型大学要培养应用创新型人才、服务创新型国家建设，通过产教融合，让教育教学与行业企业、社会需求之间实现对接，最终形成一种全新的办学模式和人才培养方式。应用技术型大学通过协同创新平台建设，把企业服务需求反馈到学校，了解企业和社会需要解决哪些问题、需要什么样的技术，为打破这方面信息不对称，学校有针对性地为企业解决问题。”

上海应用技术大学的被访教师普遍认同自己从事的科研项目重在技术应用。这些学校由于科学研究的基础并不雄厚，学科实力与研究型大学更不能同日而语，被访的副教授、教授表示自己将着力在技术应用、技术创新方面有所建树，认为应用技术型大学特别要“承担起高水平大学涉猎较少而企业又难承担的行业共性的技术研究”。通过调研笔者了解到，上海应用技术大学每年承担的国家级科研项目大约为 25 项，这个数量仅相当于一所研究型大学的一个规模较小的学院（非优势学科所在学院）年度新增国家级科研项目的数量。天津中德应用技术大学目前只有 3 位来自软件与通信学院、新能源系的教师发表过共计 5 篇 SCI 收录的科研论文，故学校科研管理部门将这几位老师的成果特别放在学校网站上宣传展示。

应用型本科高校也从事基础研究，这种基础研究主要是以社会需求为导向，为应用基础理论的发展提供了解决关键问题的路径和方法。应用技术型大学没必要在基础研究项目的数量上和研究型大学竞争，而是要充分发挥自己的应用性学科优势，提高其与地方经济社会发展的匹配度，以应用型学科建设支持技术创新，达到既推动应用型人才培养质量，又提升行业、企业生产力水平的目的，这就更好地履行了应用技术型大学的核心社会责任。

---

① 天津中德应用技术大学. 我校召开 2019 年科技工作推动会. http://www.tsguas.edu.cn/info/1164/4737.htm [2019-01-01].

3. 应用技术型大学承担服务地方经济发展的社会责任

应用技术型大学根据地方产业结构和经济发展的情况来设置学科专业，培养地方所需的应用技术型人才。应用技术型大学基本上都是地方院校，其生存与发展和地方经济社会的发展有着千丝万缕的联系。由于发展的资源、动力、活力和空间主要来自地方，积极主动地为地方发展服务、促进地方经济社会的繁荣就成了应用技术型大学的重要使命。例如，上海应用技术大学采取差异化发展的战略，发展应用技术和工程技术教育以及支撑技术创新的应用研究，服务国家和上海经济社会发展战略，服务长三角中小城市中小企业。[①]应用技术型大学依行业而生、缘企业而强，因此天津中德应用技术大学主张要在服务实体经济和产业发展中展现应用技术型大学的社会责任，增强学校服务京津冀协同发展的思想自觉和行动自觉。每一所大学都拥有不同的决策和活动的广度和深度，其中，上海应用技术大学和天津中德应用技术大学这两所应用技术型大学考虑到组织的影响力，现阶段并没有将履责范围扩展到全国、"一带一路"沿线国家乃至国际层面，而是凸显其对区域经济社会创新发展的参与和贡献。

三、公众对大学社会责任的客体对象的认知

本小节主要分析的是公众认为大学应该对谁承担社会责任的问题。各类公众一致认同的大学社会责任的客体对象包括以下三类。

1. 学生和教师

公众普遍认为大学组织要承担对学生和教师的社会责任。大学生和大学教师既是大学承担社会责任的重要主体，又是大学履行社会责任的客体对象。学生既包括在校的大学生，也包括已经毕业的校友、未来学生，教师应包括各类教职工群体。

大学应该接受教师和学生的问责，让师生共同参与社会责任治理，而不是把学生当作高等教育市场中的顾客。教师也不是商品，每个人都有依法享有公正、有利的组织条件的权利，对此，大学宜特别加以保护。此外，大学应通过工作场所政策来处理重要的社会关切，加强对师生的权益保护、安全健康福祉的考虑。

---

① 上海应用技术大学. 上海应用技术大学"十三五"事业发展规划（2016—2020）. http://info.sit.edu.cn/2018/1204/c14467a166406/page.htm[2019-06-16].

学生作为大学首要的利益相关者，他们认为大学应该保证教育质量，应该为学生提供良好安全的校园学习生活环境、优质的学习资源，使学生有条件获得德智体美劳全面发展。教师，同样作为大学首要的利益相关者，期望大学能够为他们提供充满活力的、激励性强的、收入体面的良好工作和科研环境、公平的职业晋升的机会，促进教师的发展。

很多被访者给出大量具体的社会责任事项的细节表述，表达了公众对组织完善现有的学习环境和工作环境的期待。

代表性描述如下：

学院办公楼、教学楼缺少无障碍设施，残疾学生、年纪大的老师、孕妇等处于特殊状况的师生爬楼梯、使用洗手间都很不方便。一些女老师为了不耽误科研工作，刚出月子第二天就来上班了，但是办公楼里都没有为女教师提供哺乳室。然而机场、商场、企业、国外大学能考虑到这些问题，我们的大学并不是没有财力和精力做相应的规划。故此，大学的管理者有责任关心和促进教师的身心健康，学校应该考虑到这些校园规划设计的问题。（研究型大学，教授）

学院办公楼从开学到现在装修了三个月，我们每天一边办公一边忍受噪声污染、固体废弃物污染、粉尘污染。新更换的门、窗、暖气，新刷的墙味道很大，对师生身体健康不利，我每天上班时嗓子和眼睛都不舒服。学校基建应考虑到广大师生的健康，应该在假期施工，给新装修的办公楼做甲醛检测，并且考虑除甲醛，然后再安排老师搬进去。（研究型大学，副教授）

我所在的大学承担的社会责任最重要的就是培养人才、促进学生的全面发展，积极从事基础研究、传播公共理性、谋求社会公益。我印象最深刻第一件事就是大一那一年的冬天，下雪后地上全部结冰。在跟学校反映了以后，学校立刻派出保安人员进行扫雪清理，被感动的我们也加入一起进行清扫，场面非常温馨。第二件事，学校组织入党积极分子进入周边社区辅导小学生，我有幸参与到这个项目中，才真正体会到了它的利民性，它是真正能够解决社区一些弱势群体家庭的小学生放学无人照看和辅导的问题。还有学校的扶贫工作，学校积极关注贫困地区的教育问题，这也是学校承担社会责任的表现。（研究型大学，大四本科生）

2. 社区

公众普遍认为大学有责任促进所在社区（区域社会、社区公众、所在区域的基层政府）的发展，承担促进社区参与和发展的社会责任。与之对应的是，大学所在的社区（社区政府部门、社区公众）也要承担对大学的社会责任，实现大学与社区的融合发展。

笔者在某大学城针对大学对社区的社会责任问题展开调研时，不同的利益相关方都表达了各自的责任期望和利益诉求。

这个社区所在的镇政府领导在访谈中表示：

我们镇的一个街道就有三所中国的一流大学，它们的目标都是要建设世界一流大学。而我们明确提出高质量建设中国一流镇街的目标，也希望多和大学合作，希望专家给我们提出建议。全国很少有像我们这种仅仅一个街道就有三所大学的情况，这是我们最大的发展优势。但是这个优势我们并没有发挥出来，这三所大学都用围墙把自己围起来，甚至把周边路段也围起来，图书馆、体育馆也不对社区公众开放。相对而言，世界一流大学应该是没有围墙的大学。

区委书记提出：

位于区内的几所大学多年来在服务地方经济发展上作出了突出贡献，区政府将一如既往地支持大学的发展，将加大力度、出台更多有利的政策措施，进一步加强与大学的产学研合作，为教授、学者的科学研究提供中试基地，吸引更多的毕业生在我们区就业创业，加速推进科技成果在区内落地转化，不断推动双方高质量发展。

一位大学校长表示：

大学与城市本就是“共生共融”的发展关系，学校一直以来都以服务地方经济社会发展为己任。学校应不断地提高学科、科研、人才与区域经济战略发展的契合度、适应度和贡献度，持续推动双方合作共赢。

一位大学中层管理者表示：

区政府、镇政府事实上并没有为学校的“双一流”建设提供政策支持、资金支持，有关部门对校园周边的交通问题、污水和环境综合治理等问题的作为是不够的。大学未能向社区公众全面开放，是学校综合考虑安全管理、校园交通、维护师生权益等做出的决策。

一位社区的普通公众表示：

我在这个社区生活 20 多年，H 大学和 D 大学是这个地方规模最大、声誉最好的两所大学。但我要反映一个问题，最近几年，每天早高峰、晚高峰的时候，H大学就把经过它们学校的路给封了，校外车只能绕路走。老百姓开车走的路，学校能说封就封吗？而D大学规定校外车辆只能南门进、南门出，这个政策也是有问题，就不能南门进、北门出吗？我开车从校园里面穿过，能省不少时间。

一位大学教师表示：

大学有责任保障师生的基本权益，大学也有责任在力所能及的情况下对社区开放相关资源，如图书资源、体育场馆及设施、大型公益展览与文艺活动等。我们学校事实上也这么做了。但是，我看到一些社区公众经常在大学校园内无防护措施遛狗、春季挖野菜破坏校园绿地、工作时间在办公教学楼附近跳广场舞、校外车辆长期占用校园免费停车位等行为，这些行为是缺乏社会责任的表现。大学对社区负责，社区也要对大学负责。

通过这组访谈可以清晰地看到，不同类型的公众对大学承担社区社会责任的期待与诉求存在差异。大学承担促进社区参与和发展的社会责任，但要面对广泛的、动态变化的因素，应识别并回应具体情境下多元利益相关者的利益诉求，通过整合多方意见，达成政策共识，最终形成一个更具包容性、更具共同愿景的治理方案。如果大学和社区之间缺乏沟通机制或者沟通渠道不畅通，就会引发不同利益主体对大学履责的差异化解读，导致利益相关方之间的沟通、协商不顺畅，导致双方无法很好地履行社区参与和发展的社会责任议题的责任。

3. 环境

由于大学的活动会对社会和环境产生影响，因此被访公众普遍认同大学应承担对环境的社会责任。公众认为，与那些可能导致环境污染的企业相比，大学对环境的责任有其自身的独特之处。大学在承担对环境的社会责任时，应该结合自身的优势，通过开展环境教育的公共课程和适合不同专业特点的选修课程，培养学生的可持续发展素养；通过科学研究帮助社会解决环境问题，为政府部门完善环境政策提供政策建议；通过第二课堂和学生社团组织，推广可持续发展文化，积极发挥大学的社会示范作用，积极参与周边社区的环境建设，引领社会的可持续发展转型。

例如，同济大学通过建设“绿色大学”“节约校园”“无烟校园”等，加强校园节能管理，控制污染物排放，营造健康、文明、和谐、优美的校园环境。同时，同济大学建立“绿色资源循环站”，形成站点建设、资源分类、回收再利用的“一条龙”循环链条，并拓展到中小学和居民社区，为和谐生态社区的建设做出了大学的贡献。

四、公众对大学社会责任驱动因素的识别

由于经济理性视角、资源基础理论均无法解释大学承担并管理其社会责任的动机，故此，行为动机理论提供了较好的研究视角，该理论是对大学承担社会责任的驱动因素的重要补充。管理者个体和企业承担并管理社会责任的行为动机研究是一个热点问题，企业对社会责任管理行为的动机包含利他主义动机、利己主义动机、互利主义动机、规则主义动机四大类。目前尚未有对不同动机如何影响大学社会责任实践的研究。

动机是一种内在心理活动，无法直接观察，存在一定的内隐性。通过对访谈题项⑤“您认为大学及其师生出于何种动机承担大学社会责任？”和访谈题项⑥“您认为承担社会责任给大学的生存发展带来了哪些作用？”的设置，来了解我国大学承担社会责任的驱动因素和效果表现。

访谈结果表明，大学及其师生承担社会责任的动机是多元而复杂的，98%的被访者明确表示承担社会责任对促进大学自身发展有积极作用或者给组织带来了积极影响。其中，42%的公众认为大学承担社会责任具有互利动机，约有19%的被访者的表述中仅体现了大学承担社会责任具有自利动机，这类被访者占比最高的是学生群体；17%的被访者认为大学履行社会责任存在着规则或政治动机，这类被访者占比最高的是学校高层和中层管理者；还有4%的被访者不认同大学承担的社会责任存在着任何“动机”，此类被访者主要以大学教师为主。对履责动机进行分析对于深层次地理解大学社会责任行为、分析大学承担社会责任的驱动因素具有一定的启示意义。

第一，利己主义动机。利己主义动机归因论者认为，组织管理和承担社会责任的目的在于通过组织的社会责任的表现而获取声誉、提升组织绩效等利己利益。一些公众（主要是学生、家长）较为重视大学承担社会责任的现实价值，认为大学应该承担与自身资源、地位、权力相匹配的社会责任，大学也在承担社会责任的同时，获得了社会各方面的认可和支持。因此，社会责任的承担有利于大学明确自身的使命、明确组织目标、增强组织竞争力，获得可持续发展。

被访者的回答可归纳为两个方面：

1）社会声誉类。被访者主要将其表述为提升大学的“社会美誉度”“社会形

象”“学术声誉”“社会荣誉”“社会知名度”“社会认同感”“社会声望”“社会影响力”“社会公信力”“社会价值”等。

2）组织绩效类。一部分被访者认为，大学承担社会责任主要的目的并不是获得社会声誉，而是专注于组织绩效和办学实力的增强。被访者主要将承担社会责任对大学生存和发展的作用描述为获得新的发展机遇、发展环境、社会资源、组织竞争力、组织凝聚力、可持续发展、组织绩效等。

代表性表述如下：

高校通过主动响应政府和社会的要求和期望来承担社会责任，可以获得更多的发展机会。从长远来看，高校承担社会责任会获得持续的社会支持；从短期来看，或许不能为大学自身带来直接的业绩，但承担社会责任活动改善了高校的社会形象和生存环境，带来更多的发展机会。负责任的高校还可以得到承担社会责任的回报。（上海应用技术大学，大三本科生）

承担社会责任显然会分散学校及教师的部分精力，但我并不认为大学就应该尽量少承担社会责任，相对而言，大学承担社会责任可以显著提升大学在相应地区的影响力，提高学校在当地人群、企业、政府中认同度，这种积极影响对于组织绩效和获得可持续发展具有益处。（辽宁师范大学，教授）

第二，利他主义动机。社会责任履行的意图是判断其是否具有利他主义动机的重要标准，而利他主义动机有四种特征：一是以帮助他人为目的；二是完全出于自愿的行为；三是不应该带有外在酬赏的期望；四是利他者本身可能会有损失。大学及其师生出于利他主义动机，自愿承担社会责任，主要是由道德因素驱动的，在访谈中，一些公众基于大学与社会之间的伦理价值判断来认知大学承担社会责任原因。以下被访者的回答证实了大学承担社会责任的利他主义动机。

我认为所有的大学，至少都能够为让社区、城市、国家乃至全人类的事业能够有所发展而愿意主动承担社会责任。而且，大学承担社会责任是不计回报的。（大连理工大学，大二本科生）

大学及其师生出于促进科技发展，人类进步，社会稳定，国家富强，实现人类社会繁荣的目的来承担社会责任。（山东师范大学，大二本科生）

中国的一流大学聚集了国家在学科领域的顶尖人才和最先进的教学和科研设施，它的重要社会作用是承担能够促进社会发展的基础科学和应用科学的重大国家计划，如果大学没有这种社会责任感，不能自觉地承担起与之相关的社会责任，那就会影响到国家在全球经济一体化发展中的地位，甚至影响到社会进步。对于大学生来说，每一个人都有自己的社会角色和社会责任，在校期间大学生自觉地培养自己正确的人生观，自觉服务于团队和学校，参加社会工作之后就会快速融入社会，承担起社会责任。（某经济研究院有限责任公司，总经理）

第三，互利主义动机。在访谈中，持有此类描述的被访者所占的比重相对最大。大学及其师生承担社会责任既有利他主义的主观愿望，又有利己主义的现实意图，这是一种基于利益相关者利益最大化的互利性价值追求。通过公众的回答，我们也可以发现，我国大学承担社会责任的“利己”动机，其实也是在“利他”的过程中实现的，它体现了高等教育的共同利益。

代表性描述如下：

一所大学承担社会责任首先会对社会及人类文明产生积极的影响，势必会在一定程度上推进人类文明的进步；当一所大学承担起社会责任之后，会提升社会公信力，进而吸引更多的人才，从而使学校良性发展。（北京大学，大三本科生）

大学承担社会责任可以赢得社会信誉，树立良好的社会形象，从而获得更多的机遇及资源，进而能够更好地生存发展。大学应是自觉地承担社会责任，但也有出于自我动机承担社会责任的考虑。例如，大学与企业进行合作，大学利用企业的平台和数据作为第一手资料进行学术创新；同时，企业也利用大学的研究来获取更高利益，并将利益与大学共享。（大连理工大学，大三本科生）

大学必然要承担社会责任，因为大学提供的高等教育是准公共产品，它的供给由政府和社会共同承担。因此，它在满足政府需要的同时，也要满足社会的需要，从而获得他们对办学的基本支持。同时，大学积极承担社会责任可以提高其社会影响力与知名度，这样一方面有助于引进高精尖人才，推动科研创新，提升教育水平；另一方面也有益于高校成果输出，促进人才的合理流动，推动社会发展。（大连理工大学，一年级硕士生）

第四，规则主义动机。规则主义动机认为大学管理、承担社会责任行为的动机同利他主义或利己主义的意图无关，而在于大学对社会责任相关国际准则、国家法律、政府规定、社会规范的模范遵从。通过对高校管理者和师生进行访谈，可以得出比较清晰的结论，即我国大学教育的管理者愿意通过不同的渠道向政府传达大学积极地承担社会责任的信息，通过各类社会责任行为来向政府传递良好的信号，积极履行社会责任，与地方政府建立密切的联系，寻求最大限度的政治支持。

在调研的高校样本中，案例高校发布的社会责任报告普遍有关于“领导关怀”的信息披露，报告包含过去一年中莅临该大学考察、指示的领导及其研究事项。

在选择是否开展大学社会责任组织的融入与治理时，我国大学的人员最关注的是来自政府的制度激励，为配合政府部门发布的社会责任公共政策，仍然是我国大学发布院校社会责任政策的动力，这也侧面证实了我国大学积极履行社会责任来自于政治因素的激励。因此，规则主义动机体现的政治因素是我国大学承担并管理社会责任的影响因素之一，政府通过政策引导、高等教育立法、经费拨款、荣誉制度、评估问责等方式，对大学履行社会责任发挥牵引和塑造作用。

代表性描述如下：

我认为大学承担并管理其社会责任是合理的，教育部没有明确要求我们大学必须做，更多的高校采取的是观望策略，这确实不是良策。（北京大学，中层管理者）

我们是一个有社会责任感的民办大学，杉达学院发布的第一份社会责任报告明确提出以诚信办学对待社会、严谨管理取信社会、可靠质量回报社会，这是学校践行社会责任的理念。学校把建设大学社会责任作为建设和谐校园、推进精神文明建设的切入点。学校已经连续六届蝉联市级文明单位。上海建立了文明单位社会责任报告制度，全市文明单位要100%完成年度社会责任报告的编写和提交，所以我们每年按要求递交社会责任报告。（上海杉达学院，中层管理者）

第五，少数被访者不认同大学承担社会责任存在着任何“动机”，由于被访者对大学社会责任的定义是广义上的，又受到中国传统的道德驱动型社会责任文化的影响，被访者希望大学组织能够用长远的战略眼光来看待社会责任，而且这些公众认为大学履行社会责任目的不在于经济利益的获取，不在于社会声誉的获取，社会责任本身就是大学存在的意义，大学的产生和发展意味着它必然要承担社会责任，从这一意义上讲，大学承担社会责任不需要动机。

代表性描述如下：

大学作为社会组织结构的一个结构单元，它所承担的功能决定它必然会对社会产生影响。大学承担社会责任是由其组织的根本特性所决定的，它的成立就是为了实现其影响社会的功能、影响社会成员的功能，那么这种影响力拓展到社会责任方面，就是对其存在意义的要求。我认为大学承担社会责任根本没有什么动机。大学承担社会责任，就是它存在的方式和意义，就是它的使命！社会责任就在我们的血脉里，用动机这个词侮辱了大学社会责任的崇高感。承担社会责任和大学的生存发展本就是一体的，如果大学不承担社会责任，它就没有存在的意义，更谈不上发展了。（大连理工大学，中层管理者）

大学承担社会责任是由于师生自身的理想抱负、爱国情怀和强烈的责任感。

没有什么其他的经济或者利益动机。（北京大学，二年级博士生）

五、调查研究的结论

本书研究对公众大学社会责任认知进行调查，得出了一些富有价值的研究结论，具体如下。

第一，大学作为一种致力于知识探索与传播的社会机构，其对自身社会责任的界定以及发挥社会责任的方式与途径具有特殊性。我国大学师生在描述大学社会责任时，普遍通过分析大学要培养什么样的人才、从事什么样的科学研究、提供什么样的社会服务等问题来理解和认知大学社会责任。大学的战略领导者应该尊重师生对大学社会责任的认知。在进行社会责任的组织融入时，不能简单直接地将《社会责任指南》的七个议题直接照搬套用到自己的大学管理中。社会责任的组织融入更适合首先与大学核心的教学、科研、服务工作结合，辅之以环境议题、社区参与和发展议题，再逐步进行其他议题的融入。

第二，各类大学社会责任的议题领域具有较多的关于专有知识和辨识上的困难。我国研究型大学和应用技术型大学的师生对大学社会责任内容的认知水平相对较高，将组织自身优势特色与社会责任议题紧密结合。然而，教学科研型大学的师生对院校社会责任的内容的识别存在泛化、窄化的现象相对较多。为促进社会责任的履行，大学在下一阶段应当着力于对师生的社会责任主题和议题的认知进行开发。

第三，不同特征、不同类型的公众对大学承担社会责任的期待与诉求存在差异。不同的公众，站在不同的立场上，在不同的社会角色里，都会对大学的社会责任做出不一样诠释与评价，也对大学承担社会责任有着不同的利益诉求。大学切忌等量齐观，一旦忽视了公众作为认同主体的差异性而采取同一化的社会责任沟通策略，就会导致较低水平的认同。大学在承担社会责任的过程中，应提高与利益相关者沟通、协调、互动的水平，洞察他们对大学社会责任的认知、期待和诉求。

第四，在本书调研中，教育管理者、大学师生、外部公众对积极承担并管理其社会责任的行为普遍持有肯定态度。大学师生对大学承担社会责任、院校制定社会责任政策、开展社会责任治理普遍持有赞成态度。其中，教育管理者对大学承担社会责任效果的认知持相当肯定的态度。教育管理者充分肯定大学应该积极承担社会责任，对于开展社会责任治理持基本认可的态度。但也有一些大学的管理者和教师认为，开展社会责任管理仍需要参考政府部门是否有明显的推动大学履行社会责任的政策导向。在具体的管理决策中，一些教育管理者认为，在资源和精力有限的情况下，履行社会责任与组织利益的冲突是存在的。一些被访者认为承担社会责任显然会分散学校及师生的部分精力，而且社会责任的投入是不计回报的，但是这并不意味着大学就应该尽量少地承担社会责任。

第五，公众对大学承担社会责任的驱动因素和效果表现的认知尚未达成共识，对有些问题的认知甚至存在极大差异，并非所有大学管理者及师生都能够主动认知到大学需要将社会责任融入战略、教育教学、运营管理、组织文化之中。大学社会责任真正融入组织内部的工作水平还有待于进一步提升，公众对社会责任的辨识是一个持续不断的过程。当公众对大学社会责任的认同处于持续性较低的水平时，将会导致一些大学更加缺乏承担社会责任的意愿。大学对公众社会责任认同的重构不能只是被动地应对，更应探求公众对大学社会责任产生认同的本源，从而找到重构公众认同的路径。大学一方面要消除引致公众认同解离的消极因素，另一方面要积极创设公众认同的影响因素，夯实并巩固大学社会责任认同的来源基础。从认知的角度来看，大学社会责任要获得公众的认同，形成对大学长期社会责任行为的积极评判，必须要进行社会责任治理模式的转型。因此，大学社会责任治理是重构社会责任公众认同的一种“自治”路径。

第六，大学及其师生承担社会责任的动机并不完全一致，师生承担社会责任的动机是相当多元而复杂的。本书在访谈中发现，公众对于承担社会责任驱动因素的认知呈现出一定程度的分化，这说明中国大学开展社会责任活动的动机各有不同，仅从一个角度来理解驱动因素是不现实的。承认并接受这一现实，有助于学术界人士更好地理解不同大学在开展社会责任实践活动时采取的不同形式。通过后续的实证研究可探寻更完善的社会责任动机的影响因子，提高动机与行为过程中的信度和效度。

第七，师生亲身经历和参与的社会责任实践活动对大学社会责任认知有较大的影响。师生对大学社会责任的认同不仅取决于认知上的价值认同，还取决于公众在与大学互动过程中形成的具体的交往体验。三类样本高校的学生在访谈中普遍提及印象最深的社会责任活动是社会实践活动、主题教育活动、志愿服务活动、爱心公益活动。大学为学生提供社会责任实践机会，有助于弥补现有课程教育存在的不足，可以发展学生适应社会的能力、独立自主的性格和社会责任意识。例如，南开大学的两位博士研究生都描述了南开大学组织的博士生讲师团秉承“知中国，服务中国”理念，走进社区、医院、学校，面向公众开展“中国梦”系列宣讲活动，宣传党的最新理论，博士生努力用专业知识服务社会；大连理工大学公共事业管理专业的大四本科生表述了其到所在社区进行社会实践，并针对社区居民的切身利益问题开展问卷调查和走访，从人居环境、社区文化、供暖工程等多个方面为社区发展提出系统性的改进建议；辽宁师范大学广播电视专业的一位硕士生描述了她协助导师发挥专业优势，寻找并组织全国各地不同流派的皮影艺术家，进行数字皮影艺术创作，这就使世界非物质文化遗产中国皮影戏与新媒体技术、数字动画相结合传承并创新中国民间文化；上海应用技术大学的本科生描述了其担任首届中国国际进口博览会志愿者的难忘经历，校党委书记等校领导为志愿者举行出征仪式、为志愿者在岗期间的食宿交通安全提供保障、时刻关注服务期间的动态、现场慰问学生并赠送学校定制的徽章和点心。因此，本书建议我国大学应重视通过顶层设计理念，结合时代主题，确定大学生的社会责任活动主题、创新实践载体、丰富实践内容、完善实践平台、提高实践质量，将社会责任教育与专业学习、社会实践、志愿公益活动相结合，培养学生形成深厚的家国情怀和强烈的社会责任感。

第八，大学不仅要了解外部利益相关方对大学实际承担社会责任的认知差距，还要解决内部师生、组织及部门之间存在的责任意识差异，再通过有针对性的沟通策略、宣传方案、责任项目加以弥补。大学对自身社会责任履行的宣传力度影响着公众对大学社会责任的实际感知，学校通过网络、媒体（官网、微信公众号等）进行的宣传报道是公众了解大学履责情况的最主要渠道。近年来中国大学开始有意识地宣传并展现其社会责任行动，也从公众中获得了良好的回馈，但是，还应进一步加大对社会公众、社会性组织和企业的舆论宣传及正确引导，可以通过典型案例向其展示高水平的社会责任活动。

由于访谈样本的限制，本书的调研工作所得的数据并不能完全反映公众对于社会责任问题认知的全貌。公众个体的认知乃至决策行为会对大学社会责任产生影响，但这些影响仍需被置于制度层面、组织层面的考察才能得到更加深刻的认识。

第四节　现代大学社会责任的实践命题

理论上能够定义的大学社会责任，现实中却有一些大学管理者和师生无法给出明确、具体的描述。大学社会责任是否会因无法通过操作性检验而成为一个正确的伪命题呢？有的公众认为社会责任实践应该是自下而上推动的，大多社会责任实践是师生的自发行为，大学承担社会责任更多是由一种“内生性”的履行动力所推动的。有人质疑大学又不是企业，建立社会责任管理体系似乎没有必要。虽然大学只要有动力，就有能力履行社会责任，但是“大学社会责任在实践中是不是一个伪命题”，这是一个对大学社会责任理论研究和实践发展具有重要影响的基础性问题。

一、大学组织规模与社会责任投入呈负相关

现代大学是人类的知识产地和精神家园，也是经济社会发展的推动力量，更是开导未来的启蒙先锋。大学的社会责任来源于大学的社会地位、拥有的资源和享有的权利。特别是世界一流大学，其组织影响范围广，一举一动都会在世界范围内引发强烈的关注。能力越大，责任越大。世界一流大学不仅要培养一流人才，更要有一流的社会责任担当。因此，各国高等教育界和研究界都倾向于关注一流大学的社会责任行动，希望它们能够积极承担社会责任，通过教育、知识创造和科技创新，带领社会应对挑战。

大量管理学的实证研究结果均表明组织资源对营利性组织的社会责任表现具有显著的正向影响，组织资源越充足，社会责任表现越好。大型企业往往存在将富余资源用于承担企业社会责任的现象。还有的教育管理者、学者认为新成立的大学、民办院校等由于组织规模小、组织资源不充足、学术实力弱等组织特点，自身发展步履维艰，无力承担社会责任，这事实上是一种认识误区。

邓敏等运用 2014 年 81 所教育部直属高校的财务决算数据，对非营利组织的社会责任驱动因素展开了实证研究。研究表明，大学与营利性组织的社会责任驱动传导机制存在较大差异，大学的组织规模与社会责任投入存在显著的负相关关系，资源富余度、外部治理环境压力并不能够驱动大学的社会责任投入。[①]

可见，并不是组织规模越大，大学就越愿意承担更多的社会责任。对于世界一流大学、规模较大的综合性研究型大学，自身资源也更为充裕，很多世界一流大学即使是在较少地向其他利益相关者分配资源的前提下，仍然能够从其手中获取所需的资源。通过访谈和调研，笔者了解到新成立的地方高校、小规模的民办高校反而是积极履行社会责任的。浙江省和上海市的民办高校以及我国新成立的

① 邓敏，徐光华，钟马. 非营利组织社会责任驱动因素研究：基于 81 所部属高校的证据. 贵州财经大学学报，2018，(4)：63-70.

几所应用技术大学，它们的社会责任实践和管理活动开展得都是很早的，也是领先的。例如，上海建桥学院、上海杉达学院、上海师范大学天华学院等民办高校定期发布社会责任年度报告，获得了很好的社会反响，减少或者抵消了利益相关者对民办院校社会责任的感知失误。我国新成立的应用技术大学如天津中德应用技术大学、上海应用技术大学均能积极主动地承担大学社会责任，社会责任活动特色鲜明，不仅产生多种发展优势，而且能够更好地提升自身声誉水平，获得利益相关者的支持和资源补偿。

二、大学社会责任缺失事件的惩罚效应不显著

社会责任缺失事件往往会发酵并动摇公众的社会责任认同，使大学的声誉受到快速贬损。媒体、网友的不满与指责对组织的社会声誉有很大的负面影响。要想解除因不良事件导致的公众对大学社会责任的消极心理则需要更大的努力。消除公众质疑、挽回公众信任，很显然将是一次对组织的价值使命、内部治理、公众沟通、社会责任的系统矫正和重塑的过程。

社会责任的负面事件会给企业尤其是上市公司带来负面影响，会引起投资者对涉事企业及其相关行业的不满而表现为股价下跌，这种现象被称为资本市场对社会责任事件的“惩罚效应”。然而，对大学而言，社会责任负面事件的惩罚效应并不像上市公司反应得那样显著。一方面，高等教育市场并不遵循经济学教科书，大学提供的教学和产出的知识是易于市场失灵的公共产品。大学需要社会资源和资金的支持，但是资源只是手段，这些手段为的是达到更根本的目的——培养人才、提高科研水平、提高院校的社会地位。大学获取社会资源和投资并不是为了使股东获得回报、创造市场份额，或者为了收益最大化。[①]另一方面，一些一流大学经历了几百年的发展历史，在世界范围内已经形成很高的社会声誉和难以撼动的学术地位，社会责任事件惩罚效应对其并不显著。

例如，2019 年 3 月，美国《华盛顿邮报》《纽约时报》等媒体报道称，美国司法部曝光了耶鲁大学、斯坦福大学、南加州大学等知名一流大学的招生贿赂案件，拥有社会资源的父母为了让子女获得更好的高等教育资源，重金贿赂一流大学的招生官和大学教练。据美国有线电视新闻网 2019 年 3 月 27 日报道，耶鲁大学率

① 西蒙·马金森，孙梦格，覃文珍. 为什么高等教育市场不遵循经济学教科书. 北京大学教育评论，2014（1）：17-35

先劝退了一名花 120 万美元贿赂进校的学生。斯坦福大学和南加州大学解雇了被控收受贿赂的教练和运动项目高管，并表示学校不相信招生官知道或参与这项计划。[①]在被舆论掀起的这场风暴中，大学并不被认为是无辜的，大学保持入学机会公平是应为的社会责任。但是从数据上看，这些事件并没有影响全球范围的一流国际学生积极申请进入这些世界一流大学，大学的申请率并没有下降，校友的捐赠收入也并没有减少。

新成立的营利性民办教育机构、上市公司投资举办的民办私立高校、新成立的小规模的独立学院的情况，恐怕不会这么乐观，社会责任事件引发的负面效应也是存在的，并且会直接影响到招生、就业、教师招聘、社会捐赠等。例如，美国私立大学运行成本和多元化学生群体的资助需求都在不断地上升，一些学术实力偏弱的私立大学在科研进款、捐赠收入方面的情况并不乐观，社会责任活动成功与否事关其生存发展，它们难以承受关于社会责任的重大、负面的舆论打击。作为投资方的母公司、私立大学的董事会也希望大学积极审视社会责任议题，既能更好地为师生和国家利益服务，也能够满足母公司的股东利益，有效管理其决策和活动所带来的经济、环境和社会影响。

在网络还不是那么发达的时代，我国很多大学在出现社会责任的负面事件时（如资源过度利用、环境污染、劳工问题等）危机公关经验不足，解决这场危机往往依靠下一场危机转移媒体和网民视线。在高等教育系统的竞争并不激烈的阶段，似乎这些外部公众的感知和意愿、负面的媒体宣传和潜在的声誉负担，并不会给校方带来太大的压力，也并不会影响到大学的核心竞争力，以至于他们很多时候倾向于把事情简单地掩盖起来。在高等教育普及化阶段，公众对大学的参与和关注越来越多，这种措施显然已经不合时宜了。一些大学存在着运营不透明、信息披露不主动、社会沟通不擅长等现状，在面对公众关注和突发问题时，如果大学仍然不能主动、及时、公开地进行披露，就极有可能面临新的运营挑战和舆论风险。目前，我国大多数院校仍然是采用“出了问题再解决”的传统的社会责任事件末端处理模式，缺乏战略性社会责任行为，忽视大学运营过程中各环节的社会责任融入，这会使管理者疲于应对随时可能爆发的公共关系危机。大学积极承担社会责任所形成的良好的利益相关者关系和组织能力，能够提高大学自身的风险管理能力和规避能力，增强大学对社会责任的良好认知并积极履责，进而能够降低信息风险，抑制管理层在信息

① 张梦旭，温燕. 美国名校招生贿赂丑闻，社会公平等话题在美舆论场被激烈讨论. 环球时报，2019-03-14（05）.

披露中的机会主义倾向，对信息风险的降低发挥积极的促进作用。由社会责任缺失引起的负面事件对学校发展的影响会日益增加，很多大学还没有因此加强大学的社会责任治理，组织治理能力还有很大的提升空间。

从大学外部治理环境的压力来看，外部制度环境压力和媒体监督压力确实影响到大学履行社会责任的意愿。一些大学会以负责任的态度按照社会期望处理事件的影响，以此获得核心利益相关方的谅解。但是一时的危机公关治标不治本，学校应该对自身的社会责任进行反思和改进。在利益相关者理论的视角下，媒体、民众等对于大学的关注导致了外部治理压力，媒体与公众参与公共政策的方式对大学决策施加外部约束，使得部分社会责任议题获得足够的注意。但是对于大学而言，媒体和社会网民群体属于次要的、非核心的利益相关者，他们监督产生的外部治理压力对大学的社会责任投入并不会产生直接影响。一些实证分析也表明外部治理环境压力难以成为非营利性组织社会责任投入的驱动因素，在高等教育利益相关者的网络中，学生及其家长、教师、政府等核心的利益相关者才是真正参与到对各类大学组织并进行选择和淘汰、限制与排斥。

三、大学社会责任成为核心竞争力

大学，在很多高等教育学者的描述中似乎都是带有社会责任光环的“完美人设”。有的学者在访谈中谈道：“我从来没有想过大学能给社会带来哪些不好的影响。”事实上，任何一所大学，作为一个组织，都是有自己的弱点和缺陷的，都可能对人、环境、社会带来好的或者坏的影响，强行构建完美，必然会带来虚实之间的落差。

核心竞争力，就是组织自身所拥有的、对其竞争能力的长期稳定起主导和关键作用、并且是其他组织不能或不易替代和模仿的要素。随着高等教育进入普及化阶段以及高等教育需求的多样化，大学之间的竞争不可避免且会日趋激烈，如何培植核心竞争力是摆在很多大学面前的重要任务。

事实上，大学承担社会责任的目标并不是产生更大的社会影响，而是专注于大学竞争力的增强从而获得可持续的发展。在访谈中，有很多师生和管理者认同大学通过承担社会责任能够提升组织竞争力，这是一个很好的现象。但是，目前还很少有人认识到大学社会责任能够成为组织的核心竞争力。

每年世界范围内的各大知名排名机构都在围绕大学的核心竞争力开展排名，整体上来看包括科学研究实力、师资队伍质量、人才培养质量、学术/社会声誉、科研成果转化等几个主要指标。但是世界范围内的很多学者认识到，这些指标并不能反映大学的全部竞争力，并批评这些排名忽视了大学对社会的重要贡献。

那么，社会责任能否成为大学的核心竞争力呢？

有的学者认为大学的核心竞争力是学术的产出能力，很多教育管理者积极关注能够直观反映创新能力的SCI、EI的论文发表数量等科研指标、ESI学科国际排名等，但是没有社会责任的科研创新，是根本给予不了大学核心竞争力的。世界一流大学和世界一流学科建设如果只关注论文指标和学科排名，忽视大学的社会贡献，不仅会被社会所诟病，还会损害大学和学科内在的发展逻辑。

有的大学将培养高质量的毕业生视为核心竞争力，这一竞争力确实非常重要，各类大学都要敬佑教学的中心地位，全面提高人才培养能力。但是大学应该清晰地意识到，在训练学生智力、建立专业知识体系的同时，也要培育全体学生的社会责任感、爱国情怀、品德修养，这两方面是不能彼此割裂的。

有的大学将一流的师资队伍视为核心竞争力，不惜一切代价引进一流的教师为知识创新和人才培养做出贡献。为了能够短期迅速地引进一流师资，某些组织在人才薪酬条件方面开展恶性竞争，哄抬引进人才的价码，却罔顾现有教师的发展与培训、职业健康安全、工作条件等，这种人才引进模式是不可持续的，长远看并不利于师资队伍建设。大学要想真正吸引留得住、用得好的人才，必须要履行好对教职工的社会责任，才能使教师享有自尊感、归属感和社会贡献成就感，激励更多的教师努力成为富有创造力、追求卓越的一流师资。

因此，社会责任能够成为大学竞争优势的源泉，带给竞争对手难以仿效的无形竞争力，且具有不可替代性和持续性特征。经过长期系统的研究与调查工作，作者坚信大学社会责任在实践中绝不是“伪命题”。所患者，在体认尚有未尽，而实践尚有不力耳！

笔者的观点如下：①大学无论规模大小、学术实力强弱、成立时间早晚，都需要为自身的决策和活动对社会和环境的影响承担重要的社会责任，有责任向学生、教职工及其他利益相关者充分展示组织的公正、平等、可持续发展等价值取向与相应的决策行为。②大学无论学术实力强弱，均有责任促进社会各界了解与社会、经济、科学及文化相关的全球问题，并透过教育、科研和服务引领社会应对这些挑战。③大学——无论是公立高等教育机构还是私立高等教育机构，都需要与社会各界加强沟通和合作，都有义务为大学社会责任活动的发展不断探求最佳的管理模式。

第三章　欧洲大学社会责任优秀实践案例

对于大学社会责任认知和管理水平处于不同阶段、不同类型的大学来说，要找到适合自身特性和发展水平的社会责任融入模式，既需要自身去探索和创新，也需要学习和吸收先行者的经验。欧洲大学的社会责任水平在世界处于领先地位，欧洲的一流大学不仅有卓越的学术表现，而且在社会责任治理方面积累了丰富的经验。

本章第一个案例展示了爱丁堡大学明确制定社会责任与可持续发展的治理与信息披露制度，建立起高层领导者、全校师生和各职能部门员工共同参与的社会责任与可持续日常管理，确保实现社会责任行动承诺的持续性。第二个案例描述了曼彻斯特大学如何构建战略驱动的社会责任管理框架，确保社会责任理念和战略的落地，推动着履责绩效的持续提升。第三个案例中的维也纳大学通过开展广泛合作，培育大学社会责任政策，建立独具特色的服务网络和体系，共同构建创新、活力、包容、可持续的发展愿景。第四个案例为蒂宾根大学，它是德国大学中社会责任与可持续发展治理结构较为完善的精英大学，通过大学自身的可持续发展行为，带动区域甚至更大范围的社会的可持续发展。

第一节　爱丁堡大学：全球领先的可持续大学

一、案例背景

爱丁堡大学（The University of Edinburgh）建于1583年，秉承“创造、传播和维护知识”的大学使命，该校在18世纪已经发展成为引领欧洲学术发展的重要学府。爱丁堡大学在 2019 年 QS 世界大学排名中位居第 18 位。2018 年，爱丁堡大学拥有各类在校学生 41 312 人，教学与科研人员约 3000 人。[①]在《爱丁堡大学社会责任与可持续发展战略（2010—2020）》中，该校明确了“成为全球领先的、负责任的与可持续发展的大学”的建设目标，提出要把社会责任与可持续发展的理念和内容全方位地渗透到学校管理、政策制定、课程教学、科学研究以及社会服务中，让师生成为社会责任与可持续发展的倡导者、实践者和领导者。[②]该校经过在社会责任和可持续发展领域的长久不懈努力，荣获英国 2018 年度可持续发展机构奖。

二、爱丁堡大学的社会责任实践

（一）构建大学社会责任管理的组织保障

为响应《爱丁堡大学社会责任与可持续发展战略（2010—2020）》的实施，学校于 2014 年成立社会责任与可持续发展部（The Department for Social Responsibility and Sustainability），该部门负责战略监测、战略发展、利益相关者沟通与激励、实施社会责任与可持续项目、发布社会责任与可持续报告等，并且该部门的愿景是成为世界范围内最成功的大学社会责任服务部门。

爱丁堡大学社会责任与可持续发展部具有较完善的组织结构，功能完善性较高，如图 3-1 所示。社会责任与可持续发展委员会（Social Responsibility and Sustainability Committee）负责制订年度计划、听取年度报告、评估学校社会责任与可持续发展情况，其包含的可持续运营咨询团队、可持续实验室指导团队、可持续信息与通信技术团队、节能与公共事业团队四个管理团队由学校主要行政职能部门的高层、中层领导者组成。社会责任与可持续发展委员会和顾问团队也要参与社会责任项目的咨询、执行和评审。学校还为社会责任与可持续发展项目配备项目负责人、沟通主管、运营责任人及其他管理人员。[③]

---

① The University of Edinburgh. University factsheet[2018-07-31]. http://www.docs.sasg.ed.ac.uk/gasp/factsheet/Student_Factsheet_31072018. pdf[2019-03-20].

② The University of Edinburgh. Social responsibility and sustainability strategy 2010-2020. http://www.ed.ac.uk/sustainability[2016-07-16].

③ The University of Edinburgh. Department for social responsibility and sustainability strategic plan 2015-2018. http://www.ed.ac.uk/about/sustainability[2016-08-05].

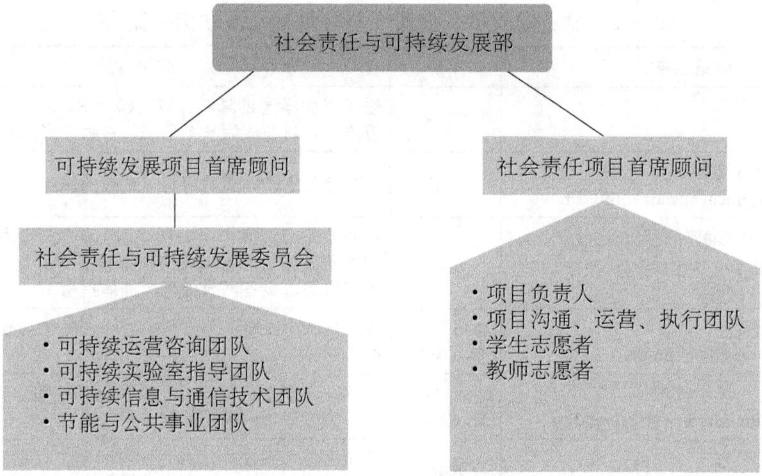

图 3-1 爱丁堡大学社会责任与可持续发展部组织结构图

爱丁堡大学通过组建专门的社会责任与可持续发展管理机构与项目团队，使社会责任管理更加规范化、常态化，并能及时监测、衡量战略实施成效。

从 2009 年开始，爱丁堡大学社会责任与可持续发展部每年发布一次社会责任与可持续发展年度报告，根据责任战略中制定的各项绩效指标（performance indicator），报告年度数据和达标情况，向全社会展示组织的社会责任绩效，这些报告成为爱丁堡大学在社会责任领域长久不懈努力的见证。

爱丁堡大学通过学校社会责任与可持续发展专题网站、Twitter、Facebook、YouTube 等校内外媒体向师生和公众传播社会责任与可持续发展政策、知识、资源、项目信息，使内部、外部利益相关者能够全面了解该校可持续发展绩效，不断凸显其社会责任影响力。

（二）创设社会责任与可持续发展的制度环境

大学的社会责任治理与实践需要制度保证、制度创新，需要积极营造良好的制度环境，才能使社会责任理念深刻地融入科研、教学、社会参与和组织运营的各方面。缘于此，爱丁堡大学逐步建立日趋完善的社会责任与可持续发展政策体系，保证其社会责任政策的公开性和执行的透明性。该校社会责任与可持续发展政策体系包含 13 种适用政策，如表 3-1 所示。

表 3-1 爱丁堡大学社会责任与可持续发展政策一览表[①]

政策名称	年份	政策信息
能源政策（energy policy）	2003	爱丁堡大学通过降低二氧化碳排放、提高能源利用效率等方式，旨在成为一个环境可持续发展的机构
房地产开发可持续战略（estates development sustainability strategy）	2003	该政策要求校园建筑符合可持续的标准
计算机与电子设备循环利用与回收（reuse and recycling of computers and other electronic equipment）	2004	该政策是有关爱丁堡大学教职工购置计算机与电子设备的注册备案、学校或家庭剩余设备再利用、向授权机构捐赠设备、设备回收处理的具体指南
负责任投资原则（responsible investment policy）	2005（2016年更新）	爱丁堡大学是欧洲第一所签署联合国《负责任投资原则》的大学
住宿服务的可持续性政策（accommodation services sustainability）	2009（2013年更新）	这项政策规定住宿服务既要满足学校师生当前的需求，又不损害后代人满足其需求能力的发展
回收和废弃物管理（recycling and waste management）	2010	政策根据有关法律法规为学院和单位管理废弃物提供指导，使师生能够对废弃物进行合法合规的最佳处理
交通与出行计划政策（transport and travel policy）	2010	政策内容包括鼓励共享式出行模式，减少通勤、公务出行的碳足迹，降低公务车和校园公交的运行成本等
气候行动方案（climate action plan）	2010（2016年更新）	2008 年 12 月爱丁堡大学成为“苏格兰大学与学院气候承诺”协定的创始成员之一
饮用水政策（drinking water policy）	2009	爱丁堡大学采取更加可持续性的、更加经济的饮用水政策，例如安装饮用水装置、饮用水回收、会议中减少瓶装水使用等
生物多样性政策（biodiversity policy）	2012	爱丁堡大学承诺在管理区域保护栖息地和物种，提高生物多样性，履行高于苏格兰《野生动物与自然环境保护法》所规定的义务
公平运营政策（fair trade policy）	2013	爱丁堡大学作为有公平贸易的大学，需满足公平贸易基金会政策标准
冲突矿产政策（conflict minerals policy）	2016	爱丁堡大学是英国第一所采取正式的冲突矿产政策的高等教育机构
健康食品政策（good food policy）	2016	爱丁堡大学将在采购、供应链、运营、研究型学习与教学、领导力与文化五个核心领域实施该政策

资料来源：作者根据爱丁堡大学官网信息翻译整理

爱丁堡大学是欧洲第一所签署《负责任投资原则》（responsible investment policy）的大学，也是英国第一个采用《冲突矿产政策》（conflict minerals policy）的高等教育机构。爱丁堡大学承诺到 2040 年成为一所纯零碳（net zero carbon）大学，承诺在 2021 年之前完成组织转型，并逐步减少直至不再使用化石燃料（煤炭、石油和天然气等）等不可再生资源。[②]

① The University of Edinburgh. Social responsibility and sustainability policies. http://www.ed.ac.uk/about/sustainability/governance-publications-reports[2016-08-12].

② Green gown awards 2018—University of Edinburgh—winner. https://www.sustainabilityexchange.ac.uk/green_gown_awards_2018_university_of_edinburgh_1[2018-12-15].

（三）面向利益相关者实施多元化责任项目

社会责任与可持续发展部主导实施了一系列卓有成效的、具有影响力的高质量社会责任与可持续发展项目，这些项目面向不同的内部利益相关方，实现与核心利益相关方就社会责任和可持续发展问题的无障碍沟通。

针对学生群体，爱丁堡大学为学生开设丰富的社会责任与可持续发展课程，设立社会责任与可持续论文奖（SRS Dissertation Prizes）、学生论坛、资助学生发起的社会责任与可持续发展实践项目。学校还支持学生组建的团队不断寻找新的方式保护资源、节约能源、促进可持续发展，使大学成为研究和实践可持续发展新思想和新技术的创新实验室，使社会责任和可持续发展教育和各类社会责任实践项目的参与成为学生大学经历的重要组成部分。

针对教师群体，爱丁堡大学支持教师展开与社会责任和可持续发展相关的问题的科学研究和教学工作，并提供高质量的、有影响力的学术项目来支持大学实现其社会责任和可持续发展战略及相关承诺，促进教师、研究人员、研究生积极从事与社会责任和可持续发展相关主题的研究工作并建立跨学科的学术网络。通过制定《可持续指南》（Be Sustainable Guide），给予教师、研究人员具体详细的指导建议来促进可持续校园建设和建立更健康的工作生活方式。

针对行政职员，爱丁堡大学要求职员入职时就参加社会责任与可持续发展的在线培训课程，该课程介绍了职员在日常工作中有哪些方法和行动可以支持学校成为更加负责任和可持续发展的大学。同时，社会责任与可持续发展部邀请职员志愿申请担任所在部门的协调员，帮助推动校内各职能部门和院系降低能源消耗和节能减排等，协助所在部门提升社会责任绩效，并参评爱丁堡大学的可持续发展奖（Sustainability Awards）。①

综上，爱丁堡大学是全球领先的、负责任的可持续大学，它通过战略引领、顶层设计以及完善的政策体系制定，使社会责任与可持续发展实践有章可循，奠定了社会责任实践的坚实基础。通过组建专门的社会责任与可持续发展管理机构与项目团队，使社会责任管理更加规范化、常态化，并通过行政手段及时监测、衡量战略实施情况与各部门社会责任绩效。该校建立了高层领导直接参与的社会责任管理队伍和执行团队，也建立了基层的协调员和监督员队伍，将社会责任理

---

① The University of Edinburgh. Social responsibility and sustainability：Our programmes. http://www.ed.ac.uk/about/sustainability/about/programmes[2016-07-18].

念传导到大学运行的最基层单元。管理队伍努力实现与核心利益相关方就社会责任和可持续发展问题的无障碍沟通，并通过各种激励措施促进利益相关方对社会责任事业的积极参与，为社会责任组织融入奠定了坚实的微观基础。

第二节　曼彻斯特大学：战略驱动的社会责任管理

一、案例背景

曼彻斯特大学始建于 1824 年，是英国学生规模最大的高等教育机构和世界一流的综合性研究型大学，在 2019 年 QS 世界大学排名中位列第 29 位。学校拥有来自 160 个国家的 38 500 名学生，拥有 11 000 余名教职工，其中教学科研系列教师超过 6000 人。[①]曼彻斯特大学作为全球顶尖的科研与教学机构之一，为人类社会的发展做出了举世瞩目的贡献，共有 25 位诺贝尔奖得主在此工作或学习。该校的愿景是到 2020 年发展成为全球知名的世界一流大学，拥有卓越的科学研究，杰出的学习与学生体验，显著的社会、经济和文化影响。[②]该校初步形成了较为完善的社会责任管理网络架构，为将社会责任融入大学教学、科研、社会服务奠定了组织基础。

二、曼彻斯特大学的社会责任实践简述

（一）战略驱动社会责任履行

曼彻斯特大学于 2012 年制定的“曼彻斯特 2020 发展战略”中，明确提出“卓越的科学研究”“杰出的学习与学生体验”“社会责任”三个核心的战略目标。该校认为，作为全球知名的世界一流大学，应具有显著的社会、经济和文化影响，

① The University of Manchester. Facts and figures. https://www.manchester.ac.uk/discover/facts-figures/[2019-3-20].

② The University of Manchester. Vision of University of Manchester. http://www.manchester.ac.uk/discover/vision/[2016-07-04].

通过教学、研究、公共服务对所在社会和世界的福祉做出贡献。[①]

该校的社会责任战略主要包括以下内容：①关注21世纪全球发展面临的主要挑战，通过科学研究对社会发挥积极的影响。②培养负责任的毕业生，教学生学习并实践道德、社会和环境责任。③参与社区，使大学能够利用知识、资源和吸引力为社区做出贡献。④负责任地运营，有效平衡社会效益和环境效益。⑤研究、教学和活动应符合环境可持续发展的承诺。

曼彻斯特大学将“社会责任”作为大学的核心战略之一，并且将战略目标具体化。管理者从战略层面对大学社会责任进行规划、设计、执行、监测，全面追踪社会责任绩效，避免社会责任实践与大学的期望脱节。

曼彻斯特大学定期测量与评价社会责任战略的实施情况，通过《社会与经济影响力报告》，报告学校对社会产生的环境影响、社会文化影响、经济影响。该报告由曼彻斯特大学社会责任办公室和主管社会责任工作的副校长James Thompson签发。

（二）明确社会责任核心议题

2012年，曼彻斯特大学将社会责任核心议题确定为“可持续发展”“科研伦理”“公平与多元化”“可接近性”，并根据上述议题设计了一系列有时间期限的社会责任项目来实现社会责任议题。近年来，曼彻斯特大学持续运营的社会责任项目包括以下几项。

1. 道德大挑战项目

曼彻斯特大学作为英国最大的高等教育机构，每年培养的毕业生数量众多，学校希望确保毕业生能够履行重要的道德、社会和环境责任。它要求每名本科生在每一学年完成一个共同的必修课程，而且该课程内容要与重大的道德课题有关，包括可持续发展、社会公正、职业道德等，让学生有机会面对道德方面的挑战。

2. 学校治理者计划

曼彻斯特当地社区的很多公立中小学都难以招聘到具有较强工作能力和高效工作的学校董事会成员。曼彻斯特大学的学校治理者倡议签名项目希望大学职员和校友通过志愿服务来指导和改善公立学校的管理水平。曼彻斯特大学积极组织

---

① The University of Manchester. Manchester 2020: The University of Manchester's strategic plan. http:// documents. manchester.ac.uk/display.aspx?DocID=25548[2016-08-19].

教员和职员参与这些学校的校董会，创建了规模很大的教育管理者群体，通过开设学校治理课程、研讨会、培训、年度会议、社交网络等方式进行沟通和联络，帮助公立中小学提升管理能力与治理水平。目前已有905位曼彻斯特大学的教职工和校友成为学校治理者并影响着408 500名学习者。

3. 文化准入项目

该项目通过向公众开放曼彻斯特大学的博物馆、图书馆、艺术馆，促进社区的中小学生了解社会历史文化、自然科学与人文艺术的知识。曼彻斯特大学对当地社区中占20%的落后、弱势小学免费开放大学最先进的文化机构，如馆藏丰富的约翰·赖兰斯图书馆、曼彻斯特博物馆、惠特沃思艺术馆、乔德雷尔·班克科学中心等，使学生们通过接近优秀的文化和科学获得宝贵的学习与教育经历。项目实施至2018年，已经有1 310 714名社会公众受益。

4. 曼彻斯特就业项目

英国的曼彻斯特大学所在的地区并不是一个经济富裕的社区，社区公众的工作技能和就业率较低。该校通过为失业者提供就业培训、理财策略，为社区公众提供工作机会和就业支持，帮助失业者重新获得就业机会，一些师生还与贫困家庭实施了一对一的帮扶活动。该校还支持许多当地的第三部门和社会组织的发展，并向整个地区的公司和慈善机构提供业务支持服务，包括为小企业提供一系列免费法律咨询。截至2018年12月，该校已帮助4153位当地失业者重新就业，其中有一部分人申请到了在大学内部的工作。

5. 可持续发展项目

曼彻斯特大学为教职工和学生提供促进可持续发展的行动建议，提供丰富的、师生可参与的可持续发展项目，例如绿色出行、加入跨学科研究团队、建立可持续的实验室、加入可持续发展爱好者联盟、申请担任学生宿舍的环保代表等。学校先前的目标是到2017—2018学年，曼彻斯特大学的教职工至少可以参与一项可持续发展项目，具备相关知识和资源来促进工作场所和所在社区的可持续发展。该项目通过汇集曼彻斯特大学的研究力量来帮助许多世界范围内的弱势群体，解决社会公平问题，包括健康、就业、贫困、生物多样性、教育、自然资源、冲突、气候变化等。[①]

---

① The University of Manchester. Social responsibility. http://www.manchester.ac.uk/discover/social-responsibility/[2016-09-16].

（三）促进社会责任政策发展

在“可持续发展”议题上，曼彻斯特大学发布《环境可持续发展政策声明》（2013年）、《环境可持续发展计划》（2013年）、《可持续的出行计划》（2013年）、《可持续的废弃物计划》（2013年）、《碳管理计划》（2013年）、《公平运营政策》（2008年）、《负责任投资政策》（2006年）等。政策内容涉及生物多样性、碳排放、能源、建筑与环境可持续发展、绿色实验室、资源有效利用、通勤与交通出行、废弃物回收利用等。该校承诺以2007—2008年为基准年，到2020年实现降低40%碳排放的目标。

作为研究型大学，对承担学术性社会责任具有重要意义。曼彻斯特大学公布《良好科研指南》（Good Research Conduct），并提出“卓越、诚信、开放、严谨、安全、道德责任、负责任管理、专业规范、合规性、报告学术不端”十项科研原则，要求全体科研人员和教职工遵守《数据保护法》、《人体组织法》以及临床试验和动物研究方面的相关政策法规，秉持良好科研的原则，追求高质量和高道德标准的优秀研究成果。[①]

作为英国规模最大的高等教育机构，“公平与多元化”成为该校履行社会责任的核心议题。为提升高等教育参与度，学校识别和吸引最有潜力的学生，无论他们的背景如何。学校积极关注来自低收入家庭背景和低社会经济群体、来自较低高等教育入学水平地区的学生、残疾人等，每年发布《扩大高等教育参与年度报告》（Annual Report on Widening Participation），向社会公开相关的规划与工作进展。曼彻斯特大学出台《公平与多元化政策》（Equality and Diversity Policy）要求每位教职工和学生都能理解学校的公平与多元化政策，向学校报告工作和学习过程中遭遇的有损人的尊严的不可接受的行为；要求学校的管理者尊重学校每一位成员，及时纠正不当行为；确保教职工和学生了解如何投诉歧视、欺凌和骚扰，且不会因此受到伤害；公正、彻底、迅速、保密地处理投诉；在管理者责任影响范围内给予平等和多元化的适当考虑。[②]

在科研伦理方面，曼彻斯特大学遵守《数据保护法》、《人体组织法》以及临床试验和动物研究方面的最新政策法规，制定《良好科研指南》，并要求所有的科

---

① The University of Manchester. Good research conduct. http://www.manchester.ac.uk/research/environment/governance/conduct/[2016-07-14].

② The University of Manchester. Equality and diversity policy. http://documents.manchester.ac.uk/display.aspx?DocID=8361[2016-07-18].

研人员和教职工遵守“卓越、诚信、开放、严谨、安全、道德责任、负责任管理、专业规范、合规性、报告学术不端”十项原则，承担学术责任，追求高质量和高道德标准的优秀研究成果。

（四）社会责任活动持续增加大学的战略资源

曼彻斯特大学通过战略性社会责任的项目式管理，激励学校师生参与并主导各类社会责任项目的实施。

为激励广大师生对社会责任项目的积极参与，曼彻斯特大学设计了比较完善的荣誉激励体系，并设置十类社会责任的突出贡献奖。这些奖项包括科研创新奖、教学创新奖、社会创业奖、典范社区奖、公众参与创新奖、公平和多元化奖、文化贡献奖、可持续发展奖、扩大参与奖、年度志愿者奖。

为激励以校友和社区公众为代表的外部利益相关方对社会责任项目的参与，曼彻斯特大学主要社会责任项目的设计基本都要通过与利益相关方进行深度沟通，考虑与利益相关方的共同利益，向他们及时公开项目的进展与社会影响。并通过有效的利益相关方关系管理，使社会责任活动能够持续增加大学的战略资源。

第三节　维也纳大学：推动社会责任融入组织

一、案例背景

维也纳大学（University of Vienna）成立于1365年，是奥地利历史最悠久、规模最大的国际性研究型大学。创办之时，校方明确表示维也纳大学将根据巴黎大学的模式，在所有被允许的学科中开展研究、教学和学校自治，并在19世纪和20世纪发展为具有较高国际地位的研究型大学。在600多年的历史中，该校先后培养了27位诺贝尔奖获得者，包括心理学家弗洛伊德、遗传学家孟德尔、物理学家薛定谔等。目前，该校拥有教师9600人，其中学术人员6800人，拥有全日制在校生和继续教育学生共计89 716人，其中国际学生26 825人。[①]根据2019年

① The University of Vienna. Facts & folders. https://www.univie.ac.at/en/about-us/at-a-glance/facts-folders/[2019-06-20].

QS 世界大学排名，维也纳大学位居世界第 175 位，在奥地利国内的大学中排名第一。

维也纳大学一直重视高水平的基础研究和研究导向型教学。然而，一些教师和研究者从事着与社会实践脱节的学术研究，很多全日制在校学生也缺乏社会实践经历。而且，当地企业、研究机构、社会合作伙伴迫切需要通过与大学的科研合作来提升竞争力和创新力。在这样的背景下，维也纳大学于 2015 年发布《2020 发展规划》，明确提出“维也纳大学要成为维也纳地区乃至中欧地区的创新动力源”的发展目标，强调学校要通过科研和高等教育活动积极承担社会责任，“使学生接受指向未来的教育与培训，培养高质量、高智能、能够独立思考和研究的人才，以满足新形势下工作环境和学术要求的劳动力市场需要”①，加强大学与社会和当地社区的合作联系，不断提升高等教育的社会适应性，促进大学和企业之间进行知识交流与创新。

二、维也纳大学社会责任实践简述

（一）扩展社会责任战略合作

欧洲国家的大学社会责任实践发展仍处于不均衡的状态，中欧和东欧地区的大学开展社会责任实践的时间相对较晚。为改善欧洲大学社会责任实践不均衡的现状，2011—2013 年，维也纳大学参与并推动实施了欧盟大学社会责任计划。

该计划由奥地利的维也纳大学、西班牙的巴塞罗那大学、葡萄牙的波尔图大学、爱尔兰的都柏林城市大学、罗马尼亚的布加勒斯特理工大学、斯洛文尼亚的普图伊大学以及欧洲大学继续教育联盟共同合作开展。参加该计划的很多欧洲大学都拥有漫长的发展历史，例如布加勒斯特理工大学成立于 1818 年，是罗马尼亚历史最悠久的著名高等学府；波尔图大学成立于 1911 年，是葡萄牙著名的公立大学之一。这些学校经历了经济和政治动荡，使得它们充分思考了大学对于文化、社会、区域的社会责任，并培育了能够处理未来不确定性风险的弹性组织。

2015—2017 年，维也纳大学作为社会责任实践的领先学校担任项目协调主席，继续推动并实施了 UNIBILITY 计划（UNIBILIT-project）。上述计划被视为欧盟“伊拉斯谟+”计划的战略合作核心行动（Erasmus+Programme Strategic Partnerships Key

① The University of Vienna. University of Vienna 2020 development plan. http://www.univie.ac.at/fileadmin/user_upload/startseite/public-Seite/Dokumente/Entwicklungsplan2020_en.pdf[2015-01-22].

Action)，获得官方资助，并增进了政府部门、私营机构、非政府组织、工业界的合作。

UNIBILITY 计划于 2015 年 10 月正式启动，该计划分为盘点阶段、培训阶段、实施阶段及评估推广四个阶段。欧洲高校通过社会责任战略合作，促进欧盟大学社会责任标准的实践与发展，促进师生和科研人员积极承担社会责任，开发大学社会责任服务学习项目，面向高校管理层和学生开设大学社会责任课程与培训，通过环境、社会和经济领域的科研合作加强大学对社会的影响。

通过战略合作，维也纳大学与其他高等教育机构共享履行大学社会责任所需的资源、知识、新思想，使大学进一步发挥自身的社会服务潜力和社会影响力，促进和引领欧洲大学社会责任的均衡发展，为实现经济增长及提升区域经济竞争力做出贡献。

（二）促进社会责任融入更多欧洲大学

为促进社会责任融入欧洲大学的组织内部政策、治理结构和外部活动，维也纳大学组织 20 位专家学者共同研究出版《大学遇见社会责任》（UNIBILIT：University Meets Social Responsibility）实践工具指南。该指南从“科研、教学、学业支持”“公共参与”“治理”“环境与社会可持续发展”“公平运营”五个方面提出了明确的实践标准，并通过图文、视频等形式呈现了欧洲大学在上述五个领域的社会责任的良好实践。

该指南出版后产生了很大的社会影响，为欧洲大学的管理者、社会责任研究者、学生、教师提供了有效的实践指导，并为激发师生的想象力开展了创新实践。维也纳大学的社会责任项目协调人 Katharina Resch 博士认为，如果大学的组织环境和前提实施条件到位，实践标准可以直接应用或根据组织的特别需要调整后应用。

（三）建立社会责任服务与合作网络

维也纳大学通过 UNIBILITY 计划与联盟高校合作开展社会责任教育培训，并与企业、非政府组织等外部利益相关者构建合作网络，强调大学履行社会责任时要有广泛的利益相关者参与、与外部公众建立伙伴关系、推动对话。

为促进利益相关方的学习和参与，维也纳大学开展了以下合作项目。

1. 教职工社会责任培训周

通过听取主旨报告、研讨会等形式，讨论大学管理人员、学术人员在日常工作中面临的社会责任挑战及其如何开展社会责任实践的问题，并支持来自合作高校的教职工和管理者通过建立 USR 战略和行动计划将社会责任实践传递到社会，使大学提升社会影响力。研讨的主题包括：负责任的科研、教学与学习；环境和社会的可持续发展；负责任的大学治理；公平运营；公共参与；大学社会责任的愿景；利益相关者的需求；面临的挑战与障碍；大学社会责任的实施；大学社会责任的报告。首次培训于 2016 年 5 月在维也纳大学举办。

2. 学生社会责任培训周

学生将通过参与服务学习项目，加强与当地文化、社会生活和区域经济的联系，并把社会责任理念和学生的创意与想法付诸实践。其中，服务学习项目的记录通过视频、文本文件、服务日志和宣传册等形式在网站上公示。

联盟的第一次学生社会责任培训周于 2016 年 7 月在西班牙的巴塞罗那大学举办。巴塞罗那大学是欧洲大学社会责任实践的先锋。现任校长 Ramírez 明确提出“加强经费资金使用有效性”和“加强大学的社会责任”两大核心管理宗旨，2009 年当选校长后，Ramírez 主导成立了隶属校长办公室的“内部控制、风险与社会责任办公室”，这个新部门每年根据全球报告倡议组织发布的《社会责任指南要求》和巴塞罗那大学社会责任委员会的部署，发布该校的社会责任报告，实施并监督大学社会责任的项目与活动。

3. 校企合作社会责任项目

校企合作项目将围绕大学发展战略，与商业界保持联系并产生真正的社会影响。联盟高校将针对创意产业、科技企业、当地初创企业和其他商业的合作伙伴，有组织、有计划地开展特定行业领域的大学与企业合作的交流研讨会，一方面增进大学与企业的社会责任合作；另一方面加强企业界对大学战略和行动的了解和支持。

4. 大学与非政府组织社会责任合作项目

很多非政府组织往往没有固定的教育和培训预算，大学可以为所在社区的非政府组织提供教育培训的支持。UNIBILITY 计划将在每个参与国举行两次相关的研讨会，讨论社会责任项目管理、时间管理、筹款、沟通合作等问题。

综上，维也纳大学参与的 UNIBILITY 计划是典型的基于项目展开的多高校联盟，联盟方共同确定大学社会责任的核心议题，建立独具特色的社会责任服务网络，开展多边对话与政策沟通，根据欧盟大学社会责任标准持续改进、提升大学社会责任实践。这个案例也表明大学履行社会责任时需要加强与高等教育机构和外部组织的合作，并与相关组织建立相互信任的合作伙伴关系。

第四节　蒂宾根大学：可持续发展的德国卓越大学

一、案例背景

蒂宾根大学（University of Tübingen）始建于 1477 年，是欧洲最古老的大学之一，具有悠久的办学历史。1863 年，蒂宾根大学创立了德国大学第一个独立的自然科学系（Faculty of Science），并将自然科学从哲学中分离出来。2018 年，蒂宾根大学拥有学生 27 600 余人，4900 名研究者和教师在七个学部从事教学科研工作，并且，蒂宾根大学入选德国“卓越计划”（Excellence Initiative）重点资助发展的具有世界一流大学未来构想的精英大学。在卓越计划资助期内，该校鼓励跨学科、国际化的科研合作以及与工商业的协同创新，学术表现卓越。蒂宾根大学的社会责任实践主要围绕“平等与多元化”“可持续发展”两个主要议题展开，实践特色鲜明，是一所领先德国乃至全球的可持续大学（sustainable university）。

二、蒂宾根大学社会责任实践简述

蒂宾根大学明确将“可持续发展”作为办学的准则，并将可持续发展融入教育与科研中，在学校内部实施协同一致的各类措施，形成了比较完善的可持续发展治理结构，通过大学自身的可持续发展行为，带动区域甚至更广大范围的社会可持续发展。

（一）组建可持续发展顾问委员会

2010 年，为支持蒂宾根大学学生发起的绿色大学倡议（Greening the University），蒂宾根大学组建了由 25 人组成的可持续发展咨询委员会（Advisory Board for Sustainable Development），该委员会成员包括教授、非教授系列的教学人员（the non-professorial teaching staff）、行政管理者、学生志愿者、外部专家，所有委员会成员均为自愿参与。其中，可持续发展咨询委员会的执行主席 Potthast 教授既是该校伦理学、哲学和生命科学史的全职教授，也是伦理、环境政策与可持续发展领域的国际知名专家。

蒂宾根大学章程中明确规定了可持续发展咨询委员会的任务与作用，即“可持续发展咨询委员会应为蒂宾根大学校长办公室提出全面可持续发展战略的建议，从而有助于制定教学、研究和行政方面的可持续发展战略，并促进其实施。咨询委员会应将可持续发展领域的行动者联系起来，从促进大学的可持续发展意义上对各类项目进行统筹和整合，并将可持续发展的理念传达给大学内部和外部公众”[①]。

可持续发展顾问委员会的任务主要包括：负责制定蒂宾根大学全面可持续战略规划；制定并执行可持续发展融入大学教学、科研和管理的具体策略；负责与大学内部、外部的可持续发展行动者开展沟通与合作；介绍并组织校级的可持续发展论坛；介绍并执行可持续发展学位论文奖励基金。[①]

（二）将可持续发展教育融入所有学科和教学

为贯彻可持续发展理念、实现大学的可持续发展，蒂宾根大学成立了可持续发展学院（School for Sustainability），该学院的长期目标是将可持续发展教育融入学校全部学科、融入各专业的教学中，特别是要在硕士、博士学位课程中开展与可持续发展教育相关的基础课程、专业课程、主题研讨课程、实践课、知名专家讲座，使全体学生具备可持续发展领域的基本知识和核心素养。可持续发展学院支持教师结合自身的专业知识将可持续教育融入现有的专业课中，支持开设全校

---

① The University of Tübingen. Advisory board for sustainable development. http://uni-tuebingen.de/en/university/profile/values-and-visions/environmental-guidelines/[2017-05-27].

通识选修课程，例如《可持续的能源供给》《生物多样性》等。[①]

学校建立了“可持续发展创新基金”来支持教师积极开展可持续发展教育，培养学生的可持续发展核心素养；支持大学教师在校内外寻找合作伙伴，以开办新的可持续发展理论课和第二课堂实践课、专业与学位项目，以及开展相关的教学研究和科研项目。除此之外，每年秋季学校都组织“可持续发展学位论文奖”，该奖项获得者担任可持续发展论坛的报告人，这项奖励是鼓励学生积极从事创新的可持续发展研究，其中，学士学位论文申请者可获得 300 欧元的奖励，硕士学位论文申请者可获得 500 欧元的奖励。

（三）搭建可持续发展跨学科协同创新平台

蒂宾根大学通过重点发展“环境系统分析”和“教育-社会-规范-伦理反思”两大跨学科研究平台来解决人类社会可持续发展面临的挑战。这两大平台汇聚了环境科学、化学、生物学、物理学、社会科学、经济学、伦理学、法学多个领域的专家学者开展的跨学科研究。

专家通过“环境系统分析”平台，开展水资源管理、环境污染治理、环境监测、生物多样性、水土保护等领域的科研项目，积极与企业界、部分的政府政策制定者合作，将研究成果应用于社会。而“教育-社会-规范-伦理反思”科研平台则为德国卓越计划重点支持的蒂宾根大学未来构想提供了重要的实质性支撑。[②]

（四）以学生志愿服务为载体的可持续发展项目

大学承担社会责任，传统上是以大学教师为主体来完成的。通过调研了解到，蒂宾根大学的很多可持续发展项目却是由学生为主体来发起并完成的。例如，2009 年，蒂宾根大学的学生与学校的职业与伦理服务中心合作，最早发起并开展“绿色大学”行动；2014 年至 2019 年，每学期初的可持续发展宣传周（Week of Links）面向大一新生开展可持续发展宣传教育，使新生在入学之初就能够了解可持续发

---

① The University of Tübingen. School for Sustainability. http://uni-tuebingen.de/en/university/profile/values-and-visions/environmental-guidelines/school-for-sustainability/[2017-05-27].

② The University of Tübingen. Research for sustainable development. http://uni-tuebingen.de/en/university/profile/values-and-visions/environmental-guidelines/research-for-sustainable-development/[2019-02-21].

展的知识，尽早树立可持续发展意识①。发起行动、运营这些活动项目的人正是蒂宾根大学的大学生志愿者，学生通过参与各类可持续发展实践，培育可持续发展领导力与社会责任感。同时，学校将其中 12 个优秀的可持续发展志愿者项目（Volunteer Commitment for Sustainable Development）在学校官网进行展示和介绍，以激励更多学生积极参与并发起创新的可持续发展行动。

第五节　总结与启示

通过对以上的案例进行陈述和分析，本书研究进一步明确如下结论与启示。

第一，欧洲的四所案例大学已经将“社会责任”作为一个基本的战略领域，它的重要性已经在欧洲高等教育界日益彰显。爱丁堡大学、曼彻斯特大学、维也纳大学、蒂宾根大学都重视通过战略规划、顶层设计来推动大学社会责任实践的发展，这奠定了社会责任实践的坚实基础。可持续发展成为案例大学履行社会责任的重要议题之一，案例大学中的曼彻斯特大学、爱丁堡大学、蒂宾根大学的可持续发展政策体系，既包括战略性政策，也包括操作性政策。政策内容细致、明晰、可操作性强、具有可评估性，师生们通过了解政策能够清楚地掌握社会责任与可持续发展理念与行为。四所案例大学都已经超越了简单的大学社会责任项目建设，它们通过制定战略规划和年度的行动计划，进一步建立评估体系和公开发布社会责任与可持续性报告。

第二，在设计社会责任项目时，要将大学的类型、优势与责任议题相结合，聚焦有助于提升大学竞争力的领域。社会责任项目不能贪大求全，要有自己的特色；不能孤立行事，否则可能会变成没有长期价值的“装饰品”。曼彻斯特大学是最早采取社会责任“项目式”实践模式的大学，根据区域社会的需求与学校的战略规划，学校设计了一系列有时间期限的社会责任项目，并号召师生参与这些项目。随着社会责任项目的开展与日益丰富，大学所需人员的数量和精力投入也在不断增加，而迫切需要积极推动利益相关方全面参与大学社会责任行动，设置相应的社会责任管理部门与执行团队就成为组织发展的一种需求。爱丁堡大学的社

① The University of Tübingen. Volunteer commitment for sustainable development at the University of Tübingen. https://uni-tuebingen.de/en/university/profile/values-and-visions/environmental-guidelines/volunteer-commitment-for-sustainable-development-at-the-university-of-tuebingen/[2019-02-21].

会责任与可持续发展部属于矩阵式项目组织，每个项目团队由10～15人组成，团队负责人的责权比较大，团队内部也有明确的任务分工和授权，这是目前世界范围内最为完善的大学组织建立的社会责任服务部门。而蒂宾根大学可持续发展咨询委员会也是一个典型的社会责任管理机构，委员会成员来自不同的利益相关方，经由大学章程规定了委员会的职责，委员会直接对校长负责，并负责制定学校的可持续发展战略规划。

第三，大学履行社会责任需要加强与高等教育机构和外部组织的合作，通过建立伙伴关系，发展不同规模及范畴的大学社会责任协作项目，共享大学社会责任的资源、知识、理念，从而使得大学社会责仜的履行获得更多支持。大学社会责任的实现涉及诸多利益相关者，包括大学内部的师生、政府机构、企业、校友、公众，社会责任的实现过程是整合学校、城市、产业的智力资源，责任主体充分调动利益相关方积极性的过程。因此，大学与社会的合作、高等教育机构之间的合作，对于大学社会责任的均衡发展都至关重要。第三个案例中的UNIBILITY计划是欧洲大学典型的社会责任协同联盟，联盟方共同确定大学社会责任的核心议题，开展多边对话与政策沟通，建立社会责任服务与合作网络，通过大学机构间的资源和能力的组合共同推动社会责任合作。故此，大学应该更加关注教师、学生、校友在社会责任实践尤其是社区服务和发展中的作用，大学宜全员参与到社区服务和发展工作中，这也将成为未来大学社会责任实践的重要发展趋势。

第四章　北美大学社会责任优秀实践案例

美国州立大学最早树立起为社会服务的理念，其办学传统与治理模式都使公立高等教育机构成为承担社会责任的重要力量。很多美国公立研究型大学在对外公共关系和舆论宣传中都侧重强调自身对所在州的服务、重视扩大高等教育包容性、促进教育公平等方面的社会责任。

本章第一个案例重点分析了大学社会责任理念的引领者哈佛大学正在积极创建可持续大学，并通过社会参与和发展项目，致力于实现联合国可持续发展目标 4 “确保包容和公平的优质教育，让全民终身享有学习机会”。第二个案例展示了圣路易斯华盛顿大学将多元化、包容性、全球参与、可持续发展作为战略发展的重点，为如何促进师生履行社会责任提供全方位的基础条件。第三个案例描述了塔夫茨大学通过设置战略性的社会责任主题，为师生提供许多机会，使其参与到应对当地与全球可持续发展的挑战中，不断扩大自身影响并致力于服务全球。第四个案例选取的是加拿大的旗舰研究型大学——不列颠哥伦比亚大学的社会责任实践，该校将可持续发展模式融入大学教学、学习、研究、校园运营与基础设施等各个方面，成为全球可持续大学的领导者。

第一节　哈佛大学：将社会责任作为大学的理想

一、案例背景

哈佛大学（Harvard University）作为美国最古老的高等教育机构，自 1636 年成立以来一直积极参与美国各个发展历史时期的重大社会问题，适应不同时期社会发展和国家战略的需要，积极承担社会责任，是美国大学履行社会责任的典范。哈佛大学位于美国马萨诸塞州的波士顿市，拥有超过 22 000 名注册学生，2400 名专任教师（faculty members）以及在附属教学医院的 10 400 名学术人员（academic appointments）。[①]哈佛大学在 2018 年 US News 世界大学排行榜中位列第 1 名，在 2018 年 ARWU 世界大学学术排名中位列第 1 名，并已经连续 16 年蝉联第一。

1972 年以来，哈佛大学股东责任委员会（Shareholder Responsibility Committees）提出了哈佛大学以及该校拥有股份的所有上市公司应履行的社会责任的问题。并且股东责任委员会一直在人权、环境实践、平等就业机会等领域为哈佛大学提供建议。

二、社会责任实践简述

（一）大学社会责任的理念引领者

在风起云涌的世界局势中，哈佛大学校长的办学理念历来都受到社会各界的关注，他们的教育理念往往能够引领高等教育发展的潮流。尽管哈佛大学成立 300 多年来，本科生院、研究生院及其他学术实体从未发布过正式的大学使命的陈述，但是在历任大学校长传播和实践的教育理念中，可以映射出社会责任理念的精髓。

早在 1909—1933 年 Lowell 担任哈佛大学校长时期，哈佛大学改革并重建本科自由教育，一方面重视促进人的自由发展，一方面使哈佛毕业生成为有社会责任的公民，并乐于将自己的才华奉献给国家。

Bok 在 1971—1991 年、2006—2007 年担任哈佛大学校长期间，重新审视事关美国和人类未来的大学社会责任，逐渐形成独特的研究型大学的社会责任观思想。于是，博克呼吁美国的研究型大学应通过高质量的人才培养、科学研究和社会服务，帮助美国保持在政治、经济、文化、科技、教育等领域的世界领先地位，为美国人民乃至世界人民谋取福祉。[②]

第 28 届校长 Faust 在 2007 年的就职演说中提出，毕业率、研究生院的入学统计数字、研究经费、出版和发表论著的数量等硬性指标固然重要，但是大学的社会责任比上述指标所述的内容更加重大，目的也更加宏大。大学具有独一无二的责任是知识的扩展、文化的变革、思想的创造、精神的自由。因此，福斯特认为，

---

① Harvard University Harvard at a glance. http://www.harvard.edu/about-harvard[2018-12-22].

② 曲铭峰. 德里克·博克大学社会责任观评析. 清华大学教育研究，2014，35（1）：44-54.

在一个危机四伏的时代里，大学必须培养能够随时领导世界、应对气候变化挑战的年轻人，为全人类提供一个和谐、宜居的环境，这不仅是大学独特的力量，也是其肩负的特殊责任。2007—2018 年，Faust 校长很重视哈佛大学的环境管理、推动建设可持续大学，并用十年的时间不断完善大学社会责任的治理结构和运行机制，这为其更好地实现社会责任提供了制度保障。

第 29 届校长 Bacow 在 2018 年 10 月 5 日的就职演说中再次强调高等教育始终要记住履行公共利益的义务，并继续以各种方式为更广泛的公共利益服务。美国的学院和大学曾经使美国梦能够得以成真，高等教育需要继续确保后代人仍然能够实现美国梦。2019 年 2 月 7 日，Bacow 校长在华盛顿发表“高等教育的未来”演说，也于 2019 年 3 月 20 日在北京大学发表“真理的追求与大学的使命”演讲。两次演讲均强调大学有责任促进各自国家以及全世界的发展，大学真正承担起这样的责任的唯一方法就是践行和维护那些能够超越国界的学术价值。伟大的大学要用自身的卓越改善大学所在的社区，改善世界，让世界变得更美好。[①]因此，哈佛大学在未来将挖掘在线学习和数字教育的潜力将优质的高等教育传播给更多公众。

（二）全美可持续大学的楷模

哈佛大学是美国最广泛地开展可持续校园建设的大学，有连续十五年以上的可持续发展行动规划，有完整的自我评估体系。可持续发展办公室（The Harvard Office for Sustainability）负责指导全校可持续目标的执行，召集各委员会和工作团体分享最佳可持续发展实践，制定政策和行动计划，并发布可持续发展年度报告。《哈佛可持续发展计划（2015—2020）》规划了建设和运营更健康、更可持续校园社区（sustainable community）的路线图，在师生群体中逐步确立了参与可持续发展的管理风尚，营造了师生学习、工作、生活的可持续文化环境。

根据哈佛大学官方网站发布的数据，通过以科学为基础的行动，哈佛大学成功遏制了校园碳排放，2017 年已经实现温室气体的排放比 2006 年减少 30%的计划目标（计入增长效应），人均废弃物减少 44%，并计划在 2050 年实现更健康的无化石燃料校园的目标。[②]

① 北京大学新闻网. 哈佛大学校长白乐瑞访问北京大学并发表演讲. http://news.pku.edu.cn/xwzh/5b02e0e64c9e44ab9304233679cde5d2.htm[2019-03-21].

② Harvard University. Harvard’s sustainability report. http://report.green.harvard.edu/[2018-12-22].

哈佛大学已经认识到，要创建一个可持续发展的校园，并加强了大学的科学研究和人才培养。该校已经陆续开设了超过260门有关能源、可持续发展、环境的课程，并于2014年正式创设“可持续发展科学计划”，该项目是哈佛大学在研究、教学中应对可持续发展挑战的枢纽式介入。该科学计划对以下三个方面的可持续发展能力建设予以特别关注：强调“人与环境”系统变异的科学解释、注重研究成果与政策制定之间的协调、支持可持续发展知识与行动的链接。[①]在此基础上，哈佛大学成立了一系列研究中心和研究所来支持、推广可持续发展研究，并且哈佛大学全球研究基金为气候变化、网络安全、国际关系等重大挑战提供了有效研究方法解决方案。

哈佛大学的管理部门将可持续发展理念融入业务实践，目前已经拥有213个通过绿色认证的绿色办公室（认证有效期为2年），共计4100多位行政人员参与其中。哈佛大学通过投入70万美元的校园可持续创新基金，激励学生团队、教师团队和行政人员试验新的技术和战略来应对全球可持续发展的挑战，申请者通过递交项目计划申请书，经评估委员会的评审通过后，每个项目可获得5000美元至50 000美元的项目经费。

（三）基于自身优势的广泛社区参与

哈佛大学的社会参与和发展项目主要致力于实现确保包容和公平的优质教育，让全民终身享有学习机会的目标。哈佛大学与奥尔斯顿-布莱顿（Allston-Brighton）、波士顿、剑桥、朗伍德（Longwood）等周边5个社区建立起紧密合作的关系，将教育、科研资源带给儿童、家庭、本地教育者、公立学校和终身学习者。

哈佛的Project Teach项目主要面向周边社区所有公立学校的7年级学生，帮助中学生了解高等教育、发展大学认同（develop a college-going identity）。“心灵事务”（Mind Matters）项目是该校师生运用前沿科研成果促进剑桥和波士顿地区3～8岁儿童早期科学启蒙教育的发展。哈佛师生每年春季前往社区公立学校开展“科学与工程陈列展”（Science and Engineering Showcase）。[②]通过“海洋科学实习计划”（Marine Science Internship Program），哈佛大学为超过800名剑桥瑞奇拉丁学校（Cambridge Rindge and Latin School）的学生提供科学生涯探索的机会，哈佛

① 牛文元等. 可持续发展管理学. 北京：科学出版社，2016：15.

② Harvard in the Community. Education Initiatives. https://community.harvard.edu/education[2018-12-22].

大学有机体和进化生物学系的实验室也为该校学生提供研究实习的机会，并助其接受哈佛大学教授和研究生提供的科研指导与训练。除此之外，哈佛商学院每位一年级学生（每届约有 900 人）都要选择一个公司或组织，研究分析在面临气候变化威胁时企业已经采取或应该采取的措施。①

哈佛大学公共事务与交流部（Harvard Public Affairs & Communications）通过发布年度报告，及时公开社区参与的创新实践及产生的社会影响。为确保社区参与项目的长期稳定开展，哈佛大学和周边社区设置了多项专属基金，如奥尔斯顿社区奖学金支持居民参加哈佛大学的课程和夏令营，哈佛大学-奥尔斯顿合作伙伴基金支持社区非营利组织的项目和计划，柯南特奖学金（James Bryant Conant Fellowship）则用于支持公立学校的教师和管理者在哈佛大学的教育研究生院攻读博士学位。

第二节 圣路易斯华盛顿大学：提升社会责任影响力

一、案例背景

圣路易斯华盛顿大学（Washington University in St. Louis）始建于 1853 年，以美国国父乔治·华盛顿的名字命名，是美国历史上建校最早的私立研究型大学。2018 年，学校拥有来自 80 多个国家的学生 14 842 人，教职工 3645 人，师生比例约为 1∶8②。该校在 2018 年 ARWU 世界大学排名中位列第 20 名。圣路易斯华盛顿大学的使命是在探索和传播知识的同时，保障调研工作、教学与学习过程中的学术自由，营造鼓励并支持广泛探索精神的氛围。近年来，圣路易斯华盛顿大学确立了四大发展战略，包括多元化与包容性，全球参与，能源、环境与可持续发展，创新创业。③这些战略彰显了该校为承担社会责任所做的努力。

---

① Brigid O'Rourke. Teens discover exciting side of science[N]. Harvard Gazette[2017-06-05].

② Washington University in St. Louis. University Facts.（2016-09-10）. https://wustl.edu/about/university-facts/[2018-12-22].

③ Washington University in St. Louis. Strategicpriorities.（2016-09-10）. https://wustl.edu/about/strategic-priorities/[2018-12-22].

二、社会责任实践简述

（一）将实现可持续发展作为总体目标

为实现可持续发展的总体目标，圣路易斯华盛顿大学出台了《2015—2020 可持续运营战略规划》①，在节能减排、绿色建筑、社区参与、食品、校园景观、交通、废弃物、水资源等方面做出可持续发展承诺。通过设立可持续发展基金、绿色大使、绿色办公室、绿色实验室项目，促进师生对可持续发展的积极参与，给予学生成为可持续发展领导者的实践机会，推广可持续发展优秀案例并公开相关的报告和数据。同时，圣路易斯华盛顿大学可持续发展办公室、可再生能源与可持续发展国际中心等机构不断发起新的可持续发展科研项目，与企业等机构合作结成全球能源和环境伙伴关系，为建立可持续发展社会，发挥高等教育机构的引领作用。

（二）培育组织的社会责任文化

圣路易斯华盛顿大学校长 Wrighton 认为，作为一所世界一流大学，应该更加多元化、更加具有包容性，这并不是可有可无的备选方案，而是势在必行之选。结合"多元化与包容性"战略，该校将"公平运营实践"作为社会责任的核心议题，促进组织内部的公平竞争，培育"每个人都有价值、每个人都应受到尊重"的组织文化。华盛顿大学不仅制定出台各项涉及公平运营的组织政策，还设立"多元化与包容性奖励基金"（Diversity and Inclusion Grants），专门用于支持教职工为提升学校多元化与包容性而开创的各项实践。②学校建立"偏见回应支持系统"（bias response support system），以解决和处理学术共同体中可能存在的歧视与偏见问题。

（三）提升社会责任影响力

近年来，高等教育社会责任领域的国际交流日益频繁，达成的共识越来越多，合作方式和项目进一步多元化。为扩大国际影响力，华盛顿大学于 2014 年成为大

---

① Sustainability at Washington University.（2016-09-15）. https://sustainability.wustl.edu/[2018-12-22].

② Washington University in St. Louis. Diversity at Washington University.（2016-09-15）. http://diversity.wustl.edu/[2018-12-22].

学社会责任网络的执行委员会成员，与其他成员共同通过学术研究、开放奖学金申请、互派访问学者等各种合作形式，推动大学社会责任发展，促进高等院校在大学社会责任方面的协作创新和资源共享。为扩大区域影响力，该校通过设立政府与社区关系项目、校园学习体验中心、公益法律援助组织、社区建筑设计工作室等，积极为所在社区提供资源支持服务，为学生、社区与社会合作伙伴提供服务。促进学生社区参与制度化，使更多师生能够给社会带来积极影响。

第三节　塔夫茨大学：将可持续发展融入日常运营

一、案例背景

塔夫茨大学（Tufts University）始建于 1852 年，是一所将传统精英文理学院与研究型大学使命相结合的私立大学。2017 年，在 US News 世界大学排名中位列第 156 位。截至 2016 年秋季，学校拥有学生总数 11 767 人，教职工 3161 人。塔夫茨大学的成功在于其教育规模保持精英文理学院的特色，将科学研究与博雅教育（liberal arts）相结合，以吸引那些充满好奇心、创造力和富有参与性的学生。该校的使命陈述如下：塔夫茨大学是一所以学生为中心并致力于探索和应用知识的研究型大学，在包容与合作的环境下为学生提供能够适应未来发展变革的学习体验，吸引优秀学者并鼓励他们产生大胆的想法，使他们在面临复杂挑战的情况下不断创新，以活跃的杰出公民身份展现在世界面前。①

20 世纪 90 年代，塔夫茨大学前任校长 Mayer 主持起草《塔夫茨环境政策》和著名的《塔卢瓦尔宣言》，倡议全球大学在建立公平与可持续发展、人类与自然协调的问题上采取“十点行动计划”，并将社会责任纳入大学的教学、科研、运营和推广中。2005 年 9 月，《塔卢瓦尔宣言》在塔夫茨大学前任校长 Bacow（现任哈佛大学校长）于法国主持召集的塔卢瓦尔会议上正式发布，目前已有超过 50 个国家的 440 个高等教育机构的领导参与塔卢瓦尔合作网络（the talloires network）国际联盟。

---

① Tufts University. Tufts mission，vision & themes. https://www.tufts.edu/about/mission-vision[2018-12-22].

二、社会责任实践简述

（一）实现社会责任的战略融入

塔夫茨大学董事会批准通过的《2013—2023 十年战略规划》①明确提出，在未来的 10 年里，塔夫茨大学将成为具有可接近性、多元化、包容性、文化竞争力的高等教育机构。学校在战略规划中提出了 4 项基本价值观和 10 项核心承诺，通过这种方式，该校将社会责任融入组织的核心使命与发展战略，从理念层面提高各级管理者和师生对大学社会责任的重视程度（表 4-1）。

表 4-1　塔夫茨大学的基本价值观与核心承诺

基本价值观	核心承诺
高深知识的创造、传播与探索 包容性 创新 影响力	学术自由 可接近性与入学机会 活跃的公民 追求卓越 可持续发展 协作与跨学科研究 问责制 好奇心与创造力 全球视野 健康

（二）促进学生群体多元化和包容性发展

为履行多元化与包容性的社会责任，塔夫茨大学成立机会均等办公室，向师生提供《机会平等政策与程序手册》（OEO Policies and Procedures Handbook），鼓励全体学生、教职工和社区成员共同维护大学坚持机会平等和包容的核心价值。为此，塔夫茨大学发布了《非歧视声明》（Non-Discrimination Statement），明确提出“不会在教育项目或活动中歧视任何人，无论种族、肤色、国籍、祖籍、年龄、宗教、健康与否、性别、性倾向等因素”。并于每年发布多元化报告，展示该校建设多元化和包容性学术共同体的绩效表现。②

近年来，虽然美国私立大学的运行成本和多元化学生群体的资助需求不断上升，但是塔夫茨大学的研究经费、慈善捐赠等收入情况仍然不明朗。故此，学校

① Tufts University. T10 strategic plan.（2013-11-02）. http://provost.tufts.edu/strategic-planning/［2018-12-22］.

② Tufts University. Diversity and inclusion. https://www.tufts.edu/strategic-themes/diversity-and-inclusion［2018- 12-22］.

努力对各方面资源进行合理配置，有针对性地实施卓有成效的项目，促进学生群体多元化和包容性发展。例如，“工程专业学生提升计划”（A Boost for Engineering Students）将学校新增加的 100 万美元国家科学基金会的科研经费投入到学生身上，为低收入家庭的学生提供研究生奖学金、研究指导与学业支持。

（三）将可持续发展融入校园日常运营

为进一步拓展大学的社会责任实践途径，该校组建了由校长、副校长、董事、教授、职能部门负责人、学生代表共同组成的可持续发展委员会，成立了可持续发展办公室，在水资源、能源与温室气体排放、交通三大领域分别组建领导小组，推动实施绿色校园计划。同时，塔夫茨大学可持续发展委员会也做出承诺，2013—2016 年，降低 5%～7%的能源消耗，到 2020 年，塔夫茨大学减少 10%～25%的温室气体排放。①

为加强利益相关方的参与，委员会邀请住宿生担任“生态代表”，教职工担任“生态使者”，职能部门开展“绿色办公室”认证。学校支持各类可持续发展项目的开展，例如，在“小即是美”（Small is Beautiful）项目中，60 余位师生提出了减少水资源、能源消耗、温室气体排放以及产品浪费的创新方法，建议学校采用可持续购买决策。高回收率项目（Boosting the Recycling Rate）使学校的整体回收率呈现出逐渐上升的趋势，校区 53%废弃物能被有效回收利用。②通过上述方式，该校有效地将可持续发展融入日常的管理运行。

第四节 不列颠哥伦比亚大学：成为全球可持续大学的领导者

一、案例背景

不列颠哥伦比亚大学（University of British Columbia，UBC），始建于 1908 年，

---

① Tufts University. Environmental Commitments and Policies. http://sustainability.tufts.edu/greenhouse-gas-emissions/[2016-09-15].

② Tufts University. Growing Greener Campus. http://now.tufts.edu/articles/growing-greener-campus[2016-09-15].

是加拿大享有世界盛誉的公立研究型大学，在 2018 年 QS 世界大学排名中位列第 51 名，在 2018 年 ARWU 世界大学学术排名中位列第 43 名。该校位于温哥华市。2018 年，该校拥有约 60 000 名学生和 15 000 名教职工。[①]在过去的 20 年中，UBC 为实现大学使命作出了一系列努力。

1997 年，UBC 成为加拿大第一所实施可持续发展政策的大学。

2006 年，UBC 成为加拿大第一所发布可持续发展报告的大学。

2009 年，UBC 将“可持续发展”确定为学校最高发展目标。

2014 年，UBC 成为“零排放”的清洁校园。

该校在组织愿景中提出要不断地在科研、社会服务中追求卓越，推动建立可持续的和公正的社会。[①]

二、社会责任实践简述

（一）制定可持续发展的纲领性政策

2015 年，不列颠哥伦比亚大学制定了指导可持续发展的纲领性文件《20 年可持续发展战略》（20 Year Sustainability Strategy）[②]，计划到 2035 年实现可持续发展模式融入大学教学、学习、研究以及基础设施等各个方面，成为全球可持续大学的领导者。

为建设可持续大学，该校提出九项基本原则：改善人类健康与安全；成为可持续发展的典范；提升大学内部和外部的可持续发展认知；减少污染；节约资源；保护生物多样性；基础设施利用效率最大化；保持和提升资产基础；确保可持续的经济活力。

UBC 从环境、能源、交通、经济、食品五个领域开展可持续校园建设，将可持续发展的理念与上述基本原则贯穿于学校制度的各个方面，从基础设施建设、日常管理运营，到研究、教育、社会服务，该校不断探索减少碳足迹的方法，激励学生、教职员工朝着可持续发展的目标而努力。例如，UBC 校园内有 400 多座建筑，其能源使用量相当可观，因此学校希望对建筑进行可持续改造来减少能源

---

① University of British Columbia. Vision，Purpose and Values. https://www.ubc.ca/about/vision-values.html[2018-11-22].

② The University of British Columbia. 20 year sustainability strategy for the University of British Columbia Vancouver Campus. http:// sustain.ubc.ca[2016-09-15].

消耗。由于每天有近 14 万人次往返 UBC 的温哥华校区，所以该校的目标是到 2040 年，实现 2/3 的师生每天选择步行或骑自行车、乘坐公交车出行，通过公共政策、零排放的基础设施、纯电动汽车、共享汽车等方式实现更加可持续的交通运输方式。

（二）加强利益相关方参与和互动

为加强利益相关方的参与，UBC 组建了由 21 位成员组成的可持续发展指导委员会（USI Steering Committee），负责主持可持续发展相关活动和战略草案的制定执行，推动学校可持续教学、学习、研究的发展。

委员会设有常务工作小组，该小组依据委员会的宗旨负责相关可持续活动的实施与互动，通过组织师生与外部合作者的利益相关者会议、网络调查、研讨会、校园媒体等，加强与师生的沟通，促进利益相关者参与可持续校园建设。另有学生可持续委员会（Student Sustainability Council）、区域可持续委员会（Regional Sustainability Council）支持可持续发展指导委员会的相关工作。

为加强可持续发展的国际交流与合作，UBC 于 2012 年加入“国际可持续校园合作网络”，加强在信息、创新、可持续校园实践方面的国际合作，学校每年向协会递交可持续发展年报，展示学校取得的成就和绩效。UBC 也于 2015 年开始采用高等教育可持续发展协会（Association for the Advancement of Sustainability in Higher Education）推出的可持续性跟踪、监测与评级体系（sustainability tracking, assessment & rating system，STARS），这是面向高等教育机构的自愿、自评的全面和可持续的评级系统，在北美地区具有较大影响力。

（三）提升可持续发展认识与实践

UBC 鼓励更多师生参与可持续发展的教育教学和科研工作，提升可持续发展的认识与实践。目前，该校有 400 多位专任教师专门从事或参与可持续发展研究。在 UBC 资源、环境和可持续发展研究所的研究人员包括环境科学家、人类学家、心理学者、生物学家、化学家、律师和工程师，这些来自各学科的研究人员努力将可持续发展与人类、技术和自然系统联系起来，重点开展对建筑环境和能源系统、生态系统和水资源治理、决策和风险分析等领域的研究。该机构积极与政府机构、非政府组织和跨国企业展开密切合作，形成了遍及全球的可持续发展科研合作网络。

根据2018年的统计数据，该校开设了600多门可持续发展课程，以让学生掌握可持续发展的知识技能和经验，使其成为可持续发展的引导者和负责任的全球公民。同时，该校拥有50多个研究生、本科生及可持续发展专业学位项目，成为可持续人才培养的基地，很多导师及其学生将可持续发展作为研究方向，并将知识付诸实践，将严谨的学术研究与国际化服务学习相结合。[①]

第五节　总结与启示

北美地区的四个案例大学体现出共同的社会责任管理经验。

一是将社会责任融入大学理念层面，将大学使命、核心价值观、宗旨与大学履行社会责任的愿景统一起来，做出战略性的书面承诺，完善顶层理念设计。

二是学校在明确核心使命和竞争优势的基础上，识别其能贡献的知识和专业技能的核心领域，聚焦组织能够控制或者影响的重要社会责任议题来开展责任实践。

三是组建专门的社会责任管理机构与项目团队，使社会责任管理更加规范化、常态化，并能及时监测、衡量社会责任的实施成效。

四是将社会责任融入大学的教育、科研和社会参与活动，使其增强大学核心研究能力和教学能力，培育组织的社会责任文化并辐射社会，形成社会责任影响力。

北美地区的四个案例的管理实践又存在着不同。

第一，哈佛大学采取的是典型的“自下而上”型的社会责任推进模式。哈佛大学将可持续发展融入工作和生活文化历经了几十年的旅程。哈佛大学的高层管理者是有明确的社会责任理念价值观传递的，学生群体是自发开展的社会责任实践，然后受到教师和员工的合作推动。学校层面为回应师生的需求及激励师生，开始建立相应的规划，资助相关的项目，整个过程都融入了每一个学院和行政部门、学生、教师和员工的创造性。

---

① The University of British Columbia. UBC sustainability teaching & applied learning courses. http://sustain.ubc.ca/teaching-applied-learning/courses[2016-09-15].

第二，塔夫茨大学采取的是典型的“自上而下”型的社会责任推进模式，由学校高层领导、董事会发起社会责任倡议，组建由校长、副校长、董事、职能部门负责人等领导的委员会，再推动院系、师生层面的社会责任的全面履行。

第三，圣路易斯华盛顿大学和不列颠哥伦比亚大学采取的是“上下互动”型的社会责任推进模式，学校层面发布纲领性的指导政策，并组建委员会指导学校社会责任实践工作，而基层师生也组建相应的委员会，上下互相支持合作，确保社会责任战略的落地。

第五章　亚太大学社会责任优秀实践案例

本章选取了亚太地区四所知名大学的社会责任实践案例。香港理工大学是亚太地区大学社会责任实践的领军力量之一，“大学社会责任网络”的成立反映出该校在提升大学社会责任、推动业界合作、建立美好社会方面的决心，通过服务学习来培养负责任、关怀社群的世界公民是香港理工大学履行社会责任的最大特色。同济大学将“建设成为以可持续发展为导向的世界一流大学”确立为中长期发展愿景，是我国最早连续发布社会责任报告的高校之一，其社会责任管理和改革体现出时代性和国际化的发展趋势。澳大利亚国立大学积极履行国家责任、创造社会价值，全面支持联合国实现 17 项可持续发展目标，努力成为引领全球可持续发展的机构。新南威尔士大学是澳大利亚具有代表性的优秀大学社会责任实践高校，该校以权利平等和社会正义、尊重文化多样性、国际团结和分担责任为社会责任实践的基础，在本土及全球层面有系统地实现社会责任，发挥全球影响。

第一节　香港理工大学：培育负责任、关怀社群的世界公民

一、案例背景

香港理工大学（The Hong Kong Polytechnic University）是一所成立于 1937 年的公立综合性研究型大学，是香港地区历史最悠久的大学之一。在 2019 年 QS 世界大学排名中，该校位列第 106 位，其中在亚洲大学中排名第 31 位；在 2018 年

上海软科世界大学学术排名为201～300。2017—2018学年，香港理工大学拥有在校学生27 088人，全职教师5429人。

香港理工大学秉持“开物成务，励学利民”的校训，发展愿景是：矢志成为一所在开拓及转移知识、提供优质全人教育方面均领先的大学，为香港、国家及世界作出贡献。该校的使命主要有三个方面：①致力富有影响、造福世界的研究；②培育敏于思辨、善于沟通、富于创见、精于解难，且勇于承担社会责任的世界公民；③营造让教职工志存高远、心有归属、乐于以大学为荣的环境。

2012年，作为香港理工大学75周年校庆重要活动之一的“第一届大学社会责任高峰论坛”成功举办。2015年，香港理工大学与11所大学社会责任实践先锋高校共同发起成立了“大学社会责任网络”，推动全球大学社会责任实践发展。2016年至2019年，香港理工大学先后获得香港环境卓越大奖、香港绿色机构、绿色建筑、绿色校园等荣誉，成为积极履行环境责任的典范。

二、香港理工大学的社会责任实践简述

（一）将社会责任原则写入大学章程

香港理工大学在大学章程中明确规定了应该坚持的治理原则：学术自由和制度自主、最高的专业和道德标准、透明度和公众问责、社会责任。在社会责任原则部分，章程中规定“理大致力履行其社会责任，据此，理大会尽量在合理和可能的情况下，为教职员和学生参与社会建设活动及公众服务提供方便”[①]。

高层管理者对大学社会责任工作很重视，并在多个场合不断强调和传播社会责任理念。香港理工大学校长唐伟章教授在大学社会责任高峰论坛的多次报告中提出，现今大学肩负的角色和责任远超传统的教学及研究工作，我们要响应时代需要，并且要培养有社会责任感的世界公民，成就可持续发展的未来。面对迫在眉睫的世界性问题，大学可以通过分享经验、知识、创意更有效地应付挑战。毕竟，通过全球协调一致的努力，全球公共利益才可得到最佳的体现。副校长、校长高级顾问阮曾媛琪教授在第三届大学社会责任高峰论坛的记者采访中强调，“大学有责任去服务社会。香港理工大学要用整合性的策略来服务社会，和社会一同合作。我们的大学是服务社会的大学，我们的老师、学生愿意用所学到的专业知

---

① 香港理工大学•大学管治.（2017-10-12）. http://www.polyu.edu.hk/web/sc/about_polyu/university_governance/index.html[2016-09-15].

识及技能服务社会”[①]。

（二）组建大学社会责任管理机构

为履行社会责任的承诺，香港理工大学成立大学社会责任督导委员会（USR Steering Committee），为该校的社会责任实践提供战略方向、加强组织协调，委员会主席由主管学生与全球事务的副校长担任，委员会成员包括校园可持续发展委员会主席、各学部学院院长、传讯与公共事务处负责人、人力资源部负责人、校友会主席、教师工会和学生会主席等。

在组织机构中，该校设置传讯及公共事务办公室（Communications and Public Affairs Office），专门负责统筹全校性的公共关系与社会责任活动，与大学各院系、各部门、非营利性机构及社区伙伴合作提供各类型的社区服务，以期增强大学社群履行社会责任的决心。该部门有专职人员处理公共关系与社会责任事务，通过定期出版《理大年报》，展现学校在教育与教学、研究与发展、知识转移、环球网络、校园发展与环境保护等范畴的进展。传讯及公共事务办公室还成立了“理大义工队”为社区提供服务，义工队主要由学生、教职员、校友及离任员工组成。学校还为义工提供了各项不同类型的培训，并根据义工的不同专业及兴趣安排志愿工作的机会。

（三）培养负责任、关怀社群的世界公民

为实现培育“负责任、关怀社群的世界公民”的人才培养目标，香港理工大学于 2012 年成为亚洲第一所将服务学习（service-learning）项目纳入本科必修课程的高校。香港理工大学通过这种方式，真正把大学的优势和社会责任议题与实践紧密结合在一起。

香港理工大学副校长阮曾媛琪教授认为“大学不仅要培养掌握高端知识的人，更要培养有着强烈社会责任心、有大爱情怀的人。香港理工大学一直鼓励年轻人关心社会、服务社群，希望他们成为富热诚和有爱心的新一代领袖，积极追寻梦想。我们希望把社会责任作为每一个学生的元素，我们希望每个毕业生在他毕业的时候都是很重视社会责任的，令每个学生都有兴趣参与服务学习。而且不单单

① 香港理工大学阮曾媛琪教授. 大学的使命就是怎样为社会服务. http://edu.china.com.cn/2016-11/10/content_39677491.htm[2018-11-22].

是参与，我们最终的目标是改变他的观念，让社会责任变成他的基因”[①]。

服务学习是把专业教育与社会需要联系起来，使学生能亲身接触复杂的社会议题，并有机会应用其所学知识，以改善弱势社会群体的生活。该校规定每个本科生必须修满 3 个学分的服务学习，并制定了较为完善的服务学习要求、风险管理、学分转换、运营与资助办法。与其他高校把社会服务当作寒暑期活动或社团活动不一样的是，理大的服务学习从学生修读这门课程开始，就是一个系统的工程，授课老师要像教授其他课程一样，做好精心的准备，包括服务项目的考察、指导学生做好准备工作、指导学生学习相关的知识和技能、项目模拟训练等。与此同时，学校鼓励教师参与服务学习项目，感兴趣的职能部门或工作人员也可以提出符合服务学习要求的项目供师生参与。教职员工对学校的服务学习文化也深表认同。

香港理工大学提供的服务学习课题很丰富，由 8 个学院的 24 个学系开办，主要包括促进儿童与青少年发展、社区卫生医疗服务、文化保育、人力资源开发、改善生活环境、社会共融服务、农村可持续发展、科技教育与发展、社会公平与多元化等社会责任领域。每个学年都有新的主题被批准并提供给学生申请的机会。

在 2015—2016 学年，经过学术委员会的审批，学校为学生提供 61 项项目服务学习课题，涵盖不同类型的社会服务项目。每年约有两三千学生参与服务学习，学生可以自由选择服务学习主题、范围、服务对象，服务学习的地域范围包括中国香港特别行政区、中国大陆地区、东南亚及海外国家。

在此介绍三个典型的服务学习项目。

1. 深水埗社区服务学习项目

理有「深」社区服务实践计划是一项全校性的社区服务计划，目的是培育学生身体力行共建美好社区的经验和社会责任感。自 2009 年开展以来，由理大服务学习事务处负责，并与香港特别行政区社会福利署合作，集中资源服务贫困人士较集中的地区，为有需要的居民提供全面及持续性的服务，为社区发展做出贡献。2010—2012 年，大约 500 名理大学生参与了深水埗社区各个服务项目，受惠人数达 4000 人以上，学生服务时间超过 5000 小时。2012 年，“理有「深」社区服务实

---

① 香港理工大学阮曾媛琪教授. 大学的使命就是怎样为社会服务. http://edu.china.com.cn/2016-11/10/content_39677491.htm[2018-11-22].

践计划”在来自世界各地大学的72项提名中突围，获得了MacJannet世界公民奖三等奖。

2. 四川清平服务学习项目

2014年5月26日至6月3日，香港理工大学不同学科专业的31名师生组成的服务学习团在四川清平开展服务学习。师生们通过参加四川大学-香港理工大学灾后重建与管理学院的研讨会，探讨四川汶川大地震灾后重建与旅游发展的问题。师生在文家场平安逃生自救训练基地参加安全培训活动，进行火场救生、车祸自救、洪灾自救、山岳遇险自救互救等科目的训练。

师生在清平服务学习期间，经过对旅游资源的调研、民俗文化的调研、景观价值要素的策划等，为当地设计了三条生态旅游线路和三种策划文案，并制作旅游网站、导游图、海报宣传资料，为当地导游提供外语培训，发放生态旅游导游手册。师生还带领清平儿童开展地图阅读课、平面图绘制课，为200余名儿童及其家人送上六一儿童节的特别礼物——“生态旅游嘉年华”活动，该活动传递了理大的绿色理念与师生的社会责任，为当地的灾后重建与灾后旅游恢复振兴提供了有力支持。

3. 柬埔寨服务学习项目

2016年5月26日至6月6日，香港理工大学师生们第三次怀抱服务之心踏足柬埔寨。由56名师生和41名柬埔寨志愿者共同组成的10个小分队深入社区进行为期8天的服务。他们与7个社区福利机构合作，服务了包括艾滋病孤儿、边缘少女、贫困家庭、贫民区独居老人等750多人，他们通过逐家逐户地进行家庭状况调查，对采集回来的数据加以分析，协助当地的服务机构为受访家庭提供更适切的服务。

在柬埔寨的服务学习项目中，电子计算机系的学生利用自行研发的电子显微镜、“流动学习手提箱”配置的电子图书馆，教授当地小学生数学和科学知识；土地测量及地理资讯系的学生学以致用，应用水力资源管理及肥料知识在农村土地上服务；眼科视光学院的团队则为有需要的小学生、青少年及年长者进行视力检测；旅游管理学院的学生为宾馆管理层及员工提供培训，分享有关管理及市场推广的方法。

唐伟章校长也亲自参与柬埔寨服务学习项目，他为孤儿进行色盲测试，在为旅社提供的员工培训中示范如何制作港式奶茶。他目睹同学在陌生的、生活条件恶劣的环境中对服务对象和负责项目表现出热诚、投入与关爱，他感动至深，并认为这个项目成功地在师生和当时社群间散播了社会责任的种子。①

（四）将可持续发展理念融入学校运营与学术科研

香港理工大学践行可持续发展理念，在校园发展、日常运营、学术科研等方面融入可持续发展元素。校园可持续发展委员会于 2011 年成立，通过与校内各部门及利益相关者进行合作，开展多项计划和项目，提倡可持续发展和减少碳足迹，定期发布年度可持续发展报告，使该校获得香港绿色机构认证并荣获 2016 年香港环境卓越大奖。

在学术和科研活动方面，该校在研的可持续发展科学研究项目共 222 项（数据截至 2016 年 9 月）。具有代表性的项目有：香港理工大学 5 级建筑能效评估和优化项目；集成光谱 LED 照明和采光节能建筑项目；城市可持续发展水利基础设施系统；卫星遥感空气质量监测；减少与回收建筑垃圾项目；针对香港空气质量检测和控制空气污染的放射化学研究项目等。② 该校研究者努力使这些研究成果惠及社会与弱势社群。

香港理工大学签署了由香港绿色建筑议会发起的《香港节能约章》，该约章以 2005 年为基准，目标在 2030 年减少香港建筑物的总耗电量的 30%。作为香港可持续校园联盟《香港宣言》签署者之一，香港理工大学重视应对气候变化，并致力于减少温室气体的排放和能源消耗。为减少碳排放，香港理工大学不断采用新的节能技术，在红磡主校园李兆基楼和多用途会堂天台均安装了太阳能光伏板系统，每年可产生约 30 000 千瓦时的电力，约相当于每年节省港币 30 000 元的电费开支。为了引起利益相关者对节能的关注，物业管理处在教室和报告厅内张贴列明所有已安装的环保设施，包括节能灯具、感应器及二氧化碳传感器等。③从 2017 年 9 月 1 日起，该校已经在校园及学生宿舍内停售容量为一公升以下的塑料瓶装水，同时设置足够的免费饮水机。

---

① 何宁. 把“服务学习”纳入本科课程，把专业知识用于造福社群. 新快报，2014-11-25（C04）.

② 香港理工大学. 可持续研究项目. http://www.polyu.edu.hk/greencampus/en/teaching-and-research/research-projects.html[2016-09-15].

③ 香港理工大学. 可持续发展报告. http://www.polyu.edu.hk/greencampus/en/about-us/sustainability-reports[2016-09-15].

三、案例分析与总结

通过服务学习，培养负责任、关怀社群的世界公民是香港理工大学履行社会责任的最大特色。服务学习的意义超越了一般的志愿服务工作，它将学业教育与社会需要联系起来，让学生有机会了解复杂的议题和多元化的国际社会，以培养既在专业范畴表现出色又关心社会及全球问题的毕业生。香港理工大学积极履行环境责任，在校园发展、日常运作、学术和科研活动等方面融入可持续发展元素。通过社会服务，香港理工大学把知识转移到社会的各个领域，通过进一步加强与各界的联系，努力使研究成果惠及社区与弱势社群，创造经济、社会和环境的综合价值，增进社会福利。

第二节　同济大学：建设可持续发展的世界一流大学

一、案例背景

同济大学创建于1907年，是教育部直属的全国重点大学，国家“985工程”和“211工程”重点建设的教育部直属高校，也是一所特色鲜明、具有国际影响力的综合性、研究型、国际化大学。该校在2019年QS世界大学排名中位列第265位。截至2017年12月，学校有专任教师2726人，在校学生37 162人，其中本科生17 339人，硕士生14 883人，博士生4940人，另有外国留学生3523人。同济大学有四平路、嘉定、沪西、沪北4个校区，占地面积2.56平方千米。

面对国内外高水平大学的严峻挑战，同济大学能否在日趋激烈的国内外竞争中站稳脚跟，其清晰的、独特的战略定位将起到决定性作用。经过近些年的不断探索，同济大学在2013年举行的第十次党代会中，将“建设成为以可持续发展为导向的世界一流大学”确立为中长期发展愿景和发展战略。自2011年起，同济大学开始连续向社会公开发布社会责任报告，是我国最早连续发布社会责任报告的高校之一，其社会责任管理和改革体现出时代性和国际化的发展趋势。

二、同济大学的社会责任实践

（一）实施可持续发展战略转型

我国一批高水平大学提出了建设世界一流大学的目标，但是到目前为止，同济大学是中国唯一一所提出建设“以可持续发展为导向”的世界一流大学，这是同济大学经过多年的倡导与凝练、历经多位校领导推动、具有广泛群众基础的发展愿景。曾担任同济大学校长的李国豪、吴启迪、万钢院士、裴钢院士，以及党委书记周家伦、周祖翼等校领导班子，都以可持续发展作为引领大学发展的重要战略理念，并为此做出了长期不懈的努力。

其中，吴启迪校长重视同济大学的可持续发展教育与实践，并在担任教育部副部长期间提出了“国家实施可持续发展战略，赋予中国大学建设可持续发展校园的历史使命”的重要理念。万钢院士认为建设可持续发展的大学将成为中国大学的重要变革趋势，他着力推动同济大学节约型校园的建设。裴钢校长在任期内确立了“以可持续发展为导向的世界一流大学”的发展目标，他提出，以可持续发展为导向的世界一流大学包含五个方面的含义：一是大学要倡导人类可持续发展的理念；二是大学要提供可持续发展的知识和技术；三是大学要推动可持续发展的实践应用；四是大学要促进学生养成可持续发展的生活态度；五是大学应形成可持续发展的文化。[①]

同济大学从 2010 年开始实施可持续发展战略转型，并制定《同济大学绿色校园建设与可持续发展大学发展规划（2013—2020 年）》，明确精细化目标愿景的内容和具体实施的步骤，将可持续发展理念和实践渗透到学校内涵发展的各个领域，落实到学科、学分、课堂、校园建设、社会服务等方面，逐渐形成了以可持续发展为导向大学的七个核心体系[②]（图 5-1）。

2017 年，同济大学修订了《同济大学章程》，明确学校的使命是：追求真理，培养人才，研究学术，服务社会，传承创新文化，交往世界与贡献智慧。[②]

---

① 吴志强，王雁. 可持续发展为导向的大学蓝皮书. 上海：同济大学出版社，2016：40-41.

② 同济大学. 同济大学章程修订版. https://news.tongji.edu.cn/info/1008/67763.htm[2018-11-22].

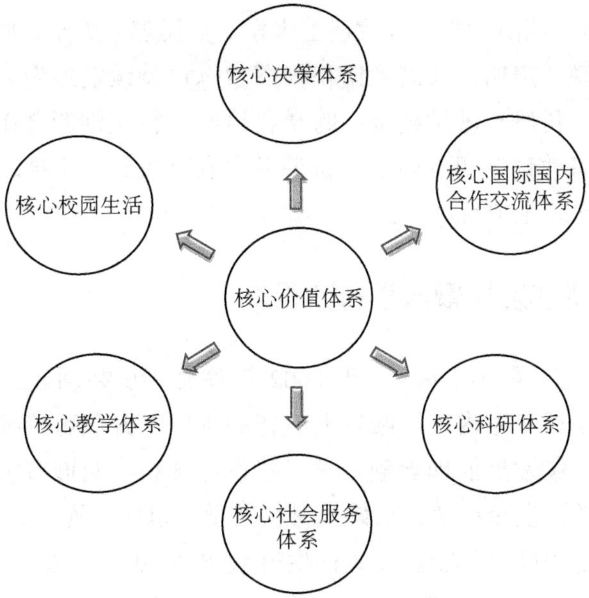

图 5-1 以可持续发展为导向大学的核心体系

资料来源：吴志强，王雁. 可持续发展为导向的大学蓝皮书. 上海：同济大学出版社，2016：40-41

（二）建立以可持续发展为导向的通识教育体系

同济大学通过以可持续发展为导向的通识教育体系，努力使每一位学生经过大学阶段的学习、熏陶，具备“扎实基础、实践能力、创新思维、国际视野、社会责任”五方面的综合特质，成为引领可持续发展的专业精英与社会栋梁。“以可持续发展为导向的大学”建设归根结底是为了学生的可持续发展，使大学培养的学生具有深刻的可持续发展意识、强烈的社会责任感和可持续发展的能力。裴钢院士认为，“办大学就是为了培养思考人类命运、关注人类可持续发展的人才；办大学就是为了向全世界传播可持续发展的理想；办大学就是要引领这样的风尚”[①]。

学校把可持续发展理念贯穿于人才培养的全过程，面向本科生推出“低碳能源与可持续发展城市”“低碳建筑与人居环境”“可持续发展与未来”等通识课程，由院士、校长、教授和企业家组成的团队授课，推进可持续发展理念和实践在学生中的推广。同时依托第二课堂和学生社团组织，不断推广可持续发展文化，使节约、绿色、环保的理念深入人心。

① 裴钢：和而不同携手共进，推动大学贡献人类文明.（2016-04-18）. http://news.tongji.edu.cn/classid-6-newsid-50906-t-show.html［2016-07-20］.

2016年10月，同济大学、米兰理工大学、都灵理工大学、博洛尼亚大学及佛罗伦萨大学签署联合声明，共同承诺积极探索以可持续发展为导向的创新人才培养模式，提出了“科研与教学结合、跨学科培养、校企创新合作、开展以可持续发展为导向的通识教育”四点倡议，携手意大利高校致力于推动和引领可持续发展的教育、科研和政企项目。

（三）将可持续发展融入学科建设

联合国环境规划署和同济大学于2002年签署协议共同建立环境与可持续发展学院，以促进全球范围内可持续发展教育的推广，开展可持续发展高等教育体系的建设，将可持续发展的理念融入学科建设。学科涉及城市规划、交通运输、土木、环境、化学、生命科学、法律、材料科学、机械、海洋、测绘等。

环境与可持续发展学院面向本科生开设8个可持续发展方向的辅修专业（2016—2017学年为9个）和第二学位，并联合研究生院推行研究生可持续发展辅修专业计划，对所有学生免除学费。环境与可持续发展学院还积极开展可持续发展国际硕士及博士生培养项目，截至2014年末，可持续发展国际硕士及博士生培养项目共招收了来自47个国家的300多名学生。

（四）服务并引领社会可持续发展

同济大学除了具有通常的可持续教育教学和科研的功能之外，更致力于在思想理论创建、文化舆论营造、科研创新、技术研发、社会服务以及社会示范等方面肩负起引领社会可持续发展的责任。同济大学与政府、国际组织、企业、其他高校建立以可持续发展为导向的合作关系，主动加强与国际组织的交流与合作。该校是“全球环境与可持续发展大学合作联盟”的主持主席单位，倡议发起“中国绿色大学联盟”和“国际绿色校园联盟”并担任首届主席，并当选为联合国环境规划署全球环境与可持续发展大学合作联盟主席。同济大学成为亚太地区第一所被授予“全球可持续校园杰出奖”的高校。正如颁奖词中所说：“它不仅仅在节能技术综合应用上成功应对了各种挑战，更重要的是，同济大学可持续校园除了具有一般的教学和科研的功能之外，还很好地承担和履行了对社会的责任。”①

---

① 张男星，王春春.“可持续发展大学”理念的确立与践行——访同济大学校长裴钢. 大学（学术版），2012，（10）：4-15.

同济大学通过发布《可持续发展为导向的大学蓝皮书》，系统地阐述了同济大学建设可持续发展大学的实践和思考。在2017年举办“实现2030可持续发展目标中的角色”研修班上，13国未来领导人齐聚同济，共话环境与可持续发展。为此，学校建立了绿色校园示范点，通过2017年《同济大学文化之旅——绿色之路》APP的上线，引导师生参观节能项目，从而进一步树立环保节约意识；提倡绿色出行，爱惜共享单车；支持学生开展相关研究和实践。其中，开展了“绿色同济 青春同行”主题活动，2016—2017年共计开展活动500多场次，累计吸引了约5万人次积极参与；开展“‘绿色同济’十佳项目”评选活动，推进广大师生参与绿色校园建设。学校还建立“绿色资源循环站”，形成了站点建设、资源分类、回收再利用的一条龙循环链条，并将其拓展到中小学和居民社区。

近年来，同济大学瞄准重大可持续发展前沿问题，发挥汽车、材料、环境、海洋以及管理等多门学科的优势，在节能环保新技术研发及其产业化、全球气候演变基础理论研究和长江水环境应用基础研究、可持续发展研究、城市环境可持续发展研究等方面做出积极的探索。例如，同济大学马克思主义学院杜欢政教授带领课题组，经过多轮实地调研，设计了再生资源回收利用体系与生活垃圾清运体系“两网协同”的方案，并在国内多地开展应用研究，凭借在循环经济领域的扎实工作，杜教授入围世界经济论坛等发起的“全球循环经济奖——领导力奖”。同济大学师生积极承担、参与各种节约型科研项目，在建筑节能、清洁能源、节能汽车、可替代新材料等方面选择其中的关键技术进行重点攻关，取得一系列创新性成果，产生的经济和社会效益明显。同济大学通过提升在可持续发展领域的社会服务功能与服务体系建设，强调服务社会要有系统集成性的解决方案，探索产业结构调整新形势下以可持续发展为导向的校企合作，以更好地对接国家战略和区域需求。

三、案例分析与总结

大学肩负着培养人才、科学研究、社会服务、文化引领等多重责任，在应对气候变化、建设资源节约型、环境友好型社会的进程中，理应成为引领和推动社会可持续发展的先行者。综上所述，可持续发展成为同济大学发展战略中不可或缺的组成部分，该校致力于将可持续发展的理念贯穿于人才培养的全过程，致力于将可持续发展的理念与科学研究紧密结合，为国家和区域经济可持续发展的提供有力的科技支撑和人才支撑，成为可持续发展理念传播的前沿阵地。同济大学的案例具有重要的示范意义，该校通过长期的努力，将可持续发展理念和实践渗透到学校内涵发展的各个领域，使可持续发展战略深深地融入师生员工心中，并通过持续的社会责任信息披露，取得广大公众能够感知的、满意的、有说服力的实践成效。

第三节　澳大利亚国立大学：将可持续发展融入大学文化

一、案例背景

澳大利亚国立大学（Australian National University，ANU）于 1946 年由澳大利亚联邦政府创建。该校通过科学研究、教育、政策参与，不断扩展国内、国际社会的影响力，已经连续十年在澳大利亚大学系统中排名第一，迅速发展成为世界一流的公立研究型大学。并在 2019 年 QS 世界大学排名中位列第 29 位。截至 2018 年 12 月，该校拥有超过 25 500 名学生。[①]《澳大利亚国立大学 2017—2021 战略规划》（ANU Strategic Plan 2017-2021）再次重申学校继续坚持平等、多元化、包容性、环境友好、可持续发展的原则，积极履行社会责任，为社会创造贡献。[②]

二、澳大利亚国立大学的社会责任实践

（一）创建引领全球可持续发展的机构

澳大利亚国立大学希望成为引领全球可持续发展的机构，创造一种支持可持续发展思考与行动的大学文化。最具有开拓性的第一项举措，就是该校 1999 年出台的环境政策，在环境政策指导下，学校将环境因素纳入其决策与活动之中，为活动对环境的影响承担责任。该计划实施三年后，通过该校发布的《环境管理报告》中公布的数据来看，1999—2001 年，澳大利亚国立大学显著提升了环境绩效。

① Australian National University. ANU quick statistics. http://www.anu.edu.au/about/quick-statistics[2018-12-20].

② Australian National University. ANU strategic plan 2017-2021. http://www.anu.edu.au/about/plans-reviews/anu-strategic-plan-2017-2021[2018-03-21].

第二项举措是每两年进行一次全校师生调查，检查可持续发展意识推广情况，检查师生是否在不断提升可持续发展思考与行动能力，鼓励和授权每一位师生有效地识别可持续发展的议题、参与各类可持续发展项目。例如，在交通方面，澳大利亚国立大学为教职工和研究生提供了绿色共享汽车，而且师生可预约小型汽车、中型巴士、大型巴士或迷你公交车作为公务用车和出行工具，刷校园卡即刻取车。这种方式能够有效减少校园内的机动车数量，提高车辆利用效率，减少碳排放与个人碳足迹。

第三项举措是全面支持联合国实现 17 项可持续发展目标。学校出台《2017—2020 环境管理计划》（2017-2021 Environmental Management Plan），通过一系列明确的目标与战略，为建设可持续大学绘制详细的路线图，明确提出促进 17 项可持续发展目标的核心行动与管理倡议。例如，ANU 作为气候科学与政策研究的引领者，通过与本土和亚太地区的政策制定者、各类机构合作，促进可持续发展目标的实现。针对性别平等的可持续发展议题，该校计划在 5 年内实现学校管理层男女性别比例为 1∶1。

（二）实施校园可持续发展管理

澳大利亚国立大学坚持环境可持续发展、社会可持续发展、长期的经济可持续发展的三项基本的环境管理原则。通过健全稳健的治理结构来确保组织效率，同时确保决策和行动拥有权责明晰的问责机制、风险管理机制、信息披露机制。澳大利亚国立大学 Schmidt 校长直接对环境管理战略规划与执行负责。设施与服务部（Facilities and Services Division）配合校长实施环境管理计划，确保各项环境管理计划的落实，确保设施与服务满足教育、研究和可持续发展的需要。环境管理计划委员会（Environmental Management Planning Committee）代表师生行使监督职能。可持续发展与遗产办公室（Sustainability and Heritage Office）负责执行环境管理的各项关键行动，负责发布年度《可持续发展与遗产报告》（Sustainability and Heritage Report），报告学校每年履行《环境保护与生物多样性法案》（The Environment Protection and Biodiversity Conservation Act）、《国家能源和温室气体排放报告》（National Energy and Greenhouse Reporting）、《全国污染物清单报告》（National Pollutant Inventory）承诺的各项责任的情况，并接受公众、媒体和非政府组织的监督。

（三）促进学生的可持续发展

澳大利亚国立大学积极吸引来自政府、工业界、基金会、慈善家的资金，用以支持高质量的科学研究，通过知识产权商业化吸引风险基金投资，使创新成果能够为经济发展和最广泛的公共利益做出贡献，解决区域挑战和全球问题（人类健康、安全、环境与可持续发展等）。作为一所世界一流大学，该校能够吸引和聘任很多全球优秀学者和专业教师，但是学校强调不能只关注师资队伍的科研成果产出，而是要让从事一流科学研究的教师共同创造出世界一流的教育环境，提供能够满足学生期待的高质量教育与学习体验。

近年来，经济全球化的发展加剧了澳大利亚的低就业增长趋势，青年失业率和不充分就业率攀升。根据 2017 年 2 月澳大利亚统计局发布的数据，澳大利亚有超过 65 万的 15～24 岁青年没有工作或者不充分就业，青年失业率高达 13.5%，不充分就业率达到 18%。收着高学费却不能让学生有好的在校体验，学生毕业后没有良好的就业环境及体面的薪酬支撑，所有情怀与梦想都会黯然失色。面对如此严峻的就业形势，一所负责任的大学要尽各种努力保证毕业生的就业质量。

为培养高就业力的毕业生，澳大利亚国立大学实施灵活的学位方案，学生可以根据学习兴趣自主选课、多样化发展，根据个人志愿从七个学院提供的本科学位中选择一个或多个专业方向进行组合，也可以从 750 多个专业中选择组合获得双学位。学校设置灵活学位方案，教学管理成本较高，很多综合型大学虽然已经具备相关的条件，但是并不愿意全校规模的放开实施。学校此举是为了使学生获得可转换的专业能力和可迁移的核心技能，满足更多理想职业的需求，引导学生找到适合自己的职业发展路径。

为培育毕业生的全球胜任力，澳大利亚国立大学鼓励学生从事具有国际视野的教育与研究课题，提高解决全球问题的能力，将学习、研究和实践充分结合，通过运营全球项目（global program）为学生提供海外实习、出国学习的机会，在毕业条件中承认学生的海外学习、实践经历，促进毕业生全球就业。

澳大利亚国立大学也开设了创业课程，教授学生如何创办与管理企业。校友们不仅投入资金开设很多学生感兴趣的创业项目与活动，还参与指导学生创业。

通过上述努力，澳大利亚国立大学毕业生成为澳大利亚最受雇主欢迎的高就业力毕业生，该校毕业生的就业率连续四年在澳大利亚排名第一。毕业生在国际上也很受雇主欢迎，在《泰晤士高等教育》全球大学就业力排名和 QS 全球大学就业力排名中均表现不俗。

三、案例分析与总结

澳大利亚国立大学积极履行国家责任、创造社会价值，全面支持联合国实现 17 项可持续发展目标，努力成为引领全球可持续发展的机构。该校通过全球领先的环境科学与可持续发展研究，在本国和亚太地区产生较大影响的环境政策，使相关的创新研究成果能够为全球的可持续发展做出贡献。该校形成了包括政策制定、决策、执行、协调、监督的可持续发展环境管理机制，并通过长期努力，创造了支持可持续发展思考与行动的大学文化。澳大利亚国立大学集聚了优秀的专家学者和学生，让从事一流科学研究的教师共同创造一流的教育环境，提供让学生满意的高质量教育与学习体验，在澳大利亚青年失业率和不充分就业率攀升的宏观背景下，培养学生的就业力，确保毕业生的就业质量，促进高等教育的可持续发展。

第四节　新南威尔士大学：平等、多元化、包容性模范大学

一、案例背景

新南威尔士大学（The University of New South Wales，UNSW）成立于 1949 年，主校区位于悉尼，是澳大利亚一所世界顶尖研究型学府，也是澳大利亚最优秀的研究型大学“八校联盟”（Group of Eight）的成员。在 2019 年 QS 世界大学排名中，新南威尔士大学位居世界第 43 位。新南威尔士大学是一所富有生机的、多元化的、综合性大学，拥有 5300 多名教职工和超过 40 000 名学生，其中包括超过 8800 名来自 120 个国家和地区的国际学生。①

新南威尔士大学在 2015—2025 战略规划中提出学术卓越、社会参与、全球影

① The University of New South Wales. UNSW Sydney at a glance. https://www.unsw.edu.au/about-us/ unsw-glance[2019-06-16].

响三大优先战略。2015—2025 年，该校将在本土及全球层面有系统地履行社会责任以及发挥全球影响力。新南威尔士大学被公认为是可持续发展相关研究和教学领域的创新领导者。

二、新南威尔士大学的社会责任实践

（一）建设平等、多元化、包容性的模范大学

新南威尔士大学致力于建立平等公正的社会，而改善他人的生活正是其中的重要工作。新南威尔士大学积极与其他机构合作，在世界范围内为生活条件欠佳及受到边缘化的人士改善生活，为全人类所面对的重大挑战寻求可持续的解决方法，维护和增强个人在其他人和自然面前的尊严、能力和福祉。在本土层面上，新南威尔士大学针对社会上不同阶层的经济及社会地位的悬殊问题，协助寻求解决办法，以减轻某些群体在教育方面处于不利的情况。

在大学内部，新南威尔士大学实施了教职工公平项目（Staff Equity Program）、学生公平项目（Student Equity Program）、残障行动计划（Disability Action Plan）、澳大利亚原住民项目（Indigenous Program），以及校园平等、多元化和包容的捍卫者项目（Equity，Diversity and Inclusion Champions）。同时，学校任命一些平等、多元化和包容的“捍卫者”（champions），类似于美国大学的多样化行政官（diversity officer），这些人员代表不同群体的利益监督大学层面、学院、系所内部的平等与包容性情况。该校每年都会重点监测并公开平等、多元化、包容性方面的指标数据，这些指标主要包括：各个年级学生性别比例；原住民学生和低收入家庭背景的学生的毕业率；本国学生和国际学生的比例；澳大利亚原住民工作人员比例；参与社会服务项目的比例；残疾教职工、学生和外来来访者的校园无障碍设施。

（二）专业优势与社会责任议题结合

自担任新南威尔士大学校长以来，Jacobs 教授强调“社会责任”是新南威尔士大学宝贵的大学精神。他强有力地支持学校履行社会责任，鼓励师生将专业优势与不同的社会责任议题相结合，形成了多项品牌社会责任项目，并通过学校财政投入长期坚持运营项目。大学为鼓励师生员工参与社区志愿活动而给予时间安排上的便利，允许教职工带薪参加志愿活动。

Jacobs 校长是女性健康和癌症研究领域的国际知名学者，并在 2005 年就创建了乌干达妇女健康倡导中心，还在东非开展一系列包括宫颈筛查在内的女性健康项目。雅各布斯校长目前仍担任乌干达妇女健康倡导中心的主席，坚持每年前往乌干达从事医疗志愿服务。Jacobs 校长发起“UNSW 灾后重建倡议”（The UNSW Disaster Recovery Initiative）社会责任项目，学校每财政年度提供 25 000 美元用于支持教职工运用自己的专业知识和技能帮助受灾社区重建，参与项目的教师可以获得学校提供的不少于 5000 美金的种子资金，协助世界上任何地区发生重大事故、自然灾害的长远重建工作。

新南威尔士大学长期坚持运营一项名为“启迪”（ASPIRE）的社会责任项目。该项目的主旨是希望教育能够为所有人提供发挥自身潜能的机会，以实现可持续的未来，过上有尊严的生活。该校志愿者深入到高等教育入学率低的地区，帮助处于高等教育弱势地位的学生建立自信和自尊，增进对高等教育的理解，提升对技能、学术兴趣、就业的认知，释放自身潜能。志愿者通过组织参观校园、工作坊、义务辅导等形式为学生们提供指导、介绍成功经验并解决有关问题，同时也为中学教师、学生家长提供有关大学申请方面的培训等。2010—2016 年，新南威尔士大学 ASPIRE 项目与 54 所学校取得合作，举行 240 多场活动，有 6870 名中学生参与其中并受益，增加了 120%的大学入学申请率。[①]这一项目使新南威尔士大学为减少低收入和由其他社会边缘化因素导致的高等教育入学机会不公平做出贡献，收获良好的社会赞誉，并有利于该校吸引生源。

（三）将可持续发展融入教学、学习、生活与合作伙伴关系

新南威尔士大学成立可持续发展办公室负责管理和促进整个大学的环境最佳实践和社会责任实践。可持续发展办公室与学院、行政部门和学生通力合作，鼓励教职工、学生和领导者通过教育、科学研究及每一天的日常生活引领可持续发展，将可持续发展理念纳入大学的运营中，创建低碳、清洁能源的校园。

新南威尔士大学在 2025 战略中明确提出卓越的科学研究、卓越的教育与社会服务是可持续发展引领者的战略目标。自 2013 年开始，该校参考全球报告倡议组织的《可持续发展报告指南》，每年发布一次可持续发展报告。该校是澳大利亚八校联盟中最早发布可持续发展报告的。

---

① The University of New South Wales. UNSW. ASPIRE. http://www.aspire.unsw.edu.au/[2018-12-15].

如今，新南威尔士大学为本科生和研究生提供了 277 门可持续发展课程，学者和研究人员在可持续发展的各个领域进行开创性研究工作，不断地寻找解决紧迫环境问题的答案。该校致力于将可持续发展融入利益相关和社区的合作伙伴关系之中，开发影响高等教育、政府和商界可复制的组织可持续发展模式。

三、案例分析与总结

新南威尔士大学是澳大利亚具有代表性的大学社会责任优秀实践的高校。该校以权利平等和社会正义、尊重文化多样性、国际团结和分担责任为社会责任实践奠定基础。社会责任组织融入成功，正因为该校拥有一个强有力的领导核心，管理决策层对社会责任的做出郑重承诺并提供大力支持，给予社会责任实践更大的权威。大学的经费、时间和精力都是有限的，新南威尔士大学聚焦健康、灾后重建等全球问题，找到真正适合自己的领域，长期坚持用心开展 ASPIRE 等社会责任项目，形成自身的特色。

第五节　总结与启示

本章对于亚太区大学社会责任优秀实践案例的分析，得出以下启示。

第一，大学把社会责任的理念融入文化、制度和日常运营活动之中，这不是大学里的某一个部门就能独立做到的，社会责任要融入，首先是要融入管理决策层的思维。在本章的案例中，亚太区四所大学的校长不仅是大学社会责任理念的倡导者，更是实践社会责任的强有力的领导核心。香港理工大学唐伟章校长积极组建大学社会责任联盟，亲自参与学校社会服务项目，要求学校尽量在合理、可行的情况下为教职员和学生参与社会建设活动及公众服务提供方便。同济大学校长裴钢院士在国内外重要会议上阐发可持续发展的大学理想，积极主导同济大学向可持续发展大学的战略转型。新南威尔士大学的 Jacobs 校长重视社会责任，亲自带领团队长期在乌干达从事医疗志愿服务。这些大学的校长并不是把社会责任的工作交给一个部门，或者是束之高阁，而是积极地带领大学发展成为一所对人类社会有益的伟大的大学。

第二，社会责任战略是一个长期战略，需要不断地努力才能做好，不是有资金、有精力就整一整，没有资金就放弃，也不能撒芝麻盐。建立常设的社会责任机构、设立社会责任专项基金是比较好的做法。举办大学社会责任活动有了专属的资金池，还可以通过发起基金会来带动社会基金、慈善捐赠和校友捐款。社会也需要有责任感、有智慧、有信誉的大学将社会资源整合利用，为社会做贡献。例如，新南威尔士大学每年安排固定的财政预算支持 ASPIRE 社会责任项目的执行，先通过校长批准，在执行过程中，还可以进一步争取社会资金，起到四两拨千斤的作用。

第三，要保持信息的透明，随时将相关信息向利益相关方通报。这方面香港理工大学做得很好。香港理工大学的校园门户主页包含学与教、研究、知识转移及企业发展、社会责任四大版面。公众通过点击“社会责任”栏目，可以直接查看香港理工大学的绿色理念、服务学习、大学社会责任网络相关的信息。比较之下，我国其他大学还应该加强对突发事件的信息披露，多听取意见，加强沟通，丰富反馈信息、进行监督的渠道。必须明确编写和发布社会责任报告不是例行公事的点缀，而是知行合一的重要行动。发布的社会责任报告应主题突出、特色鲜明，体现出利益相关方最为关注的内容。遵守透明度原则，大学的社会交往属性才能得到充分的发挥，大学与社会和利益相关方之间的全面关系才能得以健康发展，这既是社会和利益相关方对大学行为的重要希望，也是大学加强与社会和利益相关方沟通，并赢取他们的信任和支持的基础。

至此，案例研究的结果与前面的理论假设基本相符。前述 12 所案例大学在社会责任实践方面均做出了探索性的贡献，这些社会责任优秀实践也为我们提供了宝贵的经验借鉴。

第六章　大学社会责任的组织融入

大学社会责任的组织融入是指大学将社会责任的理念与原则、社会责任的核心主题和议题、社会责任的管理与实践融入组织。社会责任不仅应融入组织战略，而且应该成为政策、运营、文化的组成部分，逐步融入并内化到大学的运作体系、文化与价值观之中，才能发挥出大学社会责任行为所具有的核心价值和战略意义。本章将基于战略社会责任理论和嵌入性治理理论的视角，结合社会责任组织融入的三大类影响因素，提出社会责任的组织融入的实现途径。

第一节　大学社会责任组织融入的实现途径

国外的学者对大学社会责任的驱动因素虽然做了一些规范性研究，但是很少有实证研究。对大学社会责任组织融入的驱动因素的分析包括以下几个方面：一是需要了解哪些因素影响着大学履行社会责任；二是需要深刻地揭示这些因素之间的作用关系，以及它们形成的社会责任融入组织的动力机制；三是可以从驱动力来源的角度对大学承担的社会责任进行分类理解。只有上述三个方面进行充分的阐释，才能对大学社会责任的组织融入进行有信服力的解答。

一、社会责任组织融入的影响因素

大学社会责任的发展是一个多因素共同作用的过程，这一系列复杂的现实因素不仅是多方面的，并且彼此相互联系，通过与一定的主体结合产生作用，影响着大学社会责任的认知与实践。笔者在前期的研究中对大学承担社会责任的影响因素进行了定性描述，主要包括组织因素、文化因素、社会因素、政治因素四组影响因素。具体如《大学社会责任理念与履行模式研究》的第四章第三节，本书的第三章第三节也对公众对大学承担社会责任的驱动因素进行了分析。

大学承担社会责任的影响因素与组织融入的影响因素既有相似之处，又有差异性。大学社会责任的组织融入往往受若干影响因素的叠加影响，有时是被动回应，有时是主动嵌入，呈现出动态权衡的状态。影响大学社会责任组织融入的因素既有驱动因素也有阻碍因素，既有外部因素也有内部因素，由此可见，不同时期各类因素的影响程度也存在差异。

大学社会责任组织融入的影响因素可以基于政治论、综合论、伦理理论三大类理论视角予以识别。具体如下。

政治论（political theory）关注的是大学在步入知识经济社会的中心舞台的同时，如何负责任地使用大学的资源和权力。按照政治论的观点，大学及其学者研究和传播深奥复杂的专门知识不仅仅是出于悠闲的好奇，还因为对国家和全体人民都会产生深远影响，大学应该在原有职能（保存、传授和发展高深学问）的基础上服务公众利益。[①]大学之所以要履行社会责任，实现社会责任的组织融入，可以归因于对社会期望和政治关联（或者政治关系）方面的考虑。

综合论（integrative theory）认为大学与社会之间存在着某种社会契约，大学的各项工作需要关注如何满足社会需求，并激励大学从更广泛的视角和更高的层面考虑大学与社会的关系。而且，大学作为研究高深学问的社会组织，对于社会责任的履行，是在回应社会公众普遍期望的需要及高等教育发展的客观需要，更是大学创造综合价值、实现自身可持续发展的必要。

伦理理论（ethical theory）认为大学与社会之间的关系应嵌入伦理的价值判断，伦理责任需要引起管理决策者的认真考虑。大学的社会责任是社会对大学的伦理期待，大学的生存和发展、大学的权力和自由需要通过承担伦理责任来予以平衡。有的大学可能出于某一动因而承担社会责任，也有可能是出于多个动因而承担社会责任，其驱动因素和实际效果与管理者的认知和决策息息相关。

以上三个理论视角对于分析社会责任组织融入的影响因素具有重要的启示意义。欲使社会责任内化为大学组织行为的有机组成部分，离不开利益相关者的社会责任期望，既需要制度和治理网络的有效约束，也需要师生提升承担社会责任的伦理精神和道德水准。社会责任的组织融入程度可以体现为：一是对国家社会责任期望的体现程度，二是与大学核心活动的关联程度，三是对个体责任活动的

---

① 张炜. 大学治理：核心概念、哲学基础与辩证思考——基于对《高等教育哲学》的审读. 中国高教研究，2019，（2）：10-15.

整合程度。但从大学具体的管理情境来看，大学社会责任的组织融入主要受到政治关联因素、治理因素、个体伦理因素的影响。

1. 政治关联因素

由于大学的决策或活动的影响会受到其他组织间关系的影响，因此，大学需要与其他社会组织和处于组织影响范围内的利益相关方来共同履行社会责任。虽然大学履行社会责任的"自我驱动力"强，也没有上市公司的社会责任那么多的"外生性"规则，但是政府部门、社会主体也都期望大学回应国家和社会的需求。根据嵌入性治理理论，政府对于资源的控制、对高等教育的干预和规制相对较强，这会使现代大学的履责行为受到政府和政治力量的影响。

现有研究较少考虑到政治关联因素对大学履行社会责任动机的影响。比较有价值的一项实证研究是邓敏、徐光华等在非营利组织社会责任驱动因素的实证研究中，使用政府财政拨款收入占总收入的比重来衡量大学的政治关联水平，财政拨款收入所占的比重越高，代表大学的政治关联水平越高。如果组织收入更多地依赖政府财政拨款，则意味着该组织对政府的依赖程度更高。这一实证研究发现政治关联与教育部直属高校的社会责任投入水平呈正相关，政治关联因素是重要的社会责任投入驱动力。[①]由于数据来源的限制，这项实证研究在自变量的设定中仅使用财政拨款来衡量政治关联有一定的局限性，但是研究结论仍然具有较高的稳健性。

本书的案例分析也验证了政治关联因素的重要性。各国无论教育制度如何，政府作为大学组织运营环境中重要的利益相关者，在组织活动的显性和隐性资源供给中都占有重要地位。中央和地方政府都在通过财政拨款、基金资助、税收优惠、政策保护等方式给予大学发展特别的扶持，并且，地方政府部门普遍期望大学通过承担对所在社区的社会责任，直接促进城市经济、社会、环境发展。

我国大学的生存与发展主要置于国家主导的教育制度环境之下，大学的政治关联因素来源丰富。一些大学的领导由于积极履行社会责任，为社会发展做出突出贡献，获得党和政府的认可，被组织推荐到中央部委任职，或选举为中央政治局候补委员、全国人大代表或政协委员。我国很多大学希望将服务国家战略、履行社会责任的信息及时披露给中央政府部门，并希望政府持续地分配可靠的资源

① 邓敏，徐光华，钟马. 非营利组织社会责任驱动因素研究：基于 81 所部属高校的证据. 贵州财经大学学报，2018，(4)：63-70.

给积极履责的大学。

因此，政治关联因素对于大学社会责任的组织融入具有重要的影响。政府部门作为大学外部治理的主导性力量，为大学社会责任的组织融入和治理奠定了制度基础。教育政策的制定者所制定的大学社会责任公共政策以及在大型社会责任合作项目中予以资金的支持对社会责任的组织融入具有重要意义。教育行政部门有责任构建大学社会责任的行为约束规制和刚性底线的治理机制。

2. 治理因素

在世界范围内，治理的兴起表明大学社会责任的加强，政府、社会、市场要求大学承担责任，这在大学自治与大学责任之间形成了张力，大学既要保持组织的自治性质不变，又要回应政府、市场与社会的需求，承担相应的社会责任。为系统地推动履行社会责任实践，很多大学尝试进行了有效而合理的制度设计，将履行社会责任嵌入大学治理结构，这无疑促进了社会责任的组织融入。

著名的战略管理学家迈克尔·希特认为，治理机制对组织责任行为有重要影响，治理失败是造成责任缺失的主要原因。有效的治理机制应该保证组织中所有的利益相关者的利益都能够得到满足。当利益相关者的利益得到满足时，组织就可以获得战略竞争力。有效的组织治理还可以促使战略在形成和实施过程中产生道德行为。①关于社会责任治理机制的构成要素具体包括哪些，本书将在第八章进行具体的分析。

本书的案例研究表明，除政府和企业这些传统的外部治理主体之外，基于共同的责任愿景的大学社会责任联盟组织与合作网络、高等教育机构的各类协会组织的治理作用在日益增强。大学社会责任联盟组织基于成员方的合作与活动的开展，为大学组织之间、大学与利益相关方之间搭建了国际国内共同合作的重要平台，促进了社会责任在更多的大学社会责任组织中的融入，实现了各类大学的社会责任目标、行动、知识、技能的共享与学习。

一些公共协会组织还作为评价社会责任绩效的第三方机构定期开展社会责任履责的绩效评价，并公开发布社会责任评价方法与相关指标数据，这些机构形成了第三方治理的主体力量。上述多元治理主体之间的相互依赖与良性互动共同搭建出社会责任的外部治理网络，形成了正式与非正式的外部治理机制，培育出社

---

① 迈克尔·A. 希，R. 杜安·爱尔兰，罗伯特·E. 霍斯基森等. 战略管理：概念与案例（10版）. 刘刚，吕文静，雷云等译. 北京：中国人民大学出版社，2012：265.

会责任治理的价值观。

3. 个体伦理因素

虽然来自利益相关方的期望和治理制度是重要的，但是社会责任需要转化为个体内在的责任信念和责任意识，才能使个体有效地履行社会责任。教师和学生个体作为公民是社会责任的客体，但就个体对社会的责任来说，他们又是社会责任的主体。大学教师、学者、学生在教学、研究、服务、学习、对外交流等核心活动中的态度、信念、行为、能力，是大学社会责任能否真正实现的重要支柱。

布鲁贝克在其名著《高等教育哲学》中论述“治学的道德”时明确提出，“早先，学者们的观点是，他们只对研究的客观性负有道德责任，这责任到公布他们的研究成果就完成了。因此，运用和发展研究成果的道德责任就移到了社会公众的肩上。要求学者担负实际运用研究成果的责任，就好像因攻城加农炮而指责伽利略、为印刷品中的谎言而指责哥登堡、为广岛被炸毁而职责爱因斯坦一样。后来，人们乐意接受一个广泛的社会观点：学者们不应该推卸对研究所产生的意外的不良社会后果的责任，他们至少应向同事和世人警告这项研究可以预见的危险后果。当生物基因的再合成已经可能造成威胁人类生存之后果的时候，人们更加具体地提出了这个问题”①。

若要真正实现社会责任的组织融入，首先要将其融入管理决策层的思维。根据高阶管理理论，高管的认知和价值观影响高管对战略环境的感知，从而影响组织战略和组织绩效。在社会责任实践初期，一些管理者个体仍停留在社会责任行为是政府管制压力等政治关联因素的被动反应的思想认识层面。要想实现社会责任的组织融入，高层管理者必须转变思维，由被动应付外部制度环境的压力转变为主动对社会责任的积极响应，将社会责任行为与战略相结合。

其次，社会责任要融入师生个体的思维。现代大学及其学者共同体应是负责任的、创新的积极行动者。现代大学为实现社会责任的组织融入，必须以一种对自然、社会和人类负责的态度，理智、审慎地从事教学、科研和服务等各项活动。

受前述三类因素的影响，导致不同大学的社会责任融入程度是不同的，但这并不是不能改变的，大学组织可以参考上述因素并采取积极有效的措施来提高社会责任的融入程度。在以上主体和多重因素的共同作用下，大学越来越认识到社会责任对引领创新、促进管理和促进高等教育可持续发展的重要作用。大学应积

① 约翰·S. 布鲁贝克. 高等教育哲学. 王承绪，郑继伟，张维平等译. 杭州：浙江教育出版社，2001：123.

极探索社会责任的组织融入，形成履行社会责任的动力机制，建立健全社会责任治理机制，引导和规范师生社会责任履责实践，使社会责任实践取得更为丰硕的成果。

二、社会责任组织融入的具体途径

本章基于战略社会责任理论和嵌入性治理理论的视角，结合社会责任组织融入的三大类影响因素，提出社会责任融入组织的具体途径。

第一，战略管理的社会责任融入。即是将社会责任作为战略管理的重要内容进行管理。要想提升组织、管理者、师生对社会责任的重视程度，首先就是要改善大学社会责任的地位。战略是影响大学未来发展的重要的纲领性设计，大学应将社会责任作为战略管理的重要内容，在战略层面上对其进行规划和执行。

第二，决策管理的社会责任融入。社会责任的基本特征是组织将社会和环境因素纳入其决策之中，并有为其决策和活动对社会和环境的影响担当责任的意愿。社会责任融入整个组织的方法，就是经由做出决策和实施决策的基本过程来贯穿到组织治理之中。大学组织的决策程序和结构宜使其能够制定出反映其社会责任承诺的战略，证实领导层的承诺和担责等。具体见第八章第二节“组织的决策程序和结构”。

第三，核心活动的社会责任融入。教学和科研，作为大学的核心学术活动，应以社会责任的价值观和原则为基础。教育教学与学术研究中的社会责任融入十分关键，因为大学教师主要通过承担教学和科研的学术责任来实现所在的机构对社会的责任。管理者一旦真正学习、掌握了社会责任与学术逻辑之间的内涵，就有机会、有能力引领大学向着更高水平发展，为大学赢得更大的发展机会，创造更多的利益相关方价值，推动更深入和更广泛的社会合作，也由此更自觉地将社会责任融入于大学发展，调动大学的核心价值、核心资源、核心能力，将其运用于日常运营和管理之中。

第四，组织文化的社会责任融入。将社会责任完全融入整个组织，其难度和速度会受到组织现有价值观和文化的重要影响，不可能一蹴而就。社会责任文化的培育需要长期的积累，非一朝一夕之功。从现有的价值观和组织文化出发来系统地推进对社会责任文化的培育，始终是卓有成效的做法。同样，组织文化也会进一步影响师生个体的社会责任表现。

第二节 社会责任融入大学战略

随着大学社会责任实践活动的增加，管理者应该进一步思考社会责任组织融入的效应，通过科学严谨的战略管理思维和支撑策略，更好地满足利益相关方对大学的社会责任期望，积极有效地承担社会责任。

一、社会责任与大学战略的关系

战略，体现着管理者对于未来重要发展趋势的深刻洞见，界定了组织领导者行动的方向，应成为大学积极承担社会责任的反映。战略规划是对大学整体的、系统的设计，是基于大学的现实状态而面向未来一定时期的发展状态的设想。在一个规划周期内，不管是 5 年还是 10 年，大学要达到什么目标、开展什么工作、解决什么问题、采取什么重大措施，都是战略规划必须要做出回答的。[①]

社会责任战略的本质是一种关注并重视可持续发展的战略理念，也是大学的一种战略行为。社会责任战略不仅应该被融入大学战略，而且是关系大学组织长远发展的核心战略。将社会责任融入大学整体战略，并不会约束大学的发展，反而是大学获得机会、创新和竞争优势的源泉之一。社会责任战略可以和大学的其他战略相互补充，采取正确的方式做正确的事情，促进大学的战略目标以负责任的方式实现。

大学的发展战略是影响大学未来一段时期发展的重要的纲领性设计，应将社会责任作为战略管理的重要内容进行管理，使得管理者从组织战略层面对其进行规划、设计、执行和监测。社会责任战略应基于组织的核心价值观与发展理念，统领组织中长期社会责任实践。社会责任战略是要被放在大学全局中来考虑的，是要从全局发展的需要来设计的，要抓住影响大学发展的重大问题、核心问题和关键性问题进行重点设计，将大学履行社会责任的总体思路梳理清楚。故此，组织应阐明社会责任战略与其他发展战略的关系，以便于利益相关方从总体上了解其社会责任的发展方向及状况。

---

① 别敦荣. 论大学发展战略规划. 教育研究，2010，(8)：36-39.

或许有的大学管理者会质疑本书这个论点，认为“社会责任”不应该是大学的核心战略。我国有的大学将“卓越的教学与科研”作为核心战略，有的大学将“学科创先”“人才强校”作为核心战略，有的大学将“国际化”作为核心战略，但是“社会责任”却很少成为我国大学的核心战略。一些大学即便将社会责任融入大学的战略规划之中，但也是将其置于补充性和附加性的位置，很难有创造经济、社会、环境价值的实效和长远的发展空间。事实上，如果一所大学缺少了社会责任的战略融入，怎么能从整体上保障好师生权益、留得住高层次人才？哪里会实现公平公正的组织环境和人与自然和谐发展的生态校园环境？哪里会有与利益相关方长期稳定的合作支持？

在中国，在统筹推进世界一流大学和一流学科建设的背景下，任何一所大学的声誉和地位都不再稳如泰山，以往的基础不能保证未来的发展，大学只有转变思维、认清社会和经济发展的大趋势，占据战略性企业社会责任高地，才有可能突出重围，获得持续发展。根据战略性社会责任理论，将社会责任提升至大学的战略平台去规划和履行，大学就会发现：社会责任不是一种强加的责任负担，而是一种极具创新性的治理和战略思想。

二、战略管理中的社会责任融入

社会责任融入大学战略，可从顶层设计和最高的理念层上统领、整合大学的社会责任行为，使大学组织可以通过创新性和前瞻性的社会责任行为实现教学、科研、服务、文化传承和创新等各项核心活动的综合价值最大化。提升大学管理者对于社会责任的重视，首先要改善大学社会责任的地位，大学校长如果真的想领导一所伟大的大学，需要认真对待并重视社会责任的履行，这也将是从普通的教育管理者转变为战略型领导者的关键。

充满着不确定因素的外部环境会给大学带来机会和威胁，机会和威胁会共同影响着大学的社会责任行动。在编制社会责任战略规划时，大学宜对大学社会责任履行的外部和内部环境进行分析，对于要解决的问题进行周详的研究，要区别问题的性质和轻重缓急，同时根据大学发展的条件和可能做出谨慎的选择。在社会责任战略规划将大学发展行动设计出来后，有关部门和教职员工、学生的社会责任实践工作就有章可循了。理论上，一所大学在履行大学社会责任的过程中越重视战略规划，越强调聚集多元的利益相关者参与到大学社会责任履行的过程中来，其社会责任履行的范围将越广，履行社会责任的能力也越强。

为实现社会责任的战略融入，大学宜采取如下行动。

第一，大学可在组织宗旨和使命声明中，具体、清楚和简洁地引用社会责任的原则和议题，提及组织在未来哪些方面将以社会责任来影响其活动。

第二，将社会责任融入大学的制度、政策、过程和决策行为，从而使社会责任作为组织战略的关键要素被包含在战略之中。

第三，将社会责任的核心主题和议题的相关行动的优先顺序转化为易管理的组织目标。组织目标应该具体，并且可测量或可验证。为实现目标的详细计划，包括责任主体、时间表、预算以及对大学活动的影响在内，都应该成为战略内容的组成部分。

第四，在战略规划上，高层管理者应明确组织目标和战略定位，关注相应的社会议题和利益相关者的需求，选择合适的社会责任议题并纳入决策程序，从而提高社会责任的决策效率使其产生积极效应。

第五，大学不仅要有整体的社会责任规划，而且需要将战略细化为具体的政策和行为。社会责任项目的组织实施也需要建立相应的管理机构、执行体系和政策体系，确保社会责任理念和战略的落地。

第三节　社会责任融入决策管理

随着对政策回应性、决策透明性和可问责性的要求持续增加，现代大学需要具有快速回应的能力和迅速的政策反应能力，来提升重大事项决策治理能力的现代化水平。在面临一些管理事项时，由于大学决策者能够对问题进行分析和协商的时间比较短暂，往往缺乏时间进行详细的问题界定、方案比较、利弊权衡等。遗憾的是，在过去的20年里，国内外大学中都能够发现一些由工具理性主义和经济利益驱动的大学改革决策，诸如一些大学通过超常规的、不可持续的方式追求所谓的组织“跨越式”发展，或者用过度的工具理性主义价值取向制定院校的发展战略、评价科研成果以及管理校园环境。

因为教育管理决策具有不确定性、情景复杂性和持续周期长的特性，形成一个“好的”决策方案不仅需要一个科学的评价体系，而且还需要一套有效的实现方案。因此，大学的决策程序和结构还需加强。本书倡导在将社会责任融入大学战略的同时，鼓励更多的大学将社会责任融入其决策管理中。

通过处理社会责任的核心主题和议题，以及将社会责任融入决策管理活动，大学可以获得诸多益处，包括如下几点：促使决策更明智，使决策建立在对社会期望和社会责任的相关机遇，以及对不负责任的风险的深刻认识基础上；提高声誉和增进公众信任；改进组织的风险管理；促进创新；提升组织的竞争力，包括获得优先合作伙伴地位；改善与利益相关方的关系，从而使大学了解新观点并加强与利益相关方的联系；增强师生的忠诚度、兴趣度、参与度和士气；改善教职工的职业健康安全状况；提升大学引进来、留得下、发展好师资队伍的能力；通过提高资源效率、降低能源和资源消耗来减少浪费；通过负责任的政治参与、公平竞争和消除腐败等行为，增强决策的可靠性和组织的公平性；预防或减少在社会服务方面与利益相关方可能发生的冲突。

将社会责任融入决策管理，大学宜采取如下行动。

第一，社会责任承诺由学校的最高层领导来倡导、推行。大学的最高管理者对社会责任管理负有首要的责任和义务，校领导应言行一致地展现对社会责任的坚守，为师生树立良好的榜样，并承诺将社会责任融入整个组织。大学的校长和书记应努力使高层管理者透彻地理解大学社会责任的内涵和益处，统一高层决策者的思想，共同用具有前瞻性的眼光看待和承担大学社会责任。而战略领导者是指学校的高层管理者以及来自大学不同职能部门和不同院系的管理者能够通过战略管理的过程来选择战略行动，并帮助大学实现愿景、履行使命的人。各层次的战略领导者均应尽可能地加强对社会责任治理的支持，并努力成为责任型领导者（responsible leader）。

第二，校领导和管理层对社会责任的关切程度、承诺水平对社会责任的组织融入至关重要。大学社会责任管理体系的建立是一种深层次的管理变革与优化，涉及大学管理经营的各个方面，没有领导的支持是很难进行下去的。卓越的大学领导者能够超越传统治理结构的边界，激励更多的利益相关者，同时整合利益相关者带来的资源，以实现大学的社会责任。大学的党委书记和校长做出的社会责任承诺，一方面能给予社会责任更大的权威性，有利于将社会责任全面融入组织的所有决策和活动；另一方面也有助于长期持续投入，为社会责任活动提供所需的资源保障。透明、有意义的项目和清晰的道德准则，是领导者的社会责任核心承诺，这些都需要领导者充满勇气地持续努力才能够实现。

第三，将社会责任纳入决策流程，从顶层和源头推动社会责任融入大学组织运营。大学可将完善学校党委常委会、校长办公会的议事规则作为社会责任融入高层决策管理的切入点。通过设立社会责任委员会，作为决策管理优化的推进和监督机构，负责将社会责任理念融入决策管理的政策制定、计划执行和成效评价。从管理制度上强化决策管理对综合价值最大化和透明度的要求，对决策部署进行社会责任上的综合评估，对决策部署的执行情况进行社会责任上的跟踪评价。再将决策管理经验向不同层次的决策会议推广延伸，使各单位管理者树立社会责任理念，并将社会责任理念融入决策管理的制度和流程，实现负责任的决策管理在大学系统的全面推行。

第四，决策层构建融入社会责任理念的决策管理机制，需要将利益相关方和社会期望的要求作为决策议题选择的重要参考，以增进大学创造的社会综合价值。大学凭借良知且有系统地管理自身与每个核心主题相关的影响，监控其影响范围内的影响，使有害于社会和环境的风险最小化，而使积极影响最大化。在决策实施时，管理者应该考虑采用能够最小化有害影响和最大化积极影响的最佳方式。在做出决策时，管理者还应该一并考虑实现此目的所需的资源和方法是否符合社会责任原则。利益相关方参与社会责任决策，将会使大学决策更好地反映各利益相关方的利益、诉求和期望，更好地体现社会可持续发展的要求。因此，大学管理者在做出决策时，包括开展新活动的决策时，应该考虑决策对利益相关方的潜在影响。利益相关方参与社会责任决策治理，一方面能帮助大学更好地获取决策的全面信息，以及完善、科学的决策体系，另一方面利益相关方还可以帮助大学确定新的发展机会和社会责任项目的战略价值，有利于大学建立良好的社会声誉与社会形象。

第四节　社会责任融入教学科研

一、社会责任融入教育教学

人才培养是各大学乃至整个高等教育的根本任务，也是现代大学承担社会责任的最重要的手段。为确保教学能够实现社会责任的价值观和原则，各类大学组织应该做出如下举措：为每一位有潜力从高等教育并从中获得收益的人提供入学和终身学习的机会；坚持立德树人的根本任务，培育学生的社会责任感，帮助学生形成社会责任的知识、技能、价值观和行为；关注学生的全面发展，帮助学生发挥其最大潜能；将教学责任作为大学教师基本的学术责任，并与科研责任、社会服务责任相互促进；确保师生的学术自由；通过教学支持机构和制度，保障教师的教学责任的履行和学生的学习质量；保证用于支持教学与学生发展的公共财政经费被正确合理地使用；尽最大努力为全体师生提供良好的教学、学习、科研环境和校园生活环境。

二、开展社会责任教育

近年来随着我国高校意识形态工作的加强以及学生主体地位的变化，大学生社会责任日益受到政府、社会和高等教育机构的重视，对大学生的社会责任培养也在逐步加强。我国很多大学已经将社会责任培养作为教学和课程中的一个要素，在“课程思政”“培养方案”中，社会责任的培养都处于相对重要的地位。但也有高校在人才培养中对社会责任教育还没有给予足够的重视，缺乏相应的制度去保障大学生社会责任意识的养成。

为把当代大学生培养成为对党、国家、社会和民族具有强烈社会责任感的时代新人，我国大学宜将社会责任教育的培养纳入人才培养的全过程，通过培养大学生的社会责任感，帮助学生形成社会责任知识、技能、价值观和行为，将青年学生培养成为认识和适应现代社会生活的“社会人”，以及具有独立思维能力的、能改造社会的和全面发展的人。

我国的大学生社会责任教育应以培育和践行社会主义核心价值观为引领，教育引导学生正确认识世界和中国的发展大势，正确认识时代责任和历史使命，正确认识并积极承担当代大学生的社会责任。各高校可以制定科学合理的大学生社会责任教育培养方案，在各专业人才培养目标、培养规格、毕业要求中进行明确规定，设立相应学分，制定学分认定办法。我国有些大学的管理学专业和工科专业已经开展了社会责任和可持续发展课程，一些商学院也将培养具有企业家精神、积极承担社会责任的领导者作为自身使命，呼吁更多校友、企业将社会责任提升到发展战略的高度。我们必须明确，社会责任教育不仅仅是商学院或者管理学院的事情，各个学院都可以开发本学科和跨学科的社会责任课程、讲座，推进社会责任教育与知识体系教育的有机统一。

为充分发挥教育教学主渠道的作用，我国很多大学仍然需要为不同本科专业和研究生教育项目的学生增加开设社会责任课程，使他们正确认识社会发展的规律、认识国家的前途命运、认识自己的社会责任，并通过社会责任教育鼓励所有师生利用他们的创造能力和创新能力来应对可持续发展的挑战。如表 6-1 所示，表中列举了适用于大学主要学科的社会责任课程，表格中的部分课程已成为我国的国家精品课程。大学教师们在持续推进教学改革、实施研究性教学，以及追求卓越的教学质量方面负有责任。为了帮助学生形成社会责任所需要的知识、技能、价值观和行为，任课教师还需要不断地创新社会责任教学案例、素材、教学活动的设计和实践。

表 6-1　适用高校主要学科的社会责任类课程

学科大类	课程名称	学科大类	课程名称
管理学	企业伦理学	环境科学	环境伦理学
	企业社会责任管理		环境保护与可持续发展
	绿色管理		生态与可持续发展
	商业伦理与企业社会责任	工程学	工程伦理学
	领导力与社会责任		技术伦理学
	可持续创业		能源与可持续发展
	生态文明与企业可持续发展		建筑与可持续发展
	联合国可持续发展目标		城市规划与可持续发展
	员工健康与健康组织		可持续发展设计课程
经济学	商业伦理与会计职业道德	哲学	责任伦理学
	低碳经济		科研伦理与学术规范
	生态经济学		网络伦理与社会责任
	经济转型升级与可持续性发展		大学生思想道德修养与法律基础
	公益概论		大学生社会责任教育课程

资料来源：笔者研究整理

2018 年 5 月 9 日，《中国大学生社会责任感现状调查报告（2018）》在天津正式发布。该调查借助自主开发的“大学生社会责任感量表”，采用分层整群随机抽样方法，在 31 个省（自治区、直辖市）调查约 10 万名大学生，涵盖全国 1000 所高校。2017 年，中国大学生社会责任感平均得分为 81.82 分（60 分以下为低水平，60～79 分为一般水平，80～89 分为较高水平，90 分以上为高水平）。此外，中国大学生社会责任认知得分为 82.50 分，社会责任认同得分为 83.27 分，社会责任行动得分为 79.94 分。[①]其中，社会责任行动属于一般水平，仍然有提升空间。

社会责任教育不仅要教授各领域的社会责任科学知识，而且要培养学习者基

① 郑成宏，黄亚楠.《中国大学生社会责任感现状调查报告（2018）》在津发布. 中国社会科学网. http://ex.cssn.cn/zx/bwyc/201805/t20180511_4245528. shtml[2018-05-11].

于行为结果做出判断与行动的技能和态度。若要提升大学生社会责任行动水平，大学的社会责任教育必须同时触及学生的大脑、双手和心灵，以便他们向着可持续的生活方式改变自身行为。社会责任融入教育教学，不仅是“关于”社会责任、“为了”社会责任，而且要深入“成为/作为”社会责任的典范。社会责任的教育实践活动可采取学校组织和学生自主组织两种方式：学校组织的社会责任教育活动应充分尊重学生的意愿，按照公开招募、自愿报名、择优录取、定岗服务的方式开展；学生自主组织的活动应以团队的方式进行，学生可以通过认识社会、了解社会、服务社会、奉献社会的一系列活动，如社区服务、挂职锻炼、专业服务、义务劳动、文艺体育、慈善活动、志愿服务和公益活动等多种形式获得学分。

各高校应注重考察大学生参与社会责任服务活动的表现、次数和持续时间等。笔者建议高校也可以每两年进行一次全校规模的大学生社会责任测评，考察在入学初、入学之后二年、大学毕业时，大学生的社会责任意识和社会责任实践能力是否真正逐渐得到了提升。该测评也可以由本校的社会责任管理机构牵头，学生工作部协同，基层学院配合开展调查工作，最终形成测评报告。

三、科学研究中的社会责任融入

科学研究本质上是认识客观规律、追求真理的过程，科研诚信所倡导与强调的主旨就是负责任的研究。大学作为研究高深学问、开展学术研究最集中的场所，也在创造、创新、改进着各种技术。科学研究通过解释现实世界中的疑难问题（知识创造）提升人类福祉（知识应用），即让人类更好地认知世界的同时，也为人类的繁荣做出贡献。大学的学术研究有义务促进现实世界的有意义的改变，这意味着大学要将研究成果和技术成果向那些能够从中受益的公众分享，同时向政府部门提供能够影响国家政策的知识观点与建议。

第一，各类大学将社会责任理念融入科学研究，是对组织的科学研究理念、行为、目标、成果进行重新塑造的过程。大学履行科学研究的社会责任是学术自由、潜心治学的内在要求。大学的学者共同体在科学研究实践中践履社会责任，也承担着知识创新、培育人才的核心社会责任。遗憾的是，一些大学为了迅速提升学术排名，曾经出现竞价抢挖“帽子”人才的短期行为；一些大学仅仅把发表学术论文作为科学研究的首要目标，在职称评审中片面地将论文、专利、资金数量作为评价依据。一些职能部门的繁文缛节、无穷的报表和审批把科学家的科研精力耽误了。某些学者和学校出于科学研究的利润动机或者个人私利，违背了学术伦理和科学道德。上述这些功利行为恰恰是大学的科学研究和科研管理漠视社会责任的表现，不利于教师和科研人员履行自身的社会责任，这种局面必须改变。大学从事科学研究的最终目的应该是增加和增强大学的社会责任，而不是削弱它。

第二，社会责任融入科学研究事实上激励了各类大学发挥国家战略科技力量的作用，使其把握好世界科技发展大势，弘扬追求真理、勇攀高峰的科学精神，端正勇于创新、严谨求实的学术风气。师生将个人学术旨趣自觉融入国家发展，通过开展具有前瞻性、针对性、储备性的战略科学研究，产生能够直接或间接应用于解决社会紧迫问题的可靠而有用的知识，服务于国家重大发展战略和社会现实需求；用关爱人类的责任心去衡量所要解决的科学问题，提高综合研判和战略谋划能力，为推动社会发展提出专业性、建设性、切实管用的建议，为推进人类社会发展贡献更多的智慧和力量。

人类社会正在经历以人工智能、清洁能源、机器人技术、量子信息技术、虚拟现实以及生物技术为特征的信息革命的第二阶段。每一次革命都为人类带来了生产力发展的质的飞跃，人类社会都会进入空前繁荣的时代。在每一次技术进步"适应""改造""改善"人类社会的同时，人类社会也付出了环境代价、生态成本。目前，我国很多高校都在布局人工智能的学科专业和科学研究，随着人工智能越来越多地在人类任务中发挥协作作用，随着人类专家越来越依赖于机器智能，我们的责任观念将会变成什么样？工程师是时候面对这些问题了，政策制定者、法律学者和伦理学家也应该帮助寻找答案。这些新技术的发展要求大学投入时间、资源和广泛的专业知识来理解这项技术，预测它将带来的未来，并负责任地引导其进程。

第三，大学的学术研究涉及诸多学科，不同学科的研究范式不同，与现实社会的接触方式和接近程度也不同，但是各个学科都应该承担学术研究的社会责任。高校哲学社会科学工作者要有服务国家重大战略需求的情怀，要有解决现实问题的意识，为加快构建中国特色哲学社会科学贡献更多能够体现创新质量、社会贡献以及国际影响力的成果。诸如管理学这样的社会科学，其研究既要有创造力和洞察力，又要有严谨的研究设计和执行力，需要深刻地理解本土管理实践及其变化，以更具社会责任感的方式努力协作。管理学科作为一门实践性学科，要求大学的学术研究和学者不能仅仅居于"庙堂之上"关起门来搞研究，其成果应该能够帮助和引领企业管理的发展，这是管理学术研究应有的社会责任。"管理研究与实践相脱节”恰恰是学术研究漠视社会责任的突出表现①，大学及其师生如果不能清楚“为什么而研究（为毕业、为课题、为指标，还是为增进知识、回馈社会）”，直接拿来西方的研究成果，抑或是直接从西方典籍中直接寻求当前中国管理问题的解决之道，或者人为地将管理学科与其他学科加以隔离，都是没有真正地践行学术研究的社会责任。

为促进负责任的科学研究，各类大学组织应该做出如下举措：用最有益于人类社会共同利益的方法促进科学研究的发展；保持高标准、负责任地进行研究；有效进行科研诚信与科研不端的行为管理；师生应确保研究结果，负责地报告研究结果；尊重研究参与者遵守人类研究伦理的所有要求；尊重环境；确保安全的研究环境；在研究成果发表中适当确认研究贡献者；负责任地沟通研究成果；为研究人员提供引导、培训和继续教育；师生有责任举报科研不端行为。②

第五节　社会责任融入组织文化

组织文化是整个大学共有的复杂体系，由信念、标志和核心价值构成，影响着大学运营的方式。无论成功与否，组织文化都是推动组织前进的社会力量。但有些组织文化也会成为组织的劣势，战略领导者必须弄清组织文化是否对履行社会责任起到了积极作用。本章所讲的社会责任文化，是从中观和微观层面讨论的更为具体的问题。社会责任文化是以社会责任理念为导向的组织文化，因此社会责任融入组织文化，可以从精神文化、制度文化、行为文化和物质文化四个层面来考量。

一、责任精神文化是社会责任文化的内核

责任精神文化是社会责任文化最为核心和重要的层面，它决定了责任制度文化、责任行为文化和责任物质文化。其中，责任文化的行为层面和物质层面都是责任精神文化的外显表现。

---

① 罗文豪，宋继文. 变革情境下管理学术研究的社会责任. 管理学报，2018，(3)：317-325.

② 周湘林. 整合性全过程问责：高校科研诚信问题的治理之道——以澳大利亚麦考瑞大学为例. 中国高教研究，2019，(4)：80-85.

所有真正优秀的大学，都必然具备其内生的、独特的文化禀赋和精神气质。大学组织的宗旨、愿景、使命、价值观、道德观以及最高领导层的理念为组织的责任精神文化指明了方向。大学社会责任不是一个空的概念，而是与大学的使命、价值观、教学、研究、服务等活动息息相关，社会责任一定要融入大学的核心价值体系，才能行之久远。大学的使命、愿景及策略均须涵盖社会责任这一环，以期对大学的所有决定及活动（包括管理、学与教、研究、知识转移及服务）发挥实质影响，从而推动社会以至世界持续发展。

社会责任是世界范围内很多大学师生普遍接受的大学精神文化，在中国古代高等教育文化中也有重要地位。中国大学虽然是在近代效仿西方大学制度建立起来的，但是大学的精神文化仍然传承了中国儒家知识分子“以天下为己任”“为天地立心，为生民立命，为往圣继绝学，为万世开太平”的责任精神文化。进入现代社会，中国大学进一步传承并创新社会责任精神文化，主动与国家重要战略和社会重大需求对接，在坚持立德树人、支撑国家创新驱动发展战略、建设社会主义先进文化、加强不同文明之间交流与对话等方面承担着重要的社会责任。在“双一流”建设的背景下，高等教育学界普遍认同一流的大学一定要具有一流的社会责任、做出一流的国家贡献、肩负一流的使命担当。随着高等教育国际化的发展，很多中国一流大学在世界范围将产生越来越大的文化影响力，在与世界交流的过程中，大学有责任为国际学生创设跨文化的、包容的学习环境，增强在华留学生的中国社会融入感和中华文化认同感，加深文化交流，推进民心相通。

社会责任融入组织文化的重要一步，是让社会责任成为大学的使命、愿景、核心价值观的组成部分，成为师生必须秉承的基本的原则与理念。同时，大学管理者应该用社会责任理念重新审视大学的使命、宗旨和理念，正确认识履行社会责任的意义。由于学术竞争的压力，教师和学生会把主要的注意力集中在提升自己的核心竞争力上，很少有时间和动机去主动学习、切实理解大学的核心价值观或共识价值观，并出于个人意愿献身于此。因此，大学在师生群体中来建构社会责任价值观，需要提升社会责任的透明度，并通过创设有意义的社会责任项目来履行其承担社会责任和践行职业操守的主要准则。

大学是否要履行社会责任，国家目前没有政策要求，但是，我们应该深知，大学社会责任最大的价值，不在于有声的命令，而在于理念的引导和影响。因此，大学要制定一个值得向往的愿景，这是大学履行社会责任的最充分的理由，是师生们不懈奋斗的期盼，也是利益相关方尊重大学、积极参与大学活动的共同目标。

二、责任制度文化是社会责任文化的中介

责任制度文化是责任精神文化、责任行为文化、责任物质文化的中介。责任制度文化是将社会责任理念植入制度建设，将社会责任的理念融入大学的治理结构，包括大学章程、纵向的组织规范制度、学部学院和职能部门在目标决策、计划执行、绩效考核方面的各项规定、条例、守则、管理办法等制度规定。故此，责任制度文化既为教师等学术人员的各项社会责任行为提供依据，也可防止学术自由的过度泛化和大学自治权的滥用。

社会责任应成为大学的使命、愿景、人才培养核心价值观的组成部分，并且应写入大学章程。例如，香港城市大学的《大学社会责任约章》为大学设立指引，确保以谨慎、负责的态度管理大学运作，充分顾及其对环境与社会的影响，务求平衡大学的发展与可持续，这一章程包括道德规范、学生、雇员、小区、环境、健康、安全，要求大学全体同师生务须遵行。《同济大学章程》（2018 版）的第七十条明确规定："学校承担社会责任，接受社会监督和评估，适时向社会发布有关办学信息，广泛开展社会服务，积极争取社会支持。"[①]大连理工大学将"致力于培养具有强烈的社会责任意识、高尚的道德品质、宽厚的知识基础、突出的能力潜质、优秀的综合素质和开阔的国际视野的精英人才"写入大学章程[②]，首先强调大学生的社会责任感，并将其列在其他能力素质之前。北京大学、清华大学等学校也将学生的"社会责任感培育"列入最新的大学章程。[③]

在《大连理工大学章程》的"办学任务与权责"中，第 24 条至第 30 条表述了该校承担的社会责任内容，主要包括通过人才和智力支撑、思想和文化引领等多种方式服务社会，促进国家昌盛、民族复兴、社会进步、区域发展，并为增进人类福祉做出贡献等责任内容[④]。

北京师范大学在"师德师风考核制度"中提出教师应该自觉承担社会责任，积极提供专业服务，在实践中弘扬师德。负责任的大学应重视培育师生的社会责任感和使命感，营造具有社会关怀的大学校园文化氛围，激发全体师生积极参与

---

① 同济大学. 同济大学章程修订版. https://news.tongji.edu.cn/info/1008/67763.htm[2018-11-22].

② 大连理工大学. 大连理工大学章程. http://www.moe.gov.cn/srcsite/A02/zfs_gdxxzc/201410/t20141020_182082.html[2014-10-11].

③ 北京大学. 北京大学章程. http://pkunews.pku.edu.cn/2015zt/2015-04/28/content_288465.htm[2015-04-28].

④ 大连理工大学. 大连理工大学章程. http://www.moe.gov.cn/srcsite/A02/zfs_gdxxzc/201410/t20141020_182082.html[2014-10-11].

到社会责任履行的活动中来。一旦这种良好的文化形成，就能够在大学群体中辐射开来并传播至社会，带来更广泛的积极影响。

三、责任行为文化是社会责任文化的载体

社会责任行为文化是组织为综合平衡社会、经济和环境效益，通过透明和道德的方式在可持续发展的进程中表现出来的行为文化。大学的社会责任行为，一方面体现为大学教师在教学行为、科研行为、教育宣传、社会服务活动中践行的负责任行为；另一方面还表现为决策管理行为，包括决策行为、管理行为、沟通行为、执行行为和考核行为，也体现在对各利益相关方的关系处理上。

责任精神（理念）是内核，是大学社会责任的思想源泉；制度是理念的延伸，对行为产生直接的规范约束力；责任物质文化是人能看到的、听到的、接触到的、具象的表现形式。这三个层次都是通过责任行为文化来表现和实现的，责任行为文化是社会责任文化最生动、最重要的载体，没有行为文化，理念和制度都是纸上谈兵。

北京大学社会责任与可持续发展国际研究中心的殷格非教授认为，社会责任行为文化是将社会责任的理念融入经营决策和管理行为中，将社会责任理念体现在组织及员工与各利益相关方的关系活动中。社会责任行为文化由负责任的企业行为、负责任的领导行为和负责任的员工行为三个层次构成。[①]这一思路值得借鉴。

2018 年 11 月举行首届中国国际进口博览会，复旦大学、上海交通大学等 34 所上海高校的 5200 多名大学生成为志愿者，这是上海高校鼓励学生参与志愿服务、履行大学生社会责任的结果。同时，复旦大学、上海应用技术大学等多所大学校党委书记前往工作现场慰问学生志愿者，各学校提供的后勤保障工作也温暖着学生的心。在中国国际进口博览会上，大学生志愿者努力向全世界展示当代中国大学生的精神风貌、训练有素的文明礼仪和气度风范。上海应用技术大学的学生志愿者在访谈中描述："校领导来慰问我们，还发了点心和吉祥物，我远远看到他们但是我没有过去，因为我要认真坚守自己的岗位。进口博览会很大，我的岗位虽小，但是我要尽到自己的责任，为国家争光。有时一天连续工作 12 个小时，凌晨四点多就要出发，我都坚持了下来，自始至终做到了热情奉献、周到服务。"这充分体现了大学社会责任行为文化的三个层次，即负责任的大学行为、负责任的领

① 殷格非. 责任行为文化的三个层次. 当代电力文化，2015，(2)：52-53.

导行为、负责任的学生行为。

在责任行为的背后是责任理念和制度对人的影响。在大学组织里，责任行为文化体现为全体教师和学生对社会责任观的认同和践行，他们作为大学社会责任文化建设的主体，其行为蕴含并传递着丰富的责任文化信息，是责任文化的重要支撑和真实表现。为此，大学一定要有社会责任愿景，一定要有策略，一定要有项目去连接，逐渐将组织文化建构出来，在大学内部形成动力机制，以此来引导和规范师生的行为，改变高层管理者，进而影响教师，影响学生，影响社会。虽然大学做几个社会责任项目比较容易，但如何把这些东西叠加起来慢慢去改变文化，这是最重要的。组织文化也是要一点一滴去建立，或许需要积累 10 年、20 年。

四、责任物质文化是社会责任文化的外显表现

图 6-1 澳门理工学院汇智食堂的环保标识

责任物质文化是外在的、显性的、物化的社会责任文化的表现形式，包括大学提供的有形和无形的服务，在社会责任教育和实践过程中创造的各种物质标志、物质环境、物质设施等，例如澳门理工学院汇智食堂的餐桌上张贴环保标识提醒师生节省资源，详见图 6-1。责任物质文化作为一种教育资源，会对师生产生潜移默化的导向和激励作用，教育和影响师生主动履行社会责任，塑造更高层次的社会责任文化。同样，大学以人为本的劳动关系、工作条件的合规性、教育科研工作环境也影响着教师的工作积极性和忠诚度。

为使社会责任融入组织文化，大学应该将降低能耗、低碳环保技术融入可持续校园的规划，落实校园绿色建筑建造、维护、改造、运营全过程的可持续性管理，务必淘汰高污染、高环境风险、高负荷的生产与实验设备设施。大学应该妥善处理校园内车辆交通及周边区域人流交通管控，校园文化设施与人文景观环境管理，校园自然生态环境保护、生物多样性和自然栖息地恢复，以及涉及劳动关系、工作条件合规性、工作环境、校园安全、尊重民族文化与习俗等议题的社会责任管理。

大学在主办国际国内会议和大型庆典类、文体类活动时，可参考《大型活动

可持续性管理体系要求及使用指南》，建立可持续管理制度，从会务、场地、餐饮、住宿、废弃物等多个维度，将减排细化为具体的指标，切实将社会责任理念融入会务管理和执行的全过程。

经常有学者和师生批评中国的大学过于重视物质文化建设，大兴土木、广修道路，忽视精神文化。这其实要看大学的大楼、草木、景观体现的是什么样的物质文化，若是忽视了责任物质文化，必然是要被社会所诟病的。清华大学环境学院的院馆——中意清华环境节能楼是绿色建筑的典范，它遵循可持续发展原则，集成应用自然通风、自然采光、低能耗围护结构、太阳能发电、中水利用、绿色建材和智能控制等国际先进技术、材料和设备，充分展示人文与建筑、环境及科技的和谐统一。该楼以太阳能和天然气作为主要能源，屋顶安装的太阳能光电池板可以利用太阳能发电，同时采用天然气发电和热电冷三联供系统，冬季发电机组产生的废热直接用于供暖，夏季发电机组产生的废热用于驱动吸收式制冷机。采用智能化控制系统，通过感应装置合理使用光源，合理供给冷气和热气，在无人时自动停止供给，大大地节省能源。据初步计算，该楼的能源消耗与同等规模的建筑的能源消耗相比，可节约 70%左右。依笔者之见，这样的“大楼”不仅是应当建的，还要作为绿色建筑的典范在大学校园里推广得越多越好才是。

清华大学环境学院是我国重要的环境保护高层次人才培养基地和高水平科学研究中心，这所学院的责任物质文化并不仅仅体现在建筑景观层面，它更深刻地体现在立志投身全球环境事业的师生和校友的代代传承和创新。例如，清华大学环境学院为推动社会责任方面而进行的合作，与陶氏化学（中国）有限公司共同主办可持续发展创新挑战赛，在下一代科学家中倡导和培养可持续发展理念。清华大学环境学院还鼓励在读研究生在可持续化学、人类健康与环境保护、气候变化、能源、社区发展等领域，制造出有效体现可持续发展内涵的创意、理念的产品、发明制造或者软件作品。

第七章　大学社会责任的组织治理

今天的中国高等教育站在新的历史起点上，构建具有中国特色的大学治理制度和体系。很多大学都在重新审视现有的治理结构，以寻求可持续发展之路。在中国，利益相关方正在努力通过不同的方式为中国大学迈向全球一流大学给出妙计。一些专家认为，中国大学与世界一流大学的差距主要在软实力，特别是海外软实力还不强。相对于硬实力，软实力建设更需要时间的积累和沉淀。本书认为，世界一流大学的软实力主要体现在大学在全球范围内赢得利益相关方的认同和支持，以实现组织目标和期望的能力，具体表现为大学价值观的认同度、社会责任管理的成熟度、学术声誉、基于可持续发展的社会影响力等。如何加强社会责任的组织治理正是本章重点研究和分析的问题。

第一节　组织治理作为社会责任核心主题

在核心概念界定部分，本书介绍了大学社会责任的组织治理是指大学为实现其社会责任目标而制定和实施的决策系统。为了能使组织为其决策和活动承担责任，并将社会责任融入整个组织及其各种组织关系，组织治理是最为关键的因素。组织治理的目的之一是促进大学实现对利益相关方的社会责任。

组织治理是社会责任的七大核心主题之一，它同时也是增强其他核心主题行动能力的手段。《社会责任指南》（GB/T 36000—2015）就社会责任的核心主题和议题，以及如何将社会责任融入组织等提供了指南性的意见和建议。国家标准将社会责任内容界定为七大核心主题，包括组织治理、人权、劳工实践、环境、公平运行实践、消费者问题、社区参与和发展。这七大核心主题相互关联且相互补充，有效的组织治理可确保组织能够针对其他主题和议题采取行动，因此，组织治理在性质上稍微有别于其他核心主题。

良好的组织治理是高等教育系统和系统中的大学都需要关注的问题。政府部门和大学之间、大学组织之间都需要加强在政策及实践领域的合作。联合国教科文组织在具有里程碑意义的重要报告《反思教育：向着"全球共同利益"的理念转变？》中，强调了各国应根据当前形势重新审视教育治理基本原则的必要性，特别是受教育权和以教育为公益的原则，鼓励所有的利益相关方开展以尊重生命和人类尊严、权利平等、社会正义、文化多样性、国际团结和为创造可持续的未来承担共同责任为基础的对话。[①]中国也正在根据高等教育发展的规律和高等教育现代化的基本要求，以构建政府-高校-社会新型关系为核心，以推进管办评分离为基本要求，形成政府宏观管理、学校自主办学、社会广泛参与的格局。2017 年 9 月，中央全面深化改革领导小组审议通过《关于深化教育体制机制改革的意见》，提出到 2020 年要形成更加完善的"政府依法宏观管理、学校依法自主办学、社会有序参与、各方合力推进的"教育治理格局[②]。这一宏观背景事实上非常有利于中国大学在新时期通过完善自身的组织治理，通过自主性较强的决策程序和结构，使组织更好地承担社会责任。

第一，大学须将组织治理作为自身社会责任的核心主题之一。组织治理的最主要问题是组织应建立过程、制度和结构，使运用社会责任原则和开展社会责任实践成为可能。大学的治理结构应该为多主体参与社会责任治理并协商合作提供一个制度性、程序性的框架。

第二，大学宜确认各项社会责任原则在大学治理中能够得到遵循并在其组织文化中得到反映，塑造履责的可靠性、透明性以及可持续性，展开真正的社会责任治理探索。大学将社会责任原则纳入决策并予以实施是大学有效的组织治理的基础。大学治理的意义不只是看大学做了多少事情，还应该看大学怎样更加负责任地去做。组织宜对其具有正式的和（或）事实控制力的决策和活动的影响担当责任。事实控制力是指组织虽无法定或正式的授权但有能力指挥另一方的决策和活动的情况。大学在做出决策、开展活动时，都应该从社会责任的角度思考利益相关方的诉求和全社会的共同利益，权衡给人、社会、环境带来的影响，尽可能将不良影响降到最低。

---

① 联合国教科文组织. 反思教育：向着"全球共同利益"的理念转变？联合国教科文组织总部中文科译. 北京：教育科学出版社，2015：15-17.

② 关于深化教育体制机制改革的意见. 中国政府网. http://www.gov.cn/xinwen/2017-09/24/content_5227267.htm[2017-09-24].

第二节 组织治理的决策程序和结构

如何通过社会责任的战略融入来优化大学已有的治理结构？如何将社会责任嵌入大学现有的治理机制？这是值得教育管理研究者和实践者关注的问题。前期的研究成果已经证实了治理结构对组织社会责任的影响，主流观点均认为社会责任的履行会受到其治理结构的影响，完善的治理结构在一定程度上能够保护利益相关方的利益，促进组织更好地履行社会责任。大学社会责任应当与治理结构相结合，从社会关系层面考虑组织与利益相关者之间的权责安排，并通过设计合理的治理结构来增强对社会责任的履行。

做出决策和实施决策以实现目标，是组织治理所包含的一个基本过程。每一个组织均有其决策程序和结构，这些程序、制度、结构或其他机制均宜推动社会责任原则和实践得到落实和应用。《社会责任指南》（GB/T 36000—2015）中“组织治理”核心主题下的议题正是“决策程序和结构”。大学社会责任组织治理的决策程序和结构也是在较高的制度化环境中产生的。这种决策程序和结构取决于大学各种事务的决策权在不同主体间的配置情况，这种配置受到组织正式制度的影响，如法律法规、教育制度、大学章程等；也受到非正式制度的影响，如大学传统、大学文化等。因此，决策程序和结构应使利益相关方的诉求得到有效回应，使大学对利益相关方的社会责任都能得到一定程度的实现。

具体而言，大学组织的决策程序宜使其能够做到如下几个方面：制定反映其社会责任承诺的战略、目标和指标；证实领导层的承诺和担责；营造并培育遵循社会责任原则的环境和文化；创建与社会责任绩效相关的经济和非经济激励制度；有效利用财务资源、自然资源和人力资源；为不同群体（如妇女等）在组织中担任高级职位创造平等机会；平衡组织与利益相关方的需要，包括当前需要和后代人的未来需要；建立与利益相关方的双向沟通程序，识别共识和分歧，并协商解决可能的冲突；鼓励各层次教职工有效参与组织的社会责任活动；平衡代表组织决策人员的权利、责任和能力；跟踪决策的执行情况，以确保决策以对社会负责任的方式得到落实，不论结果是积极的还是消极的，均应判定为组织决策和活动结果担责；定期评审和评估组织治理程序，根据评审结果调整程序，并将变化传达到整个组织。

第三节　社会责任治理机制的构成要素

大学治理的实现不仅仅需要静态的治理结构，还需要动态的治理机制。治理结构是治理机制运行的权力基础，治理机制是治理结构的动态过程和本质体现。治理机制的生成就是在大学制度的框架下，与大学相关的不同利益主体的利益诉求得到有效的回应，使大学的社会责任得到实现。

管理者和师生的社会责任认知成熟度对大学的社会责任行为产生积极的影响，但是仅仅靠大学领导者以及师生自身的觉悟来促进大学履行社会责任是不够的。大学需要建立必要的治理机制使得组织的社会责任治理机构能够正常履职，并且使组织能够对自身所产生的影响负责。

陈宏辉将组织的治理机制定义为“通过建立一系列的制度安排，协调组织各利益相关者之间的关系和利益，形成科学的决策方式，对各利益相关者进行合理的激励和监督，从而维持组织的运营和实现组织的目标”①。陈晓光认为，治理机制随着治理环境、制度、结构的变化而表现出新的内容和体系，治理机制是通过特定的多种手段和方式来协调不同主体之间的关系，并且协调的过程是动态的。②

现代大学的治理无不深深地嵌入现代国家的治理框架之中，即使在同一国家地区的不同层次、类型的高校，其社会职能的发挥也存在着不同，组织形态与治理模式也不同。各国大学的组织形态与治理方式在保持特色的同时，也出现了一些共同的发展趋势。本书的第三章、第四章、第五章分别对欧洲区、北美区、亚太区 12 所案例大学的社会责任实践进行了深度描述，尽力刻画社会责任治理及其激励结构所产生的治理成效，为中国大学提供微观的经验证据。本章研究总结的案例大学的社会责任组织融入与治理的特征共计 63 个条目，具体如表 7-1 所示。

表 7-1　案例大学的社会责任实践总结表

序号	案例大学	社会责任实践总结
1	爱丁堡大学	制定社会责任与可持续发展战略 构建大学社会责任管理的组织保障 建立社会责任与可持续发展政策体系 面向利益相关者实施多元化责任项目 发布年度《社会责任与可持续发展报告》

① 陈宏辉. 企业利益相关者的利益要求：理论与实证研究. 北京：经济管理出版社，2004：35-37.

② 陈晓光. 利益相关者视角下研究型大学治理机制研究. 大连理工大学博士学位论文，2016：20-21.

续表

序号	案例大学	社会责任实践总结
2	曼彻斯特大学	社会责任作为组织核心战略目标 确定社会责任核心议题 制定各类社会责任政策 设计社会责任荣誉激励体系 发布《社会责任报告》与年度《社会与经济影响力报告》
3	维也纳大学	扩展社会责任战略合作 建立社会责任服务与合作网络 欧盟大学社会责任标准研制、实践与发展 发展院校社会责任管理战略 开发大学社会责任教育、培训与服务学习项目
4	蒂宾根大学	组建可持续发展顾问委员会 制定全面可持续战略规划 将可持续发展教育融入所有学科 搭建可持续发展协同创新平台 激励以学生为主体的可持续发展志愿服务
5	哈佛大学	大学社会责任精神激励与文化融入 制定《哈佛可持续发展计划（2015—2020）》 开展可持续校园建设 建立校园可持续性创新基金 基于自身优势的广泛社区参与 发布《可持续发展报告》和《社区参与年度报告》
6	圣路易斯华盛顿大学	以实现可持续发展作为总体目标 出台《2015—2020 可持续运营战略规划》 制定出台各项涉及公平运营的组织政策 培育组织的社会责任文化 扩展社会责任影响力 发布《可持续发展报告》
7	塔夫茨大学	实现社会责任的战略融入 有针对性地实施社会责任项目 将可持续发展融入日常运营 发布《可持续发展报告》
8	不列颠哥伦比亚大学	制定可持续发展纲领性政策 组建可持续发展指导委员会、常务工作小组等组织体系 利用自身优势开展可持续发展科研与教学 加入国际可持续校园合作网络 使用 STARS 评级工具监测可持续发展绩效 递交年度《可持续发展报告》
9	香港理工大学	社会责任原则写入大学章程 组建大学社会责任管理机构 通过服务学习等制度设计培养负责任的世界公民 将可持续发展理念融入学校发展与学术科研 发布年度《可持续发展报告》
10	同济大学	实施可持续发展战略转型 建立可持续发展为导向的通识教育体系 将可持续发展融入学科建设 服务并引领社会可持续发展 发布年度《社会责任报告》《可持续发展大学蓝皮书》

续表

序号	案例大学	社会责任实践总结
11	澳大利亚国立大学	创建引领全球可持续发展的机构 将社会责任融入组织战略规划 实施校园可持续发展管理 促进学生可持续发展 发布《环境管理报告》和年度《可持续发展与遗产报告》
12	新南威尔士大学	建设平等、多元化、包容性的模范大学的组织愿景 专业优势与责任议题结合运营各类社会责任项目 将可持续发展理念融入大学教学、运营与伙伴关系 重点监测并公开平等、多元化、包容性方面的数据 建立可持续发展管理机构 发布年度《可持续发展报告》

资料来源：笔者研究整理

本章还对大学社会责任治理机制的核心要素进行进一步的识别。这些特征是否处于大学社会责任治理要素类别的核心地位，有待于进一步的实证研究证实。治理机制是建立在治理结构的基础之上，促使制度自动运行的程序和体系。核心要素是指构成一个客观事物的存在并维持其变化、发展的不可替代的事物或因素。笔者通过对案例大学的社会责任实践的特征进行主题编码，把大学治理结构通用的构成要素与主题编码进行映射，使编码在每个要素上都能够支持和解释要素内容，验证其提出的合理性。

最终，本章提取出大学社会责任治理机制的以下核心要素：组织保障、政策/制度设计、激励结构、绩效评价、信息披露。

第四节　大学社会责任的治理机制

一、组织保障

大学不可能简单地适应于某些巨大的挑战。为应对挑战，大学必须做出根本性、深层次的改变。重新思考治理结构是一项富于挑战性又有高效益的工作。为此，大学需要创新设计责任和权利系统，把社会责任的战略和目标转变为管理角色和管理责任，这个系统的设计就是结构。这些深层组织结构和组织能力会影响大学履行社会责任取得的绩效成果。

在有效的治理结构中，大学需要建立必要的组织结构来为大学制定良好的社会责任治理措施和战略方向。大学都需要利用正式的组织结构和决策渠道，支持、建立和保障有效的社会责任治理机制。

为了给我国大学的社会责任组织治理提供具体的管理建议，本小节针对中国大学的管理情境，对大学社会责任治理的组织结构展开分析。

（一）大学社会责任委员会

社会责任的顶层决策机构可以称为大学社会责任委员会。在有效治理结构中，首先应该明确的是大学社会责任委员会的角色和职责。大学社会责任委员会应由学校党委书记、校长担任委员会主席（或主任），分管校领导（党委副书记、副校长）担任副主任委员，学校相关职能部门负责人、学院党委书记或院长、教师工会主席、学生会/研究生会主席、社会责任专家顾问等担任委员会成员。

社会责任委员会成员的数量不宜过少，较大的人员规模使得委员会能够拥有更多的资源监督决策和承担管理职责。从案例大学的经验来看，人员规模一般为20人左右。大学尤其是私立大学也有必要邀请来自企业投资方的重要利益相关方参与大学社会责任委员会工作。

大学社会责任委员会的管理职责主要有：

1）研究制定社会责任的战略、政策、规划、年度计划、项目计划。

2）界定学校的社会责任议题和项目的责任主体，由各职能部门和二级学院进行认领，有效实现社会责任管理的下放，引导二级学院和职能部门制定符合自身特色的社会责任管理体系。

3）研究审议社会责任工作的重大问题和事项。

4）监督社会责任的战略、政策、规划、年度计划、项目计划的落实，并评估其执行情况。社会责任委员会可通过绩效考核、评比验收等方式对责任主体进行考评和激励，保障社会责任管理事项的落实，并对社会责任履行情况提出改进意见和建议。

5）加强与利益相关方的沟通，协调社会责任的相关工作。

6）审议核准大学社会责任报告书。

（二）社会责任工作领导小组

如果一所大学开办了异地办学的分校，可在分校设立社会责任工作领导小组。

领导小组成员为分校区的校级领导班子成员、各职能部门责任负责人、各个学院的党委书记和院长、教师工会主席、学生会/研究生会主席、社会责任专家顾问，此外还应包含指导分校工作的总校领导班子成员 1 人。社会责任工作领导小组的管理职责是在校区范围内，履行上述社会责任委员会规定的职责。总校的大学社会责任委员会与各分校的社会责任工作领导小组之间应该是业务指导关系，而不是上下级直属管理的关系。

（三）社会责任工作办公室

为将社会责任的战略和计划转变成为具体的管理责任，社会责任委员会需要下设日常管理机构，开展常态化和体系化的社会责任管理工作。该机构应是大学内部的一个实体行政机构，并且应配有专职人员承担具体工作，这一机构可称为社会责任工作办公室或者社会责任委员会秘书处。分校的社会责任领导小组同样也需要下设办公室，明确社会责任工作的联系人与总校的密切合作，组织并实施社会责任实践，具体管理职责相同。

大学社会责任工作办公室的管理职责主要有以下几个方面。

1）负责落实社会责任委员会制定的各项决议，分享委员会批准的信息。

2）编制社会责任的规划和工作计划。

3）负责社会责任工作的日常管理。

4）协同相关部门推动各个主题的社会责任行动并进行良好的实践分享。

5）编写社会责任报告和可持续发展报告等。

（四）职能部门与院系实体

无论是社会责任融入大学的核心价值观、使命与战略中，还是社会责任融入具体的教学、科研、服务、校园运营中，都离不开具体的职能部门、基层院系实体承担起相应的社会责任内容、事项和具体行动。

大学社会责任委员会可以基于学校自身的组织管理特点，将委员会研究确定的社会责任主题、议题分解成若干个具体的社会责任事项，并界定每个社会责任事项的责任主体。每个社会责任事项分别由各职能部门、各院系等部门实体进行认领，推进社会责任与专业工作、职能管理的全面融合，充分调动下属部门与师生的积极性、主动性。在这个过程中，大学管理者会逐渐发现，无人认领或者不愿意认领的责任事项恰恰是目前学校社会责任管理的薄弱环节。社会责任工作办公室应该将这类责任事项再次进行分配，落实到最相关的实体部门，并作为社会责任管理建设的重点领域。

职能部门与院系实体的社会责任治理，可以采用科层为体、项目为用的治理方式。大学内部各个职能部门、不同学院学科和基层学术组织的分隔，确实给社会责任治理带来了挑战。大学内部不同行政职能部门一旦形成彼此孤立的筒仓，交流、共享信息或者开展合作都会有所局限，具体的社会责任实践工作可能在人事处、后勤处、国际交流处、发展规划处等部门之间相互推诿，使决策过程复杂化，并减缓工作进度。一旦产生某种权责冲突，也会影响沟通的协调性，削减社会责任项目的可适应性。虽然各学院作为基层的学术组织也被赋予了某种特殊的地位，而且实现了某种自治，具备一定程度的自主性。但在很多情况下，院系实体并没能成为大学排除筒仓效应的理想通风口，而且一些学院人员在繁重的教学、科研工作压力下，参与社会责任项目的积极性和主动性往往很难被充分调动。这就导致了一些大学社会责任项目难以实现规模化、可持续性，更不利于大学利用自身的组织优势，长期、持续地为社会做出积极贡献并发挥范围更广的社会影响。大学社会责任委员会有责任激励职能部门和院系实体从更高的维度去看待大学社会责任工作，打破筒仓效应，与多部门合作，向着共同的社会责任的战略目标努力。

职能部门和院系实体的责任明晰，不仅是衡量社会责任组织工作的重要抓手，更是从风险防控的角度最小化社会责任的相关风险。目前，我国高校内部控制体系建设主要集中于预算、采购、资产、债务管理、合同管理、建设项目等与经济相关的业务层面。学校教育活动中的风险环节不仅仅存在于经济活动中，其他如招生、职称评审、人才引进、学位授予等可能产生违背公平运营、师生权益的责任风险点也应加以关注。

二、政策/制度设计

在明确治理结构、管理内容、责任主体后，大学应建立起社会责任治理机制，确保社会责任融入的支持体系和具体流程，切实做到任务明确、权责清晰。在这个过程中，大学应该及时修订不符合社会责任要求或不完善的制度，补订缺失的制度，建立长效的社会责任治理机制。本小节对于制度设计的探讨既包括大学自身的社会责任政策，也涉及政府部门对社会责任公共政策的展望。

（一）大学的社会责任政策

目前，大学自身的社会责任推进政策已经有一些先行者做出了很好的示范。完整、规范、明晰的社会责任推进政策有助于大学社会责任的具体落实，有利于师生按照政策规定进行具体可行的实践工作。

在英国，爱丁堡大学的社会责任理念与战略成熟度水平很高，并建立起较为完善的社会责任与可持续发展政策体系。起初，该校制定出台了十年期的社会责任发展战略与行动规划，此后，该校颁布相关的政策、指南、规范来支持社会责任战略和解释社会责任行动规划，如能源政策、社会投资政策、大学健康与安全政策等大学组织适用的相关社会责任政策等，相关内容在前文的案例研究中已有详细的介绍。这些具体的政策为大学师生提供了明确的方向、指南和行为规范，政策的可操作性较强。

在我国，一些大学从社会责任的政策层面到实践层面已经取得非常大的进展。香港特别行政区的一些大学出台的院校社会责任政策也较为丰富。比较有代表性的有香港城市大学，它的社会责任政策包含大学社会责任章程（university charter of social responsibility）、环境政策、可持续发展政策三部分。其中，在员工的社会责任政策方面，香港城市大学奉行尊重人权、保护人身安全、消除歧视等基本原则；支付公平的薪酬，遵行最低工资政策；并适当吸纳雇员加入教务委员会等机构使之能参与决策程序。环境政策明确规定香港城市大学致力于超越香港特别行政区环保法例规定的要求，确保以负责任的环保态度进行运作。香港城市大学为推行环保政策，各学系、中心、部门参照政策指引，自行制定执行措施，学校推行环保管理计划，并在工作及教学方面融合和实践社会责任精神，为整个社会做贡献。该政策还规定学校将按年度公开环保报告。可持续发展政策主要包含环境、社会、经济可持续发展三个领域，涉及物品回收、化学废弃物处置、环境保护、绿色信息与通信技术、性骚扰政策与处理程序、健康与安全政策等。

英国的大学和中国香港的大学的社会责任政策的制定主要来自管理层的决策。管理层通过社会责任委员会运作，层层传递到基层单元，也依靠其建立的包括政策制定、执行控制、绩效考核、沟通传播在内的社会责任管理闭环体系。美国大学的社会责任政策制定方式则有所不同，例如，哈佛大学等私立大学的社会责任政策的制定更多来源于校内机构、学生组织、教职工的“群众投票”，有自下而上的特点。无论何种渠道，大学社会责任委员会均宜详细地告知利益相关者社会责任政策的使命、目的、程序等，同时拥有政策的解释权，负责解释政策、管理并监督各项责任的落实和完成情况。

建议我国大学参考社会责任国家标准的有关要求，积极探索、制定院校层面的具体社会责任政策，逐步实现社会责任的战略化、规范化管理，建构“社会责任政策—实践”的协同框架来激发大学社会责任带来的综合效应。

在本书的调研中，大学师生对院校制定社会责任政策、开展社会责任治理普遍持有赞成的态度。从高校管理者的访谈中也能够得出比较清晰的结论，即大学配合政府部门及资助机构的社会责任的公共政策和规定，仍然是各大学发布院校社会责任政策的动力。高校的教育管理者仍在观望政府部门是否有明显的推动大学履行社会责任的政策导向。本书建议我国政府和教育部门持续增强对大学社会责任进行公共政策制定、引导实施和监督管理等。

（二）社会责任公共政策展望

政府作为社会责任体系建设有关法规、政策的制定者，社会责任体系建设的指导者、推动者，有责任规制、推进、监督各类组织履行社会责任，构建大学社会责任的行为约束规制和刚性底线的治理机制。

党中央、国务院制定了企业社会责任的国家政策，实施了社会责任的国家标准，为各类组织社会责任的纵深发展提供了基本保障，为大学社会责任的发展营造了更有利的氛围。在社会责任公共政策的制定和实施过程中，中央政府主要注重宏观推广、法律责任、政策与社会环境塑造、沟通与合作等工作的推进。地方政府在企业社会责任公共政策的推进更加注重地方实际，针对性强，措施多样，地方差异性比较明显。有些地方政府将企事业单位的社会责任作为专项工作来抓，制定了相对系统的政策体系，并设定了具体的工作目标和措施方案，如江苏省常州市、广东省深圳市、浙江省杭州市、上海市。上述地方政府还牵头成立了社会责任领导小组或委员会，联合相关的行业组织、社会团体等，在各方职责和组织保障方面有明确的说明，这使得这些地区的社会责任公共政策取得了良好的实施效果。[①]一些行业的自律性组织纷纷推出针对自身管辖范围内的企业社会责任公共政策。

我国政府在大学社会责任治理体系中应发挥愿景规划、制度供给、社会责任

① 邵邦，何元增，程诚. 中国企业社会责任公共政策问题研究. 北京航空航天大学学报（社会科学版），2015，3：39-43.

实践行动协调等重要作用。目前，我们能查阅到的有代表性的大学社会责任公共政策主要有以下几项。

《国家中长期教育改革和发展规划纲要（2010－2020 年）》将“着力提高学生服务国家服务人民的社会责任感”作为未来高水平创新人才的核心素质，将其列为教育战略主题的重要内容①。

2012 年 2 月，上海市政府发布《关于试行上海市精神文明单位社会责任报告制度的通知》《上海市文明单位社会责任报告指导手册（试行）》。2013 年，上海市政府又发布了《上海市文明单位社会责任报告指导手册（修订版）》。在上述政策的指导下，上海市各大高校纷纷开始发布社会责任报告，并延续至 2019 年。

2013 年 11 月，党的十八届三中全会通过的《中共中央关于全面深化改革若干重大问题的决定》明确提出关于“全面贯彻党的教育方针，坚持立德树人，加强社会主义核心价值体系教育，完善中华优秀传统文化教育，形成爱学习、爱劳动、爱祖国活动的有效形式和长效机制，增强学生社会责任、创新精神、实践能力”的战略部署②。

2014 年 6 月，教育部等六部门印发的《现代职业教育体系建设规划（2014—2020 年）》提出要将“国有大中型企业支持职业教育列入企业履行社会责任考核内容”③。2018 年 1 月，教育部等六部门出台的《职业学校校企合作促进办法》提出“企业开展校企合作的情况应当纳入企业社会责任报告”④。

2015 年 11 月，安徽省教育厅出台的《安徽省教育厅关于深化高校教学改革加强大学生社会责任教育的意见》要求“各高校要将社会责任教育培养纳入人才培养的全过程，制定科学合理的大学生社会责任教育培养方案；要在各专业人才培养目标、培养规格、毕业要求中明确社会责任方面的规定，设立相应的学分，制定学分认定办法。社会责任教育培养学分应单独设立。原则上，获得社会责任学分的基本合格要求为：每生平均每教学周的社会责任服务时间不少于 1 小时。各高校原则上应在 2015 级新生中启动大学生社会责任教育培养工作，开始社会责任

① 国家中长期教育改革和发展规划纲要（2010—2020 年）. 教育部网站. http://www.moe.gov.cn/srcsite/A01/s7048/201007/t20100729_171904.html[2019-07-29].

② 中共中央关于全面深化改革若干重大问题的决定. 中国政府网. http://www.gov.cn/jrzg/2013-11/15/content_2528179.htm[2013-11-15].

③ 教育部等六部门关于印发《现代职业教育体系建设规划（2014—2020 年）》的通知. 教育部网站. http://old.moe.gov.cn/publicfiles/business/htmlfiles/moe/s8159/201406/170737.html[2014-06-16].

④ 教育部等六部门关于印发《职业学校校企合作促进办法》的通知. 中国政府网. http://www.gov.cn/xinwen/2018-02/22/content_5267973.htm[2018-02-22].

学分认定。研究生教育、成人高等教育参照本意见执行”①。安徽省教育厅把高校的大学生社会责任教育培养工作的实施情况纳入高校人才培养评估指标体系，定期开展高校大学生社会责任教育培养方案编制和实施工作的专项考核。该政策出台之后，安徽省属高校都普遍制定了大学生社会责任教育培养方案及学分认定办法。

2017 年 2 月，中共中央、国务院印发《关于加强和改进新形势下高校思想政治工作的意见》，指出“引导师生树立正确的世界观、人生观、价值观，加强国家意识、法治意识、社会责任意识教育”②。

从前期的大学社会责任公共政策的情况来看，目前，我国中央和地方教育行政部门仍然缺乏对大学社会责任公共政策的关注，缺少权威主管机构，也尚未建立起鼓励各类大学履行社会责任的政策体系，制度建设较为滞后。我国大学联合创办的大学社会责任联盟、中国绿色大学联盟等相关的行业协会组织覆盖面还不是很广，参与的高校数量较少，一些参与者没有认识到参与制定社会责任公共政策的重要性。

笔者建议政府部门构建包含教育部、省教育厅和行业协会组织在内的多层级主体的社会责任公共政策。中央政府注重全局性的各类组织的社会责任引导工作，同时注重国际交流与合作。教育部在国家有关法律条款的框架内，有针对性地制定大学的社会责任政策，通过多样化的措施引导大学履行社会责任。省教育厅等地方教育行政部门出台的社会责任政策可以更加具体和细化。大学社会责任联盟等行业协会组织具有重要的纽带作同，它们可以发挥资源和信息优势，将政策执行与履责行为更加紧密地结合。根据政策实践过程中遇到的问题和积累的经验，这些协会组织也能对政府部门新一轮政策的出台做出反馈。

（三）将清单制度与社会责任组织治理结合

清单制已经成为公共治理中一种常规化的治理工具，现有应用主要集中在政府治理中的权责清单和市场治理中的负面清单。由于大学社会责任治理也属于多元治理主体的集体行动，将清单制度与组织治理相结合，是大学社会责任治理的

---

① 安徽省教育厅. 安徽省教育厅关于深化高校教学改革加强大学生社会责任教育的意见. http://www.jyt.ah.gov.cn/164/view/17014. shtml[2015-11-17].

② 中共中央国务院印发《关于加强和改进新形势下高校思想政治工作的意见》. http://news.cnr.cn/native/gd/20170228/t20170228_523624921. shtml[2017-02-08].

可行路径。

大学可以开发出若干项“权利清单”“责任清单”，通过清单制使二级学院和职能部门明确必须要承担哪些责任，并将事项通过条目的形式列举出来。这些责任应既包括必须要履行的岗位责任，也包括社会责任。如今，我国已经有一些事业单位推出了社会责任清单，高校也可以参考。清单形式既可以是正式的、具有行政法效力的文本，也可以是非正式的内部文本；既可以是法律范畴内的公共事项，也可以是内部的自治事项。在形式层面，可以通过正面清单和负面清单这两种形式来增加治理的稳定性和确定性。此外，清单制也需要引入动态调整机制，定期对清单信息进行更新。

三、激励结构

大学社会责任的组织融入与治理都离不开一定的激励机制。基于北美区、欧洲区、亚太区的案例研究，当地的政府部门和大学所在的社区均为促进大学履行社会责任提供了某种激励机制，这也是地方政府在参与大学治理过程中出现的新趋势。外部核心利益相关方提供的激励机制主要包括公共服务激励、资金激励、政策激励、本地文化激励。

案例大学为积极促进学术人员、行政人员、学生主体自发地参与到大学社会责任治理中来，提供的激励机制主要是政策激励、资金激励、荣誉激励、精神文化激励。由于大学组织的特殊性，社会责任的激励机制中的资金激励主要是以项目经费、科研经费、可持续发展课程教学改革经费等基金形式实现的，尚未与高层管理者和教职工的薪酬与工作绩效挂钩。而在大型企业尤其是上市公司和中央管理企业中，综合考虑中央管理企业的经营业绩、承担的社会责任和政治职能来建立合理的薪酬制度，引导负责人更加注重综合效益和战略目标，已经成为一种新的治理趋势。

四、绩效评价

社会责任绩效是有关组织社会责任活动的结果或产出的定性或定量信息。主要反映了与组织社会责任的核心主题和议题有关的行动的实施进展和期望的实现程度。社会责任绩效评价指标体系是指组织为反映和衡量组织社会责任过程和结果而设置的标准体系，是组织加强社会责任管理和考核，提升履行社会责任绩效的重要工具。通过社会责任的绩效监测和评价，组织可以更全面、深入和系统地了解社会责任的战略、目标、计划的执行状况，从而有针对性地持续改进其社会责任活动。

政府部门和大学的行政部门都希望通过量化评价、绩效管理等新型治理形式，以较为直观的方式和数据呈现组织的发展状况及承担社会责任的情况，这些核心业绩指标的运用在很大程度上反映了公共政策的目标，当然很多大学的内部管理者也会迎合政府的这种需要。同时，大学管理者着实担心政府因为实行差别化的政策而产生资源配置的差异，影响组织对区域内优质资源的汲取。尤其是在一些国家，大学校长由政府委派或者需要政府部门的指导意见，若管理层流动较频繁，也会影响到管理层对战略性社会责任的前瞻性决策。在对大学的社会责任绩效进行评价时，笔者建议减少行政问责制的过度使用，避免给大学管理层决策过度的政治压力；适度延长管理层尤其是大学校领导的任期，避免较为频繁的校领导调任，都会有利于大学形成较充分的决策自主性，完善社会责任决策程序并将履行社会责任嵌入治理结构之中。

五、信息披露

切实有效的信息披露机制，一方面可以增加高校内部决策的透明度，另一方面也便于实施的监督与评价。信息披露机制不仅具有对外沟通的功能，对内也是很好的治理工具。

编写并发布社会责任报告或可持续发展报告，是大学承诺履行社会责任的行动声明，也是大学自觉接受社会监督的意愿表达。它能够使大学的价值和意义在社会责任报告中凸显和呈现，能够让责任更明晰，让沟通更有效，让披露更规范，让履责更自觉。

社会责任报告是大学践行核心价值观的白皮书，是将社会责任融入管理决策和日常运营的重要手段。因此，我国大学应以管理的心态来应用，注重理解社会责任与自身战略和核心业务的潜在影响，识别风险和机遇，进一步改进大学社会责任治理。也就是说，一所大学编写社会责任报告的过程就是社会责任管理的过程。

本书在第八章会具体对上述治理机制相关的履责管理展开说明。

第八章　大学社会责任的履责管理

一定有很多教育管理者仍然对如何在大学日常管理运营中将大学社会责任“落地”感到困惑。本章就是来解决这些困惑的。大学社会责任的履责管理是将大学的内生与外源的履责意愿转化为履责行动的关键机制。正如著名管理学思想家彼得·德鲁克所言，组织的利益与社会公共利益之间的一致性并不能像新古典经济学者所想象的那样能够自动实现，而是需要依靠管理来实现。管理问题的研究不能脱离管理所在的环境，对大学社会责任履责管理的研究也是如此。目前，我国大学基本还处于无社会责任管理或少量探索的阶段。本章主要对中国大学的组织情境展开分析，提出适用于研究型大学、教学研究型大学、应用技术型大学这些不同类型大学的共性建议。

第一节　大学社会责任的议题识别

一、优势特色与议题结合

社会责任的核心主题包含组织所需处理的且极可能产生的经济、社会和环境影响。《社会责任指南》（GB/T 36000—2015）认为组织治理、人权、劳工实践、环境、公平运行实践、消费者问题、社区参与和发展这七大主题适用于所有组织。组织宜整体考虑社会责任的核心主题，通盘考虑所有的核心主题和议题及其相互依赖性，而非只专注于单个议题。各个核心主题均包含了组织识别其社会责任时所需考虑的特定议题。所有的社会责任的核心主题均与社会中的每个组织相关，但并非所有的议题都是相关的。对于不同的组织，其社会责任活动可能并不完全包含上述七个方面，可以是其中某一个或某几个方面。即使是同一主题，对于不同的组织，由于各自的性质、规模、运行等情况不同，组织的社会责任活动也可能存在一定或较大的差异，为此，组织的社会责任活动必须紧密结合组织的实际。

各类大学通过熟悉上述核心主题中的有关议题来识别社会责任，这是一种非常有效的方法。大学社会责任管理既有一般属性，也有自身的独特属性。大学在判定社会责任的核心主题、识别社会责任议题时，宜与培养人才、传承创新知识的学术组织相结合，做大学真正擅长的事情。

大学首先要识别其能贡献知识和专业技能的领域，并将注意力集中于那些自己擅长的领域，这些领域通常有助于提高大学的竞争力。当大学聚焦于它们能够控制或者影响的最重要的议题时，就是它们能够带来真正的改变的时候。

每一所大学都有社会责任，每一所大学都有能力履行社会责任。在大学发展的不同阶段，其社会责任的履行表现有所不同，随着大学的发展，履行社会责任的范畴不断扩大，社会责任的履行也需要与组织特征和组织资源进行匹配，并与大学的治理结构相关联，这是本书强调的一个核心观点。大学组织的社会责任融入与治理的最终目的，是把大学办出更高的水平，促进大学培养人才、发展知识，与利益相关方携手，共同实现高等教育的可持续发展、社会和生态环境的可持续发展。

我国高校在将社会责任与大学的管理运营、教学、科研、社会服务等具体的职能活动融合时，一定要重视将大学自身的优势与社会责任议题紧密结合，使社会责任行为能够影响到大学的核心学术活动，同时使大学的核心学术活动因社会责任原则得到发展。大学若能积极寻求与自身实际相符合、与自身资源相匹配、与自身优势相对应的社会责任履行为着力点，这些领域恰恰有助于提高我国大学的核心竞争力，实现社会责任行为所具有的核心价值和战略意义。

大学社会责任工作办公室可以列出实质性的社会责任议题清单，通过与内外部重要利益相关方进行访谈，为实质性议题进行优先排序，最后通过校领导层面的审核，确定实质性的社会责任议题。大学社会责任议题在精而不在多。在识别议题时，大学需要确定议题之间的相关性。为此，大学社会责任工作办公室可以采取以下措施：①列出其活动的全部范围；②识别利益相关方；③识别自身活动和影响范围内其他组织的活动；④当组织与其影响范围或价值链上的其他组织开展活动时，考虑所使用的法律法规，确定由此将涉及哪些核心主题和议题；⑤检查组织的决策和活动对利益相关方和可持续发展可能产生影响的方式；⑥检查利益相关方和社会责任议题影响组织决策、活动和计划的方式；⑦不仅识别所有与日常活动有关的社会责任议题，还识别所有与极为特定的情境下出现的与活动有关的社会责任议题。

大学一旦确定了一系列与其决策和活动相关的社会责任议题，就宜仔细审视所识别的责任议题，并建立一套意义最重大和对其最重要的议题准则。这些准则主要包括：①议题对利益相关方和可持续发展的影响程度；②对议题采取或未采取行动而造成的潜在影响；③利益相关方对议题的关切程度；④负责处理这些影响的社会期望的识别。

大学如何挖掘自身的优势特色与责任议题的协同效应呢？接下来，本章将结合社区参与和发展议题、环境议题来具体说明。

二、社区参与和发展议题

未来大学社会责任的发展将更加取决于政府－大学－社会三方合作架构上的延展性和有效性。《社会责任指南》（GB/T 36000—2015）提出的“社区参与和发展”这一核心主题下设社区参与、教育和文化、就业创造和技能开发、技术开发和获取、财富和收入创造、健康、社会投资7个议题。

在制定“社区参与和发展”规划时，大学宜将自身独特的知识、资源、能力作为其社区参与的基础，并创造机会来实现更广泛的利益相关方的参与。在解决社会问题中发现新的发展机会，为社会创造多重价值。通过将社区参与的理念融入自身决策，大学能够最大限度地减少自身活动对社区的消极影响，最大限度地实现自身活动的益处且促进社区的可持续发展。

当大学所在的社区面临诸如洪水、地震、干旱、海啸等自然灾害时，大学宜考虑提供力所能及的帮助。面对重大自然灾害，企业的捐款可能是几千万、上亿元，大学如果仅仅发起师生的慈善捐款，其在款项上是很难比得过企业的。例如，爱丁堡大学从捐赠的收入资金中拿出6000万英镑投资支持大学的低碳经济转型，根据学校官网提供的信息，2018年学校的社会投资总额达到150万英镑，这已经是英国大学有史以来对企业最大的金融投资。因此，我国大学没有必要在社会投资、贫困地区的物质援助上与其他社会组织进行攀比，只要善于挖掘自身的优势、特色与责任议题的协同效应，就可以在社会责任领域做得更好。

这里举一个非常好的范例。四川大学一直面临着中国西部特有的生态环境、自然灾害等方面的治理难题，并致力于谋划学校的学科重点和发展方向，开展面向世界前沿、面向未来发展的颠覆性创新和变革性技术，达成引领社会发展的目标和使命。在2008年四川汶川大地震之后，四川大学积极参与灾后重建，并将帮助灾区实现可持续发展，视为自身对社会的重要责任。故此，四川大学 2005 届校友万丽扎根云南、四川的地震灾区，专门设计既抗震、造价又不高的建筑。四川大学主动对全球灾害危机的应对进行研究，组建“四川大学—香港理工大学灾后重建与管理学院”，其秉持“面向未来、建设一流、服务全球”的理念来打造灾后重建与管理学院，并对灾后重建过程中的社会学、经济学、法律、医学、科学技术、社会工作等问题做系统研究，向全球提供共性的体会、经验和成果，为解决重大全球性问题尤其是重大灾害危机做出贡献。灾后重建与管理学院通过举办“防灾减灾与企业社会责任研讨会”等形式搭建一个高层次交流平台，促进专家学者、政策制定者、从事相关专业的人士以及社会各界在降低灾害风险方面进行沟通和合作。日本的京都大学在地震、水害、风灾、特大灾害的研究方面具有世界领先的科研水平。该校通过定期的专家讲座、模拟实验、小组讨论、野外考察洪水灾害遗址、开放灾害反应基地、灾害亲身仿真体验等，促进社区公众学习对自己终身发展有用的、接近生活的防灾减灾知识，并在社会灾害教育中扮演重要角色。

社区参与和发展议题 6 是“健康”，这一议题要求所有组织均以适合各自情况的方式为促进健康、防范健康威胁和疾病、减轻对社区的危害做出贡献。大学宜寻求消除教学、科研和生产过程中所提供的产品和服务对健康的消极影响，考虑通过适合自身情况的方式提高良好社区的健康水平，提高对健康威胁和主要疾病及其预防的认识。健康议题有一个很好的典范案例。四川大学围绕“社区参与和发展”主题的“健康”议题，从 2014 年开始，每年会举办“健康中国 华西在行动——千名华西医生在您身边”的大型义诊活动。四川大学华西医院、四川大学华西口腔医院等四川大学各附属医院举行义诊活动 220 余次，派出医务人员 2000 余人次，平常“一号难求”的华西知名医学专家、学科带头人都积极参加免费义诊，实现医疗、口腔、药学、护理、卫生、法医学等各学科免费义诊全覆盖，专家为群众提供常见病和慢性病的咨询、初步筛查、诊断和一般治疗服务，并普及医学常识和健康知识，惠及人民群众 6.3 万余人次。四川大学华西公共卫生学院的学生在为基层医疗卫生机构及群众服务的同时，加强了对基层医疗卫生机构及农村人口健康状况的认识，提升了社会责任感。我国有的大学虽然有科研成果颇多的医学类学科，但可服务几万名师生的大学校医院可能只承担入学体检和教职工的健康服务工作，校医院的医疗水平低、校园突发事件与意外伤害事故的医疗应急救援能力差，日常也不为大学师生培训急救、疾病预防、上课科学用嗓等卫生保健常识，并不能为学校的“双一流”建设提供健康保障。这些工作只要管理层稍加重视，大学其实是有能力也有优势把健康议题做好的。

社区参与和发展议题 7 的“社会投资”是指组织将自身资源用于提高社会生活质量的举措和计划，包括教育、培训、文化、卫生保健、收入创造、基础设施建设、增进信息获取或其他可能推动经济社会发展的活动，如表 8-1 所示。

表 8-1 社会投资议题的行动示例

相关行动和期望	社会责任行动示例
在规划社会投资项目时考虑促进社会发展	大学通过增加当地采购和服务外包来支持当地发展，为社区居民创造发展机遇
防止社区对组织慈善活动的支持或持续存在形成永久的依赖	大学各学科专家在充分调研、征求意见的基础上为贫困县脱贫提出系统性的全民解决方案，增强农民就业和脱贫能力
为获得最大化的协同效应并充分发挥资源、知识、技能的互补利用，而与包括政府、商业或社会组织等在内的其他组织建立伙伴关系	大学参与产学研协同创新中心，推动协同创新、培育战略新兴产业
考虑向弱势群体和低收入人群提供食品和其他必需品的援助计划，以及提高其能力和为其增加资源及机会的帮助措施和结果	大学为社区居民的终身学习提供支持和便利
慈善行为	大学为贫困家庭学子提供助学金，向贫困地区开展慈善捐赠等

资料来源：笔者根据《社会责任指南》（GB/T 36000—2015）整理

一些大学在社区发展项目的规划上缺乏对深层次宏观问题的关注和应对，更多是对短期受益的规划，难以从根本上推动社区的可持续发展。大学的社会投资宜首选那些从长远看切实可行并有利于可持续发展的项目。在识别社会投资机会时，宜将反映其自身的特色贡献与所在社区的需要和优先事项相结合，并考虑政府所确定的优先事项。同时，社会投资也不排除慈善行为，如提供助学金、大学生志愿服务和慈善捐赠等。

这里再来看一个例子。韩国“S. K. Y.”顶尖大学之一的延世大学连续位居 2017 年、2018 年的韩国私立大学社会责任排行榜第 1 位，被誉为韩国最具社会责任感的大学。2015 年，为表达对缺食儿童、老龄人群、残障人士的关爱，延世大学向西大门基本食物银行捐赠 24 000 瓶牛奶，以此向西大门地区的低收入阶层提供物质支持，改善该地区的福利水平，不过这个社会责任项目并没有作为长期实践延续下来。虽然延世大学这项社会责任行动的初衷是很好的，确实符合其“敞开心扉为邻居做奉献，为人类繁荣做贡献”的社会责任文化理念，但是，延世大学的这项活动并没有和大学的核心学术活动、优势特色产生相关性，没能发挥出大学独有的资源、知识和技能优势。

如果是一家韩国的乳制品企业、食品企业采取这样的社会责任行动——向贫困老人提供食品，这类项目可能会得以长期坚持，企业也定会受到社会的广泛赞誉。但是，延世大学作为韩国顶尖的研究型综合大学，更应该通过与社区分享知识、技术、资源来履行“社区参与和发展”的社会责任，宜适合采取社区参与和发展下的“教育和文化”“就业创造和技能开发”“技术开发和获取”议题。正所谓“扶贫先扶志”，把教育当作武器，从源头上切断贫困与人民的联系，才能够有效阻断贫困的代际传递。“技术开发和获取”议题旨在通过促进人力资源开发和技术传播的方式，采用专门的知识、技能和技术为社区发展做出贡献。

根据上述议题的行动期望，延世大学可以为首尔西大门地区贫困家庭儿童和青少年提供发展和学习机会，考虑参加当地技能开发计划，包括重点关注特定弱势群体计划、终身学习计划、新技术技能培训计划等，为社区公众的终身学习、就业和能力发展提供支持和便利。具体来说，延世大学的科学技术学院可以帮助开发解决当地社区的社会问题和环境问题的创新技术；工商管理学院可以帮助开发贫困家庭或者退休老人易学易用且能增加经济收入的低成本技术；人文艺术学院可以帮助开发和发掘西大门地区的近现代历史文化遗迹和传统手工艺技术等。

目前，我国很多高校主动承担起扶贫攻坚的社会责任，很多高校都在驻点帮扶一个贫困村，助力乡村振兴。从前文所述来看，我国高校也应为贫困地区的经济发展提供各类人才和智力支持，更加充分地发挥科技优势推动贫困地区产业发展和经济社会发展；重点开展教育扶贫，通过职业学历教育和职业技能培训，为贫困家庭培养新型职业农民或产业工人等人才，开展农村致富带头人培训、贫困学生资助等。

三、大学的环境议题

任何组织的存在均会给社会和环境带来一定的影响。这种影响既可能是积极影响，也可能是消极影响。如果是积极影响，组织应视其为分内之事，理应积极促进和推动。如果是消极影响，组织应勇于承担因未做好分内之事而带来的过失，理应采取措施尽可能使消极影响降低到最低程度，或者采取预防措施尽可能地避免消极影响的产生。在过去很长的一段时期，我国大学较为重视教育和学术领域的社会责任，相对忽视对环境责任的承担。我们必须时刻铭记：无论大学身处何地，其决策和活动必然会对环境产生影响。这些影响可能涉及组织对资源的利用、组织的活动场所、污染物和废弃物的产生，以及组织活动对自然栖息地的影响等。

生态文明建设是关系中华民族永续发展的根本大计。教育系统特别是大学是推动生态文明建设的重要力量，应该承担起这样的社会责任。环境议题是巨大的社会工程，单靠政府、企业是无法完成的，必须形成有效的多社会主体参与的多方合作架构。在我国城市升级迭代的背景下，气候变化、能源匮乏、能源效率低下成为城市可持续发展难以逾越的障碍。高等教育的规模在不断增加，然而污染、资源消耗以及生态灾难的危险同时也在加重。环境议题是现阶段大学社会责任策略所应当关注的重要议题，环境责任的核心主题与其他社会责任的核心主题也是密切相关的。

环境议题主要包括污染预防、资源可持续利用、减缓并适应气候变化、环境保护、生物多样性与自然栖息地恢复。为减少对环境的不利影响，大学宜采取综合性的、系统的和整体的办法处理问题，为其活动所产生的对自然环境的影响承担责任，并采取行动改善组织自身及影响范围的环境绩效。

第一，大学应通过教育、科研、服务等手段，在大学影响范围内致力于帮助利益相关方适应气候变化，并培育他们的可持续发展能力。各类大学有责任在校园内面向社会开展生态文明教育、可持续发展教育，培养对经济、社会、文化和生态的发展具有批判性思考、系统性或整体性思考的能力的人。可持续发展教育（education for sustainable development），即教育促进可持续发展，尤其是促进生态环境、社会、经济、文化的可持续发展，而不只是教育的可持续发展、可持续发展的教育或可持续教育。各类大学宜从课程教学、学科建设、科学研究以及面向社会的生态科技与环境、教育培训等方面提供服务，参与解决全球性、地区性或本区域的生态问题，促进人类社会的可持续发展。大学为促进人类社会更有效地适应气候变化，宜考虑预测未来气候，以识别风险，将适应气候变化纳入自身的决策过程。

第二，大学宜实施能源效率计划，以减少在建筑物、运输、生产过程、仪器设备使用等各类服务中的能源需求；宜在其自身运行中节约、减少用水并实现水资源的再利用，并在自身的影响范围内促进节约用水的行为。在可能的情况下，大学应用可供选择的、可持续的、可再生的、低环境影响的资源来补充或替代不可再生资源。大学后勤部门等应促进可持续采购，包括采购高能效的商品用于教学科研等活动，促进可持续消费，并向利益相关方传播相关理念。

第三，污染不仅对健康和社区福祉有消极影响，也会对师生产生不同的影响。这些污染行式包括噪声、气味、光污染、电磁辐射、放射物、传染性物质、无组织排放等。大学为了更好地预防其活动所产生的污染，应识别与其活动有关的污染来源和废弃物来源；测量、记录并报告重要的污染、耗水、废弃物和耗能的减少情况；实施减少污染和废弃物排放的措施，确保对无法避免的污染和废弃物进行妥善管理；就现有和潜在的污染排放和废弃物、有关的健康风险及现有的和拟采取的缓解措施等事宜与当地社区进行沟通；注意对供应商的绿色供应链审核，不与具有重大负面环境影响的供应商合作，等等。

第四，大学宜通过了解可持续的校园运营最小化组织活动对环境、经济、社会的不良影响，对能源、水资源、污染排放、绿色建筑、交通、采购、废弃物处理、校园绿地管理与生物多样性与自然栖息地恢复等环境议题的相关领域制定明确的可持续校园建设计划，将可持续发展理念、可持续发展目标融入管理运营。大学应识别累积的温室气体排放的直接和间接来源，并界定其责任边界，测量和记录主要温室气体的排放，采取优选措施，在其控制范围内逐步减少和最小化直接与间接的温室气体排放，并在其影响范围内鼓励类似行动。大学还应采取措施保护、修复校园生态系统，将对自然栖息地、湿地、森林、野生动物和农业用地的保护融入校园建筑和建设工程的开发过程。

例如，哈佛大学、耶鲁大学、澳大利亚国立大学、麦吉尔大学等全球领先的可持续发展大学普遍制定了温室气体排放的削减计划，并考虑以碳中和为目标，采取措施抵消温室气体排放。哈佛大学通过以科学为基础的行动，测量和记录主要的温室气体排放，并在 2016 年 12 月成功实现温室气体排放比 2006 年排放减少 30%的目标（计入增长效应）。塔夫茨大学在 2013—2016 年实现了降低 5%～7%的能源消耗的目标，计划到 2020 年减少 10%～25%的温室气体排放。爱丁堡大学 2018 年减少二氧化碳排放 3331 吨，2019 年计划减少二氧化碳排放 3000 吨，并承诺在 2021 年之前完成组织转型，逐步减少直至不再使用化石燃料（煤炭、石油和天然气等）等不可再生资源。加拿大的不列颠哥伦比亚大学拥有 400 多座校园建筑，每天有 14 万人往返温哥华校区与各校区之间，其能源消耗量相当可观，对此，学校对建筑进行可持续性改造来减少能源消耗，通过使用零排放的基础设施、纯电动汽车、共享汽车等方式实现更加可持续的交通运输。

第二节　大学社会责任的项目运营

各国高等教育机构联合推动大学承担社会责任在新时代具有特别重要的意

义，我国大学不仅要建构契合本国和地区特点的大学社会责任理论，还要构建并运营符合大学发展规律、人才培养规律、促进大学知识创新的社会责任项目。因此，作为履责载体的社会责任项目应成为大学社会责任实践领域关注的重点。

一、社会责任项目的选择

大学在选择社会责任项目并付诸实践时，要不断回应公众日益增长的合理期望与诉求。具有充分的社会价值，能够解决国家和社会急需解决的问题，具有前瞻性、引领性、创新性、可持续性的社会责任项目，是大学最为理想的选择。这种创新性能够在某种程度上与企业的社会责任项目区分开来，更加体现高等教育对社会独特的价值。创新与持续，前瞻与引领，开放与互动，拥有这些特点的社会责任项目真正具有传播的、复制的普适性意义。[①]故此，在确定和创新社会责任项目上要具有整体视野，既要设计实实在在、可见的社会责任项目，比如大学生志愿者服务活动、公共政策咨询服务、国内扶贫与海外教育援助活动；也要根据大学组织整体定位设计社会责任项目，社会责任项目的设计应该具有可接触性、可操作性、丰富性、差异化、特色性，同时这些项目应该有利于促进大学与利益相关方之间的密切联系。

大学社会责任委员会可以研究并确定其社会责任实践围绕的优先问题。各类大学都可以把对重大社会问题的解决纳入战略范畴，基于不同大学组织的特色、资源、能力，集中优势资源解决最应该解决的问题，并从社会问题中寻找履责机会，这就使大学能够过滤掉不具有战略意义的社会责任项目，同时让社会责任项目随着大学的发展实现可持续运营。例如，英国的曼彻斯特大学的社会责任项目主要聚焦如何利用大学的资源去影响大学周边贫穷的、失业很严重的区域；南非的普利托利亚大学的社会责任项目聚焦推动脱贫问题，探索如何运用工程、科技、教育来帮助社区人民，提升他们的计算机应用水平，以使他们的收入增加；新疆的石河子大学的社会责任项目主要是师生运用农业技术来扶贫，帮助边疆人民提升生活水平，促进当地农业发展，推进和谐社会建设。在上述项目中，大学和社区这一利益相关方成为平等的合作伙伴，他们有责任互相建构、互动发展，大学也在结合自身的特色和优势来运营社会责任项目。

大学在开展各类社会责任项目运营的初期，师生想做的事情、需要管理者参

① 罗曙辉. 优秀 CSR 项目炼成记. WTO 经济导刊，2014，(9)：33-38.

与的社会责任项目一定有很多，但是在做出选择时，一定要聚焦主要矛盾，可以先做减法，有自知之明，量力而行，尽力而为；再做深做透，逐步扩大社会影响和社会贡献。

二、社会责任项目的实施

由于单个组织在资源和能力等方面的不全面，社会责任项目应该由能力互补且相互制约的多方参与者组成，这些组织基于对责任的共同理解和资源投入来承诺共同解决社会问题，实现自身的社会责任。这些参与方包括政府机构、合作企业、非政府组织、慈善机构、具有专业知识技能的教师等。这些参与者在社会责任项目实施的各个阶段分别扮演不同的角色，并发挥不同的作用，这些角色也随着项目阶段的演进而发生演化。为促进社会责任项目的成功实施，大学社会责任委员会可以委派专门的人员负责各个社会责任项目，这些负责人、协调人还要积极与外部公众沟通合作，以保障项目的顺利实施和目标实现。在社会责任的项目选择、项目实施、项目管理、项目监督过程中都应该让首要的利益相关者充分参与，协同治理，从而使大学和公众形成稳定的、长期的互动，并在互动中回应公众的利益诉求和价值期待，激发公众的情感认同和利益体验，从根本上提升公众对大学社会责任的认同。

大学的社会责任项目通常由一个个职能部门牵头负责，并由职能部门的中层管理者担任项目负责人，或者由学校的社会责任委员会研究决定委派专门的人员负责具体的社会责任项目。虽然项目负责人可以直接向主管社会责任的副校长或者社会责任委员会主任负责，但是每一个行政职能部门不能够只停留在自己的筒仓里。笔者建议学校可以将社会责任项目委托给校内跨职能部门人员共同组建的项目运营团队，把拥有共同任务的人员聚集到一起，跨越内部组织的界限，使参与者排除筒仓心态，利用不同的资源、知识和经验，为不同的领域和专业献计献策。同时，各职能部门应从更高的维度去看社会责任的项目运营工作，打破筒仓效应来创新多部门合作，向着共同的社会责任战略目标努力。这是学者和实践者在社会责任与可持续发展项目运营中应关注并致力于解决的实际问题，对大学实现组织的可持续发展转型亦具有深远影响。

大学管理者可以针对不同的社会责任项目、多元化的利益相关方采取不同的激励措施，比如，大学的志愿者服务活动可以采取奖励学分认定、树立社会责任实践优秀典范并颁发荣誉证书等形式激励大学生参与。而对于当地社会和贫困地区急需的大学技术创新与转移项目，可以采取将知识产权保护、代表性社会服务项目作为职称评审加分项等方式来实现对教师的激励。

为了大学社会责任项目的更好发展，大学需要不断寻找可操作的和更高效的推行方式。大学的宣传部门应围绕大学的社会责任项目进行品牌化传播，还应该深入理解大学的利益相关方，通常需要从社会、服务、环境等方面来感知大学的社会价值，因此，应采用更高效的传播技巧发挥出社会责任传播的力量。一个具备良好形象的社会责任品牌项目也将在获得更多社会关注和认同的同时，不断汇集多方支持。

三、社会责任合作项目的运营

当今世界面临的诸多挑战，如气候变化、网络安全、国际安全等，都不是一所大学或一个国家可以解决的，而是需要跨行业、跨文化、跨国界的合作与交流。很多大学社会责任项目致力于解决社会问题，例如，集中在经济、社区发展、环境和健康领域的全国性或者国际性的大型社会责任项目，需要多组织之间的跨部门合作和跨境合作。此类大型社会责任合作项目中存在的重要问题是资源是否在项目中得到有效的利用，使项目的目标实现，以使社会问题得到解决。一些规模较小、办学资源不充裕的大学可以与其他高校、行业企业、政府部门、公益组织等共同采取行动，而非单独行动，以节约资源投入、提高社会责任的行动能力，与行业企业、所在社区共同创造共享价值。

大型的社会责任合作项目中有相当一部分项目需要通过公共投资来完成，我国大学发起的此类社会责任项目可以吸纳政府的经费投入、社会基金、慈善捐赠、校友捐赠等，资源投入方也需要有责任感、有信誉的大学对社会资源进行更好的整合利用。为确保资源被合理、有效地使用，资源投入方需要对社会责任合作项目的实施进行监管。监管是社会责任合作项目中的重要问题，因为它会影响到社会责任合作项目的绩效和持续性。其中，正式监管是通过规则制度、治理结构、共同商定的流程、责任体系、绩效管理制度等客观的规则来发挥作用的。非正式监管可通过培训、咨询、研讨等方式发挥作用。然而资源投入方应该综合使用正式监管和非正式监管的方式来确保资源被合理、有效地利用。

大学通过不同地区组织合作的方式来实施社会责任项目的情境会越来越多，合作者之间的制度环境差异是面临的挑战之一。来源于不同制度环境的合作者在参与社会责任的项目运作时，参与者的文化和行为模式、遵守的社会责任规范、具体的工作风格等方面都会有所不同，这些差异可能会导致参与者在项目实施过程中产生冲突，而非建设性冲突会给社会责任项目的实施带来负面影响，影响项目绩效。为了减少制度差异给项目实施带来的负面影响，提高项目实施的绩效，应设计相应的合作关系管理机制来应对制度环境的差异。[①]如果跨境社会责任合作项目合作双方的制度成熟度都很高，通常由双方高层，如双方大学校长代表各自学校达成社会责任项目合作协议，确定合作原则和关系规则。如果双方的制度都不够成熟，或者其中一方的制度不成熟，项目合作的关系管理机制应该在决策层和执行层起作用。执行层需要签订一些具体的实施合同，使规则深入到项目实施的过程管理。同时，项目合作方均应通过正式的沟通协调机制来解决项目执行过程中的问题，通过培训、咨询、研讨等来传递正确的知识、技能、项目经验和文化理念。

第三节　利益相关者的参与沟通

利益相关方通过参与涉及组织与一个或多个利益相关方之间的对话，为组织决策提供知情基础，来帮助组织处理其社会责任。社会责任实践不能一厢情愿地蛮干，要在深入了解利益相关方的期望的基础上进行。如何避免社会责任实践与利益相关方的期望脱节呢？大学应深入了解利益相关方的期望，促进多元化的社会责任双向沟通，激活利益相关方的参与，这些必须落实到实处。

一、深入了解利益相关方的期望

受大学的决策和活动影响的利益相关方是众多的。本书认为大学的首要利益相关者即大学组织生存和可持续运营的不可或缺者，包括教育管理者、教师、学生、校友、政府、社区、投资人和合作企业，这些首要的利益相关者都是大学社会责任的治理主体。此外，还有一些能够影响大学的次要利益相关者，包括媒体、未来学生、学生家长、行业协会和非政府组织等，这些次要的利益相关者需要在治理过程中加强对社会责任的沟通与信息披露。

---

① 汪志刚. 社会责任合作项目的治理机制——基于香港援建汶川地震灾区的案例. 华中科技大学博士学位论文，2015：36-38.

大多数利益相关方的利益都与大学的社会责任相关，并且往往与某些社会利益极为相似。不同的利益相关方可能有着各自不同的利益，有的利益之间甚至可能会相互冲突。并非所有的利益相关方都参加了能够代表并维护其利益的有组织的团体。许多利益相关方可能根本无法被组织起来，因而有可能被忽视或忽略，如弱势群体、后代人等。因此，对于弱势群体和下一代人的利益，大学也有责任予以关切。

对于大学而言，仅仅关注某一个或某几个重要的利益相关方是不充分和不合适的，单独考虑某个利益相关方的需求和期望是片面而孤立的。大多数情况下，在实施社会责任行动之前，大学早已知晓或很容易了解到相关的社会期望，而无须依赖特定的利益相关方的决策参与来实现，同样地，大学也可以从社会责任标准、最佳实践中了解利益相关方的期望。

提高大学的社会责任履责水平，关键是要提升大学与利益相关者沟通、协调、互动的质量。在与利益相关方的沟通过程中，大学宜确保利益相关方都意识到承担社会责任的重要性，了解并重视大学社会责任的战略目标、框架要点及实施步骤。因此，大学要统筹考虑利益相关方在经济、社会、环境方面的合理诉求，拓宽思考社会责任的核心主题和议题的视野，融入组织社会责任的综合目标，最终形成书面的行动计划和执行策略。

与利益相关方进行单一的或表层的沟通只能解决个别问题或达到部分目的。社会责任必须通过建立有效的、全方位的利益相关方的沟通与传播机制，让各利益相关方认识到大学社会责任与其利益的息息相关，从而形成对社会责任的认知和认同。尽管大学组织可能自以为对社会责任很了解，但无论如何，仍考虑使利益相关方参与到议题识别的过程中来，以便拓宽思考核心主题和议题的视野。

在操作层面，例如，在确定大学的社会责任议题与具体实施的社会责任项目的决策过程中，社会责任委员会应有效识别学校在人才培养、社会服务等方面的优势与潜力，识别利益相关方（主要是内部师生）最关心的责任议题。在这一过程中，社会责任委员会需要统筹考虑利益相关者在经济、社会、环境方面的合理诉求，并与行业企业、所在社区共同创造共享价值。社会责任委员会在确定社会责任议题与具体的社会责任项目后，还应继续通过利益相关者的参与和充分沟通，最终形成书面的行动计划和执行策略。社会责任委员会可以每半年一次对职能部处和主要院系的社会责任推进负责人进行座谈，认真确认各个社会责任的主题及议题的推进情况。社会责任项目往往被寄予很大的希望，不仅仅是单一方面的需求。利益相关方各自从不同的角度看问题，得到的结论不一样，这也正是与社会责任沟通的意义所在。大学在选择和实施社会责任项目时，要积极倾听并充分考虑利益相关者尤其是社会责任行为主体的期望、建议和意见。一个组织的可持续发展取决于其能否持续不断地实现它的目标，这就需要管理层对内外部环境的变化及趋势有敏锐的把握，以及利用妥当的方式方法均衡地满足利益相关方的需求和期望。

二、多元化的社会责任双向沟通

利益相关方的参与方式通常是互动式的，旨在为听取利益相关方的意见创造机会，利益相关方参与的本质特征就是双向沟通。大学就自身的社会责任工作与利益相关方展开交流，进行信息的双向传递、接收、分析和反馈，这是社会责任管理实践的重要内容。组织构建的责任沟通机制对内对外都具有重要的意义。具体的沟通形式既包括正式会议和非正式会议，也可以采取圆桌讨论、公开听证咨询委员会、结构化定期通报及咨询程序、集体协商、合作网络的论坛等形式。

公众对大学社会责任的认同是在双向互动和沟通中建构起来的。基于公众类型和特征的多元互动沟通策略可提升大学社会责任的公信力，解决大学与公众信息不对称的问题，使大学良好的声誉在公众间快速传播。大学通过各种载体与内部、外部利益相关者进行深入交流时，由于与利益相关方的沟通次序不当、选择的沟通工具不当、表达方式不当等，可能会造成利益相关方的错误感知。从公众层面来看，不同特征、不同类型的公众对大学承担社会责任的期待与诉求存在差异。

为此，大学可以采取多元化的社会责任双向沟通策略，具体分析如下。

（一）与内部利益相关方的沟通

大学社会责任委员会应注重对所有师生员工的社会责任意识的培育和提升，激励校领导在大学校庆、开学典礼、毕业典礼等重要纪念仪式中，在新教师入职培训、新生入学教育、校园文化等活动中对大学社会责任理念进行正式传播。委员会应定期向管理层、处级以上干部讲解组织的社会责任的核心主题、管理方针等，并借助在线教育、讲座培训等手段开展环境管理、人权、反腐倡廉、信息安全、健康等方面知识的培训和学习。

大学社会责任办公室等责任管理部门可以通过赞赏式调查（appreciative

inquiry，AI）的方式，加强高层管理者、职能部门与学院的战略领导者的社会责任参与和正式沟通，这些战略领导者是推进社会责任实践的主要能力源。采取赞赏式调查，一是能够有效识别学校在人才培养、社会服务等方面的优势与潜力，更精准地识别大学应该优先采取的战略性行动；二是通过识别内部、外部利益相关方最关心的责任议题，深入了解利益相关方的期望，可以量身定制适合自身特点的社会责任实践计划。

在责任沟通的成熟阶段，其目标在于使责任沟通从管理层面过渡到全体师生层面，使社会责任理念融入员工的日常沟通交流。管理者与师生、合作伙伴的非正式责任沟通也应该得到重视，大学社会责任办公室可以定期组织开展师生午餐会，为积极关注并参与社会责任项目的师生提供与主管社会责任的校领导共进午餐的机会。由此一来，一是可以让师生在轻松的氛围中传达直接的、真实的想法；二是使一线教师和普通学生能有机会亲自参与社会责任治理，提高学生的自主管理意识和社会责任感，集中师生群体的智慧和行动，以更好地促进社会责任项目的发展。

（二）与外部利益相关方的沟通

第一，大学管理层要善于运用社会责任理念分析政府部门的信息和需求，并代表大学整体与政府搭建有效的沟通平台，建立长效的沟通机制。在我国，教育部直属高校应加强与所在省、市、区政府部门的沟通，与合作伙伴建立信息交流平台，形成信息发布常态机制，打造“共赢链”。尽管地方财政部门对部属高校的支持较为有限，但是作为利益相关方，地方政府也有责任从政策导向、办学环境等方面全力支持大学的发展，让大学所在的社区从中受益。

第二，为了加强与未来学生及家长、校友、媒体、行业协会等外部利益相关方的沟通，大学可以举行正式的社会责任报告发布会、社会责任政策新闻发布会等，以使外部公众及时、准确、全面地了解相关学校的政策和信息，推动大学在积极承担社会责任时形成的声誉在公众间快速扩散，扩大校园社会责任政策发布的影响力。新闻发布会是一种面向利益相关方快速、有效、集中地传播社会责任信息的正式沟通形式，使媒体在某一时间能够集中公开报道，提升大学社会责任报告的影响力。

我国大学主动、独立地组织社会责任报告发布会目前还很少，大学往往是在某件负面的社会责任事件发生时举行新闻发布会，通过媒体向关注此事的学生及其家长、校友及社会人士通报事件的调查情况和学校的整改措施。我国有代表性的社会责任报告发布会是中国高等职业教育社会责任年会暨质量报告发布会。其发布的中国高等职业教育质量年度报告是教育部职业教育与成人教育司为推进高等职业院校履行责任担当、确立质量发展观、宣传发展成绩、接受社会监督所做的一项制度安排。2012—2019 年，中国高等职业教育质量年度报告发布会已经连续举行了八年，各大新闻媒体对此非常关注，并给予了大量正面和充分的报道，产生了较大的社会影响。

第三，为了加强与国际上的利益相关方的沟通，笔者建议我国大学通过参与国内、国际大学社会责任合作网络与联盟组织的活动、会议论坛、跨区域的社会责任活动等，积极在全球范围内开展社会责任传播。2015 年成立的大学社会责任合作网络旨在有效推动大学社会责任的发展，促进全球高等教育承担社会责任，促进高等院校在大学社会责任方面的协作创新（香港理工大学、北京师范大学、北京大学、四川大学是大学社会责任合作网络执行委员会的创始成员单位）。国内外联盟成员通过建立伙伴关系推动各方合作，开展不同规模及范畴的大学社会责任协作项目，积极推动国内外大学研究与践行社会责任。通过合作，我们既能向标杆大学借鉴实践经验，又能分享中国实践、提供中国智慧，提升大学履行社会责任的国际显示度。

第四，由于"一带一路"倡议与教育合作的推进，越来越多的中国大学主动地融入世界，在更高水平上谋划推进高等教育国际化，并赴海外办学、对外教育援助、涉外合作办学、组建和参与沿线国家各类联盟建设等。因此，大学的社会责任建设需要加强国际沟通、分享与合作。截至 2019 年 4 月，中国已与 125 个国家和 29 个国际组织签署了 173 份"一带一路"合作文件，中国大学的社会责任履责范围也随之延伸到更广泛的地区，社会责任建设已经不仅是一个大学、一个区域的事情，它还关乎全球的可持续发展，需要相互借鉴有益的实践和经验，需要结合不同类型组织、不同国家区域的特点，开展广泛的社会责任沟通与合作。同时，中国大学在国际交流与合作的过程中，面对的是不同国家、地区的政治、经济、宗教等复杂的社会环境和政策环境，大学与利益相关方都需要坚持竞争共存、合作共赢、和谐共生、协商共识、责任共担、成果共享的可持续原则，主动披露大学社会责任和可持续发展的信息，获得各国利益相关方的了解和支持；与各国政府、国际组织和有关机构进行交流与合作，将中国大学的自身优势与"一带一路"沿线国家的经济社会发展、环境保护需求、人文交流需求等紧密结合起来，共同推动大学加强社会责任。

三、激活利益相关方的参与

大学社会责任不仅是大学的责任，也是利益相关者的责任。进入到社会责任管理运行的过程时，遵循的一个核心原则就是利益相关方的参与。利益相关方可采取多种形式参与，它既可以由大学发起，也可以开始于大学对利益相关方的回应。

利益相关方的参与可使组织获得诸多益处，它能够有助于大学增进其对决策和活动给特定的利益相关方可能造成的后果的了解；确定如何更有效地增强决策活动的积极影响，以及如何减少消极影响；确定其社会责任声明是否能为他人所信任；评价其绩效，以便加以改进；解决涉及自身利益、利益相关方利益和社会整体期望之间的冲突；处理利益相关方的利益，与其对整个社会的责任之间的关系；持续学习；履行法定义务；解决其与利益相关方或利益相关方之间的利益冲突；通过了解不同观点而获益；提高其决策和活动的透明度；与利益相关方之间建立伙伴关系以实现共赢。

利益相关者对社会责任治理的参与，对于增强大学回应社会的能力以及实现民主决策具有重要的作用。一旦大学内部利益相关方的社会责任意识不强，参与意愿和能力不高，利益表达渠道缺失，既有的制度设计无论从程序到实体都制约着公众的参与，大学承担社会责任就缺少了行动的主体和动力，更无法创造共享价值。如果没有外部利益相关方的参与，大学的社会责任目标和实践就会变得狭隘、僵化，迟早会与高等教育的公共利益产生不一致的现象。在社会责任行动中，有效的利益相关方参与机制、利益相关方参与程度，始终是影响实践成效高低的重要因素。因此，如何有效地与各利益相关方建立沟通机制，传递大学的社会责任理念，是所有大学都要面对的重要问题。

大学应对利益相关方给予应有的尊重，并考虑到他们在联系组织以及实践参与的方面有着各自不同的能力和需求。虽然有的时候某些外部利益相关方可能表现得更为积极主动，或者比其他的组织更有资源、有能力实现大学的战略目标，但是大学不宜给予其优先权，也不宜因为某些利益相关方（如学生群体）的沉默而忽略他们，更不能建立或扶持并不真正独立的特定利益相关方团体来假充沟通对话的伙伴。

利益相关方的参与是一个在广度和深度上不断演进的过程。这是组织与利益相关方在双向沟通的基础上，认同度不断提高之后表现出的一种支持，包括对社会责任理念、政策、行动、绩效等的支持。[①]为增进利益相关方的参与，明确参与目的、信息告知、参与决策、接受反馈、各尽其责、共同行动等都是必要的环节。利益相关方参与社会责任决策是非常关键的一步，会使大学的决策更好地反映和体现各利益相关方的利益、诉求和期望，帮助大学确认新的发展机遇并发掘社会责任项目的战略价值。为此，大学应该建立公正而恰当的决策过程，并选择最具利益代表性的组织来参与决策，期待越来越多的利益相关者与大学以共同愿景、精准实践、跨界合作、共享价值，积极开展对社会责任行动的思考。

第四节 大学社会责任的监测评价

实际上，每一项大学社会责任不再是各种富含理念争议的讨论，也不再是一个个高深莫测的口号，这背后应该是实实在在的管理问题和科学方法。大学希望系统、深入地了解其社会责任目标的完成状况，有针对性地持续改进其社会责任活动，但是这方面的工作确实存在着挑战。那么，我们如何知道大学社会责任的目标是否实现或者实现的程度如何？大学组织想要全面了解、监测、评价其社会责任活动，那数据如何收集，如何测评，由谁来测评呢？

一、社会责任绩效监测评价

大学为社会责任实践投入越来越多的人力、财力、物力等资源，愈来愈迫切希望全面了解其社会活动的有效性，以便改进社会责任实践并提升其社会责任绩效。为此，一些组织开始开发与大学社会责任的绩效监测和评价相关的技术和工具。在全球范围内，已经有一些国家通过独立且可信度高的第三方机构开展大学社会责任绩效测评，以规避大学自身对社会责任的客观评估存在的诸多障碍。

比较知名的有著名的 QS 全球星级大学的社会责任排名（QS stars social responsibility rating），韩国社会责任研究院、韩国社会责任联盟（Korea Social Responsibility Network）组织开展的私立大学社会责任排名。

考虑到全球大学排名和其他评估中经常会忽略的因素，QS 特别制定了一套星

① 殷格非. CSR 管理原理五：利益相关方参与原则. WTO 经济导刊，2017，(8)：46-48.

级评分系统，从研究质量、教学质量、创新力、就业力、国际化、基础设施、包容性、社会责任等多个方面对院校进行评估，根据评估获得的积分数量，大学将获得总体的星级成绩。参评的院校还可以查看上述每一个项目的具体排名情况。QS 对社会责任的排名主要测量的是大学通过投资当地社区和履行环境责任来承担社会责任的情况，排名具体包含 4 项指标，分别为社区参与和发展（20 分）、慈善工作与救灾（10 分）、区域人力资源发展（10 分）、环境影响（10 分），满分为 50 分，该排名由 QS 组织实施并发布。这一排名让那些积极关注社会责任、具有完善的社区参与行动、自然生态环境优良的大学得以脱颖而出。具有代表性的大学有埃及的艾因·夏姆斯大学（Ain Shams University）、新西兰的奥克兰理工大学、澳大利亚的新南威尔士大学、英国的诺丁汉特伦特大学（Nottingham Trent University）、马来西亚的亚太科技大学（Asia Pacific University of Technology and Innovation）等，它们都获得了该排名的五星级评定。

韩国的私立大学社会责任排名遵循国际标准化委员会于 2010 年发布的《社会责任指南》（ISO 26000），主要聚焦私立综合型大学在社区参与和发展方面对社会责任的贡献。该排名包含 7 个社会责任主题的绩效指标，分别为劳工实践、人权、学生、社区、环境、公平运行实践、治理。其中，在“环境”一级指标下设绿色校园建设、信息安全、可持续性发展研究机构 3 个二级指标，在组织治理指标下设捐赠、大学基金会转移支付（transferred funds from the university foundation）、大学经费积累与学费比例（accumulation of university funds compared to tuition fees）3 个二级指标用以衡量负责任大学的可持续管理。

2018 年，共有 151 所韩国大学参加排名，排名前五的大学分别为延世大学、韩国理工大学、翰林大学、浦项科技大学和成均馆大学。其中，延世大学的劳工实践、学生、环境、治理的社会责任绩效评价获得 A+，且分数高于 2017 年。但是，韩国大学在人权和公平运行实践两大主题的社会责任绩效表现较差，延世大学、韩国技术与教育大学的“人权”指标评价分别是 C−和 C。而韩国大学的“人权”议题绩效评价的平均得分为 41.2 分（该项目满分为 90 分）。其存在的主要问题是大学对人权管理的重视不够，以及相关教育缺失。为改善这一状况，韩国一些私立大学开始支持开设有关人权的课程和研究项目，例如，延世大学将从 2020 学年开始面向本科新生开设人权课程，并成为韩国第一所开设有关人权课程的韩国大学；它邀请人权领域的资深专家来校讲座，聘任联合国前任秘书长潘基文为教授。此外，大学社会责任排名前 20 位的韩国各大学在公平运行实践方面的得分都普遍较低，主要问题表现在反腐败内部监控制度、责任采购、促进供应链社会责任、公平竞争、尊重产权方面的缺失。

二、社会责任绩效分类指引

大学社会责任绩效评价的开发主要涉及四个方面的问题：一是评价的基础，二是评价要素，三是评价的绩效结构，四是评价的原则和方法。虽然现有的大学社会责任绩效评价主要选取容易直观量化的指标，但还是较难反映出大学履行社会责任的全貌，且难以衡量其综合价值。另外，这些绩效测评主要针对大学的整个组织，目前还没有较成熟的大学组织针对职能部门和院系等二级单位开展社会责任的绩效评价。国内有研究者设计了高校社会责任履行情况调查问卷，这类问卷主要是对学校管理、员工责任、学生责任、环境责任、社区支持及发展五个维度进行评价，由师生来填答，对学校进行测评，为大学更好地履行社会责任提供实践依据。但是由于问卷的设计者对大学社会责任内涵把握不全面，调查内容的格局不够。网络上也流传着不少大学生社会责任调查问卷，大多从家庭责任感、他人责任感、集体责任感、国家责任感、人类社会责任感五个层面来调查，其中一些问卷的设计仍不够科学规范。

针对教师和学术人员的社会责任调查问卷比较少，大多是针对青年教师开展的师德师风、思想政治情况的调查，而且调查结果一般由行政职能部门掌握，并没有公开或者反馈给教师。有的研究者主张对每一项大学社会责任的项目开展情况进行监测评价。但是，这些社会责任的绩效测评都不够系统。大学社会责任就好比一棵大树，树干是大学的社会责任理念，树枝是具体的社会责任项目与方案，树叶、花与果实则是最终成果。如果仅仅从最终成果处着眼，就会看不清项目的生命力，就如同仅仅通过观察树叶，无法判断树的强壮程度一样。我国大学对社会责任绩效进行测评宜应用采纳国家标准——《社会责任绩效分类指引》(GB/T 36002—2015)。

2015 年 6 月 2 日，《社会责任绩效分类指引》（GB/T 36002—2015）出台，旨在为各类组织开展社会责任绩效评价提供规范化的指引，以及为进一步开发适合自身需要的社会责任绩效指标提供统一的、规范化的技术分类框架。该标准适用于所有组织，无论规模和类型有何不同。但是，《社会责任绩效分类指引》（GB/T 36002—2015）既不提供统一的社会责任绩效评价方法，也不规定具体的社会责任绩效判定准则。

《社会责任绩效分类指引》（GB/T 36002—2015）第一级绩效分类对应《社会

责任指南》（GB/T 36000—2015）中的社会责任核心主题，包括组织治理、人权、劳工实践、环境、公平运行实践、消费者问题、社区参与和发展七大类。按所述议题来划分，第二级绩效分类对应社会责任核心主题的各项议题。第三级绩效分类对应所述议题的相关行动和期望，反映了组织在这些方面实际达到的结果。标准中给出了31项第二级绩效分类，223项第三级绩效分类。[①]

该标准适用于所有组织，大学组织的社会责任绩效应该包括七类第一级绩效，但该标准并不要求大学组织涉及每个第二级和第三级绩效分类。在应用此标准时，可根据自身实际需要灵活处理第二级和第三级社会责任绩效类别，还可以进一步增加专用于本组织的补充分类。

大学社会责任绩效监测评价，是为了确保大学社会责任的履行符合战略规划，以及为进一步实现这些目标提供建议。此阶段主要是在增加大学履行社会责任的透明度、完善大学社会责任的评价模式、坚持合理的评价原则、建立社会责任绩效评价指标体系等方面做出努力。在评价基础上，对组织社会责任的未来发展趋势做出预期与展望，确定组织社会责任的重点，进一步完善组织的社会责任战略，并对社会责任计划进行调整。

根据评价主体的不同，大学社会责任开展评价至少存在着三种评价模式：自我评价、利益相关者评价和第三方评价。大学如果选择自我评价模式，可以通过学校层面的社会责任委员会或分校区的领导小组负责组织开展，职能部门根据《社会责任绩效分类指引》（GB/T 36002—2015）的核心主题进行自评，管理者、教师、学生等重要的利益相关方都应成为评价的参与者。社会责任委员会对自评情况进行复审，或者邀请第三方机构进行复审，在参考复审结果的基础上提取出重要的社会责任课题。

大学社会责任的绩效评价适宜采取第三方评价模式。权威的第三方评价机构是处于大学和大学的利益相关者之外的主体，其可弥补第一方、第二方可能存在的主观偏见和专业局限，增强评价结果的信任度，提高评估效率。笔者建议教育行政部门和高校委托权威的第三方评价机构对大学社会责任的履行情况开展监测评价，根据各大学递交的社会责任报告，对申报的大学进行独立审核和评分，独立开展大学社会责任绩效评价。建议我国第三方评价机构依据《社会责任绩效分类指引》（GB/T 36002—2015）对大学社会责任绩效进行测评。第三方评价机构可基于此标准，根据大学的实际需要和性质、类型、规模等条件差异，进一步开发

① 中华人民共和国国家标准（GB/T 36002—2015）《社会责任绩效分类指引》. 北京：中国标准出版社，2015：28.

适合大学的具体绩效指标，并对其进一步细化，忽略某些不适合实际情况的类别，还可进一步增加专用的补充指标。

三、可持续发展测评

（一）可持续发展素养测评

数十年来，人们认为教育是解决环境和可持续问题的关键（尤其是在国际层面）。高等教育有义务尽其所能改变主导的认识论预设，并且在追求审慎的、包容的和负责任的生活过程中给人类带来福祉和推动社会进步。

联合国组织推动实施的可持续发展素养测评（sustainability literacy test，SULITEST），旨在世界范围内推广可持续发展知识，使全球公民能够做出明智和负责任的决策，并共同构建可持续的未来。“可持续发展素养”是一种知识、技能和心态，使个人能够深入致力于建设可持续的未来，并帮助他们为此做出明智和有效的决策。SULITEST 在 2016 年被公认为联合国可持续发展目标伙伴关系的首批特色举措之一，截至 2018 年 7 月，已经有 64 个国家 780 所大学的 9 万多名师生参加，在亚洲，京都大学是最早参与这项测评的高校。

可持续发展素养测评的在线测试需要 30～40 分钟，被测试者回答 30 个从题库中随机生成的问题，每一个问题都至少与 3 个可持续发展目标相联系。其主要评估以下 4 个范畴的知识：①可持续的人类与生态系统（sustainable humanity and ecosystem）；②全球和地方的人造系统（global and local human-constructed system）；③可持续发展转型（transition towards sustainability）；④要扮演的角色、个人和系统变革（role to play，individual & systemic change）。

被测试者在测试结束时就能够获知个人分数，大学的管理者可以查看其组织参加测试考生的所有结果（和基准），也可以挖掘考试者的成绩，了解他们对 17 个可持续发展目标所面临的挑战的认知。可持续发展素养测评的指标可以帮助高等教育机构的研究人员、教育工作者和其他利益相关者定制可持续发展教育计划，确保大学培养出具有可持续发展素养的毕业生。

从 2018 年的测评报告来看，被测试者没有对任何一项可持续发展目标有非常低的认知水平（即正确率在 10%以下），也没有一项可持续发展目标获得了人们的全面认知（即正确率在 90%以上），其中，可持续发展目标 6（为所有人提供水和环境卫生并对其进行可持续管理）和可持续发展目标 15（保护、恢复和促进可持续利用陆地生态系统，可持续地管理森林，防治荒漠化，制止和扭转土地退化，提高生物多样性）的测评分数较低。

笔者建议中国大学深度开展各学科的可持续发展教育，以多种形式促进生态文明与可持续发展教育在中国的广泛传播，通过对学习者的可持续发展素养进行研究与测评，为推进全球可持续发展目标的实现做出中国大学的贡献。“可持续发展教育”通过重新定位教育改变社会，帮助人们形成社会可持续发展所需要的知识、技能、价值观和行为。它也将气候变化、生物多样性等可持续发展问题融入教学，鼓励个人成为负责任的行动者，积极应对挑战，尊重文化多样性，并为创造一个更加可持续的世界做出贡献。

（二）大学可持续发展测评

全球范围内越来越多的大学开展可持续发展实践，迫切需要可靠的分析实践规范。大学可持续发展评价的工具是大学开展可持续发展实践的重要指引。国际学界已有大量的先行研究对大学的可持续发展进行分析和检验，其中在国际上具有一定影响并得到较为普遍应用的高等教育机构可持续发展测评工具就有 12 种，其中影响较大的是高等教育可持续发展评价工具（荷兰）、高等教育机构的可持续性跟踪评价与评级体系（美国）。前者的一级指标包括教育、研究、参与、运营、校园建筑，后者的一级指标包括学术、参与、运营、治理。Fischer 等学者对国际上流行的 12 种可持续大学评价工具中的 600 个二级指标进行主题聚类分析，提取出的最核心评价指标是运营、科研、教育、参与，同时将治理与文化作为补充指标。[①]要想设计全球范围通行的大学可持续发展排名，存在着方法上的困难，它需要反映出不同地区不同大学的特殊性、辨识大学在可持续发展方面的共同性。

2030 年全球可持续发展议程制定后，各国政府期望长期监测可持续发展目标的最新进展。联合国教科文组织认为，高等教育机构的可持续发展测评目前仍有不完善之处，它需要包含联合国可持续发展与社会责任指南的全部范畴，并融入联合国 2030 年可持续发展的 17 项目标。因此，对可持续发展目标的关注成为近年来大学可持续发展测评中的一个重要变化。

本节选取目前影响力最大的高等教育可持续发展协会开发的测评工具加以重

① Adomßent M，Fischer D，Godemann J，et al. Emerging areas in research on higher education for sustainable development-management education，sustainable comsumption and perspectives from central and Eastern Europe. Journal of Cleaner Production，2014，62（1）：1-7.

图 8-1　2018 年《可持续校园索引》

点介绍。高等教育可持续发展协会是北美地区一个具有较大影响力的国际组织，总部位于美国宾夕法尼亚州的费城。该协会的宗旨是激励高等教育引领可持续发展转型。该协会推出可持续性跟踪、监测与评级体系（sustainability tracking，assessment & rating system，STARS），识别可持续发展绩效卓越的学院和大学，每年发布《可持续校园索引》（Sustainable Campus Index）（图 8-1）。2018 年度，共有 11 个国家的 447 所高等教育机构递交 STARS 报告，截至 2018 年 7 月 1 日，该协会共有来自 37 个国家的 902 位 STARS 参与者。

STARS 的评价内容包括学术、参与、运营、治理四个领域的 17 项可持续发展关键指标。该评级体系充分结合相关指南并体现了高等教育机构的组织特性，具体内容如表 8-2 所示。高等教育可持续发展协会认为，通过研究可持续性的问题、提炼相关的理论问题指导实践，高等教育机构可以帮助世界了解可持续挑战，开发新的技术、战略和方法来应对这些挑战。因此，该评级体系关注高等教育机构可持续发展的示范性实践和开拓性创新举措，高校的创新实践经过 STARS 指导委员会（STARS Steering Committee）审议通过将会获得额外的加分。

表 8-2　高等教育可持续发展协会可持续性跟踪、监测与评级体系

议题	指标分类	说明
学术	课程	增加可持续发展课程、学位项目及其他学习机会
	科研	从事可持续发展理论和实践的科学研究
参与	校园参与	促进学生和教职工参与可持续发展
	公共参与	参与、解决社会可持续发展面临的问题与挑战
运营	大气与气候	减少空气污染物排放
	建筑	安全健康的室内环境及对室外环境的影响
	能源	减少能源消耗，开发使用清洁能源和可再生能源
	食品和餐饮	减少食物浪费，维护食品安全、可持续的食物购买政策
	绿地	加强校园绿地管理与维护生物多样性
	采购	坚持可持续的采购政策，购买可持续性产品
	交通工具	降低二氧化碳及其他污染物排放
	废弃物	减少废弃物和温室气体排放，降低处理成本
	水	节约水资源，保护水生态系统

续表

议题	指标分类	说明
规划与治理	合作与计划	组织、实施和宣传可持续发展
	多元化与可负担性	学生和教职工群体的多元化，可负担、可接近的高等教育
	投资与财政	可持续的投资与信息披露，建立公正、可持续的财务体系
	健康和工作	制订学生和教职工的健康计划，保证教师薪酬、满意度和工作安全

资料来源：笔者根据 2018 年《可持续校园索引》整理

北美大学共同探索了以自我评价与第三方评价相结合的方式进行的评价。其参评的高等教育机构需要在每年 7 月 1 日之前向 AASHE（Association for the Advancement of Sustainability in Higher Education）递交 STARS 2.0 版本或者 STARS 2.1 版本的自评报告，AASHE 行政管理人员组织专家评审工作，STARS 指导委员会负责评审并发布结果。参评高校将获得铂金、黄金、白银、铜（优秀表现者）四个等级和详细的分类评分标准（百分制），四个等级要求的最低得分分别为 85 分、65 分、45 分、25 分。

2018 年，在 AASHE 发布的《可持续校园索引》中，不仅美国和加拿大的世界一流大学积极参与，一些仅授予学士学位的小规模本科院校也在排名中取得了好成绩。2017 年，斯坦福大学、科罗拉多州立大学、新罕布什尔大学获得“铂金级”，105 所大学获得“黄金级”。2018 年，科罗拉多州立大学、斯坦福大学、加利福尼亚大学欧文分校、新罕布什尔大学获得“铂金级”，亚利桑那州立大学、巴布森学院、密歇根大学、麦吉尔大学等 112 所大学获得“黄金级”，耶鲁大学等 77 所学校获得“白银级”。由此可见，每年荣获“铂金级”的高等教育机构都是屈指可数的，这类大学发挥着可持续发展引领者的重要作用。另外，还有一些大学在具体的 17 项类别单项排名中成为“优秀表现者”。

以斯坦福大学为例，该校于 2012 年、2014 年、2016 年、2017 年、2018 年五次参加 STARS 可持续发展测评。2012 年参加评级时，该校在能源管理、健康与工作方面得分较低。虽然它是一所学术水平享有盛誉的世界一流大学，但是在没有建立起完善的可持续发展治理结构时，也不是样样都行的。自 2012—2013 学年起，斯坦福大学着手完善了可持续发展治理，开展了可持续发展监测、评估、项目管理、信息披露制度，逐步提升了组织的可持续发展水平，斯坦福大学的 STARS 得分从 74.63 分逐步提升到 85.74 分。并在 2017 年、2018 年连续获得来之不易的“铂金级”，在参加测评的高等教育机构中得分最高。除此之外，斯坦福大学还声明今后将继续参加 STARS 测评，不断提升组织的可持续发展水平。

在我国现有的各类大学排名中，衡量大学是否成功大多看它的学术实力，其中也包括涉及人才培养质量的指标，但是未能将环境指标、社会影响指标加入并进行综合考量。AASHE 可持续发展评价指标体系值得我国高校吸收借鉴，这将使我国更多的大学教师、管理者、员工和学生成为有效的、可持续发展变革的推动者和可持续性创新的推动者，有动力并有能力迎接可持续发展的挑战。

第五节　大学社会责任的信息披露

在新媒体、新工具和新技术发展的态势下，社会公众等利益相关方希望了解和参与高等教育的意愿逐渐增强，社会公众对于大学主动披露信息、主动开展社会沟通的新期望和新要求也在不断提高。开放式参与、价值融入、互动性评价……也许正是这些改变正在逐渐变革着大学传统的信息公开模式和公众评价方式，并重新定义大学社会责任在信息披露、公众沟通、管理提升中的价值和作用。

一、大学如何开展社会责任信息披露

权威而透明的社会责任信息披露机制能够及时为公众传送高质量的社会责任信息，促进大学与公众之间的信息均衡。通过几十页的文字、图表告诉所有人，今年我们的大学发展得怎么样，这对世界上所有的大学而言，都是一项有挑战性的工作。

林林总总的社会责任国际标准、国家标准和 GRI《可持续发展报告指南》，是都需要在报告中采用借鉴，还是根据大学自身的特色有所取舍？

是优先考虑评级上的良好表现，还是考虑更加符合大学实际但不一定有评级体现的标准？那么不同的标准在同一份报告中又如何平衡、兼容呢？

大学社会责任报告应该定向传播，还是面向社会大众传播？是给教育部门看的，给专家看的，还是给社会公众看的？

本节将逐步回答这些问题。

（一）大学的社会责任报告

目前大学发布的社会责任报告中存在的不足之处是比较重视披露社会责任项目帮助的对象、具体实践项目方面的信息，但是对于社会责任体系、制度体系及工作体系、社会责任建设成效、资金使用情况的信息披露得比较少。一些大学发布的年度社会责任报告的字数多达5万字，越写越厚，缺少简明精练、聚焦当下、可比较的甚至展望未来的社会责任信息，这也导致社会责任报告的信息和数据并不能很好地推动决策部署落地。

各国大学采取的社会责任的信息披露方式存在不同，大学社会责任的信息披露方式主要包括以下几种。

第一种方式是参考社会责任国际标准发布的社会责任报告、可持续发展报告等的有关倡议和指南，通过发布社会责任报告和可持续发展报告，综合披露大学对社会、经济、环境的影响。代表性大学有爱丁堡大学、曼彻斯特大学、桑德兰大学、凤凰城大学、同济大学、复旦大学等。其中，曼彻斯特大学发布的综合性《社会与经济影响报告》基本上涵盖了社会责任的各个范畴，其同时也发布了《可持续发展报告》。而且，美国的一些营利性私立大学也会按照投资集团的要求向股东披露社会责任信息，并发布专门的企业社会责任报告，如凤凰城大学发布的《阿波罗教育集团凤凰城大学社会责任报告》。大学还可以借鉴企业的社会责任报告制度的做法，向社会公布大学的社会责任履行的状况，借此向社会和利益相关者表明其履行社会责任的态度、策略、表现和绩效贡献等信息。从已有的大学社会责任报告的内容来看，各国大学都比较重视对社会责任理念的传播，社会责任项目主要聚焦在文化教育、社区发展上。

第二种方式是大学内部各个责任部门分别披露能够体现社会责任的数据，体现大学对社会、经济、环境的影响方式。代表性的大学是哈佛大学。哈佛大学从未发布涵盖社会、经济、环境数据的全部范围的综合性的社会责任报告，该校由于缺少一个类似社会责任委员会或领导小组的管理机构，管理者从内部各个分散的组织中收集社会、经济、环境数据，这样做成本过高和也会受资源限制。因此，该校只好采取分散发布披露信息的方式，比如，哈佛大学可持续性办公室发布《可持续发展报告》，哈佛管理公司（The Harvard Management Company）报告大学捐赠情况，财务管理部门发布年度财务报告，哈佛首席多样化官（the chief diversity officer）负责报告机构多样性和公平性，《哈佛数据手册》（The Harvard Fact Book）提供有关组织、人员和资源的公开数据。

第三种方式是我国大学的社会责任信息披露在参考社会责任系列国家标准（GB/T 36000）的基础上应具有本土化特征，体现出中国特色社会主义大学的特点。笔者建议我国大学发布的社会责任报告可以包含战略与组织治理、人才培养质量、科研创新、教师发展、环境保护、健康与安全、社区参与和发展七个方面与大学密切相关的实质性议题，结合大学的组织特征，披露社会责任信息，全方位地展示大学的社会责任实践与成果。

上海市是我国最先创建文明单位社会责任报告制度的地区。上海市高校社会责任信息披露的实践对我国高校具有比较重要的借鉴意义。上海市高校自愿发布社会责任报告的主要目的建设文明单位。2011—2015 年，上海共有 46 所高校发布了 140 份社会责任报告。

上海高校发布的社会责任报告包括五部分：①公开陈述：党政领导就社会责任报告的真实性进行公开致辞；②单位概况：部门架构、师生员工数、单位性质；③报告内容：队伍建设责任、人才培养责任、文化传承责任、依法诚信责任、社会服务责任、生态文明责任；④报告展望：描述师生、员工对学校改革发展和社会责任的新期待；⑤社会评价：社会荣誉、领导关怀、公众反响与媒体报道。具体的报告框架如表 8-3 所示。

表 8-3　上海市高校市级文明单位社会责任报告框架

报告维度	报告指标	报告内容
队伍建设责任	教工教育	1. 贯彻落实党的十八大以来中央重要精神，认真学习习近平同志系列重要讲话，深化中国梦的宣传教育，培育和践行社会主义核心价值观 2. 贯彻落实教育部《高等学校教师职业道德规范》，发布有关本校教职工的职业规范和师德考核制度 3. 干部中心组学习、教职工学习和主题教育活动常态化
	权益保护	1. 教职工录用程序规范、透明，签订聘用合同 2. 实行教工疗休养与体检制度，落实相关的社会保障 3. 注重教职工的培训与发展，尤其是青年教师的培养 4. 畅通教职工权益诉求的渠道，保护教职工的合法权益
	安全保护	1. 安全宣传教育常态化，保证安全管理落到实处 2. 建立和完善学校各类突发事件快速应对机制 3. 加强对实验室、场馆、校园网和大型活动的安全管理，确保校园安全
人才培养责任	教育教学	1. 明晰办学理念，立足国家和上海经济发展，提升办学水平，彰显办学特色 2. 管理制度及教学方法符合立德树人的需求 3. 重视对学生综合素质和创新（创业）能力的培养
	思政教育	1. 思政课教师队伍建设、辅导员队伍建设要有规划、有制度保障，各项配备比例符合规定 2. 加强大学生思想道德教育，促进社会主义核心价值观进教材、进课堂、进课外、进网络、进教师队伍建设、进评价体系 3. 加强大学生职业生涯发展教育，引导毕业生到重点行业、艰苦地区就业
文化传承责任	文化品牌	1. 凝练、培育大学精神，结合学生特点，系统构建社会主义核心价值观和传承中华优秀传统文化的教育体系 2. 繁荣校园文化，建设富有特色的校园文化品牌
	文化载体	1. 加强文化育人阵地建设，拓宽文化育人的渠道和空间 2. 加强网络文化建设，有效利用新媒体，积极推进班级建设和发展，形成文明健康的网络文化

续表

报告维度	报告指标	报告内容
依法诚信责任	守法执法	1. 制定并实施学校章程，建立学校法律顾问制度 2. 开展社会公德、学术道德和诚实守信教育 3. 依法办学，遵守招生、收费、办学办班等的法律法规，维护学校合法权益 4. 及时、规范处理信访、举报和违法违规事件
	社会形象	1. 积极推进党务公开和校务公开 2. 建立学校新闻发言人制度，正确引导社会舆论 3. 对社会、媒体舆论监督等及时回应
社会服务责任	社会贡献	1. 积极开展对口支援、科研服务、校地共建等各类社会服务活动 2. 献血工作落实良好，征兵工作有成效 3. 学校资源向社会开放
	志愿服务	1. 推进“学雷锋”活动常态化，形成志愿服务的长效机制 2. 以社会志愿服务为载体，培育志愿服务的品牌项目
生态文明责任	低碳环保	1. 倡导可持续发展理念，培育师生的环保意识 2. 建设节约型校园，进行垃圾分类，污染物排放达标 3. 优化校园内外环境，建设绿色校园，无烟校园达标

资料来源：笔者根据 2018 年上海市文明办发布的《上海高校市级文明单位社会责任报告框架》整理

上海市政府对高等院校发布社会责任报告属于鼓励性规定，并不是强制性规定，虽然仅仅出台了政策文件，但并没有相应的法律法规，这种要求体现了政府、社会和监管部门的期望，会对大学形成微妙的压力。践行社会责任、公众评价优良成为上海市文明单位的标准之一。因此，上海市一批优秀的大学主动迎合这种社会期望。上海市共有普通高校 64 所，2011 年发布社会责任报告的高校有 35 所；2016 年发布社会责任报告的高校有 36 所，其中有 30 所公立高校、6 所民办高校。由上述数据可以看出，上海市发布社会责任报告的高校数量并没有呈现出增长的趋势，有将近 30 所高校采取的是观望策略。

如今，上海市根据 2017 年发布的上海高校市级文明单位创建的评价指标体系对文明校园进行评估，并通过“基本指标”反映文明单位创建的基本情况，共设置了 6 个一级指标、21 个二级指标、56 个评价标准。其中，“社会责任担当 学校形象良好”作为一级指标，包含“志愿服务”“共建共享”两个二级指标。具体的评价标准包括：①弘扬志愿服务精神，建立志愿者服务长效机制，培育志愿服务品牌，深化党员志愿服务和网络文明志愿服务，师生员工志愿服务参与率达到 40%以上（2 分）；②有序开放学校科研体育文化等资源，积极参与未成年人思想道德建设、学习型社会和社区文明创建等活动，社区对文明单位社区责任的满意率达到 90%以上（2 分）；③落实献血任务，完成征兵计划，开展拥军优属、双结对、社会捐助、扶老帮困等公益活动，积极参与社会（区）治理（1 分）。

在“特色指标”中，“按时提交年度社会责任报告，评为 B 级以上”（1 分）。

上海市精神文明建设委员会办公室要求按 A 级（优秀）、B 级（良好）、C 级（一般）给归口单位的社会责任报告进行评级。

根据 2012—2016 年上海市高校发布的社会责任报告的内容，从第一份报告到第五份报告，我们可以看到这些先行者高校在履行社会责任方面对创新求变的努力追求：社会责任议题在拓宽，报告内容在日臻完善，也开始注重回应社会关切。

（二）可持续发展报告

另一种是按照全球报告倡议组织公布的《可持续发展报告指南》的要求，发布可持续发展报告。欧洲国家、澳大利亚的高校主要应用可持续发展指南，通过环境、教育、经济、社会可持续发展四项议题报告大学的贡献；一些英国高校将社会责任报告和可持续发展报告的要求结合，发布“社会责任与可持续发展报告”，如爱丁堡大学等；一些澳大利亚高校发布“可持续发展与遗产报告”，如澳大利亚国立大学等。

北美地区的高校主要应用高等教育可持续发展协会的 STARS 报告工具，从学术、社区参与、运营、规划与治理四个议题披露学校的可持续发展建设情况，代表性的学校有哈佛大学、斯坦福大学、耶鲁大学、塔夫茨大学、不列颠哥伦比亚大学、麦吉尔大学。

还有一些大学结合本国高等教育发展的实际需要，补充增加公众关注的议题，例如，澳大利亚的墨尔本大学在年度可持续发展报告中特别披露了毕业生就业的相关信息。

可持续发展报告有具体的指标工具，全球存在 12 种以上比较权威的可持续发展评价工具。因此，大学组织相对比较重视披露具体的可持续发展绩效指标信息，如年度减少的温室气体排放量、绿色建筑的标准、有多少学生参与可持续发展的课程和科研项目等。

（三）社会责任报告的编写规则与流程

大学是议题履责实践的主体，是履责理念的创造者、履责行动的实践者。大学需要基于自身发展的需要，主动了解、对接和学习社会责任与可持续发展报告的规则，为选择应用的规则提供基础。社会责任报告编写规则的应用与组织所属的性质和行业特征密切相关。大学的社会责任报告编写可以应用多项报告编写依据。社会责任报告的编写依据有《社会责任报告编写指南》(GB/T 36001—2015)、GRI 系列指南、《社会责任指南》(ISO 26000)等。间接规则是社会责任领域的标准、指南、指引和文件，没有直接对社会责任的报告内容进行严格的规范要求，但是对社会责任报告披露的内容有影响和借鉴意义。高等教育机构可以探索用于专门指导大学社会责任管理和实践的社会责任报告间接规则。

大学是编写报告的第一作者。大学自主设置的社会责任管理机构可以牵头编写报告，与教务、学生、科研、人事等不同业务部门、战略部门、各学院和研究所共同收集数据、案例，梳理履责实践。伴随着社会责任的标准化、精细化发展，一些专注于社会责任报告编写、研究和传播的专业机构的介入和参与也变得必要。大学也可以尝试着开放和让渡一些环节，让社会责任的专业机构参与报告的编写。当委托外部机构编写社会责任报告时，报告编写的小组成员应包含外部机构的代表。

学校层面可以发布社会责任报告，学院也可以单独发布社会责任报告。这一现象在商学院中是比较常见的。商学院要重视对学生社会责任感的培养，为营造良好的市场经济和商业环境发挥商学院的作用。例如，北京大学光华管理学院自 2013 年以来每两年发布一次社会责任报告，主要从教学与学术的社会责任、环保责任、社会影响、学院支持与促进四个方面体现学院对于社会责任理念的贯彻。例如，北京大学光华管理学院社会责任报告编写规则的要点包括：秉承 ISO 26000 有关“组织责任”的核心理念；采纳 PRME（the principles for responsible management education，负责任的管理教育原则）、ASPEN 理念评价商学院社会责任表现的内容结构；借鉴哈佛大学、牛津大学、加利福尼亚大学伯克利分校等国际领先大学的可持续发展报告编写架构，参考 GRI-G4 标准的披露方法；结合商学院的运行特征。

一个较为完善的大学社会责任报告编写流程如图 8-2 所示。

（四）社会责任报告的信息可信度

大学的社会责任办公室可通过资料收集清单、问卷调查、访谈等多种形式收集信息。信息的类型包括文字、图片、视频、音频等。信息的载体既可以是纸质的，也可以是电子的。为了增强说服力，报告信息还可以包括典型案例、实践总结等。对所收集到的信息，报告编写小组应该分类整理，并评审其时效性、完整性和准确性。如果条件允许，也可以建立相关数据库对信息进行有效管理，可靠的信息搜集工作能够提升社会责任报告/可持续发展报告的可信度。

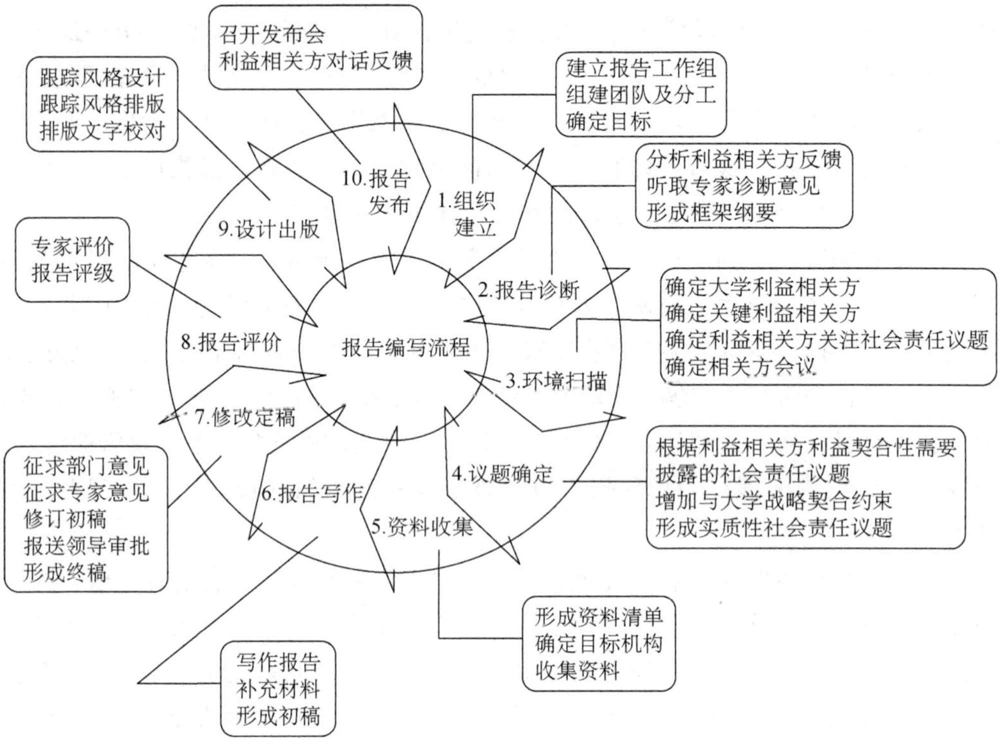

图 8-2　大学社会责任报告编写流程

社会责任报告中提供的相关信息宜具备以下特征：完整性、易理解性、回应性、准确性、平衡性、及时性和易获得性。其中，回应性是指对利益相关方的利益做出回应，平衡性是指信息宜平衡而公正，不宜遗漏涉及组织活动影响的相关负面信息。

社会责任报告展示的是组织的社会责任活动，因此，报告的可信度取决于组织社会责任活动本身的可信度。大学还可采用以下方法提升报告的可信度。

第一，满足有关社会责任信息披露的法律法规要求和其他要求，选择公认的社会责任标准作为报告编写的依据，并声明报告符合所选标准。

第二，以容易验证的方式提供信息，确保报告清晰透明；尽量使披露的绩效具有可比性；坦诚地说明报告未涵盖某个主题的理由，并表明诚意。

第三，引用利益相关方的评价或反馈来证实报告。这一方式的目的是证实报告已经反映了组织的重大相关议题，回应了利益相关方的关切和诉求。大学重视社会责任信息对利益相关方的传播与沟通，除了发布社会责任报告，还可以在官网专门开设社会责任栏目，及时、全面地披露社会责任信息并接收反馈信息。

第四，采用规范的验证程序。注重报告信息的准确性和可信度，可以经由第三方专业机构的审验，验证报告的可信度。①

（五）社会责任报告的传播方式

报告的发布应面对大学的各个利益相关方，面对有兴趣关注大学的社会公众。我国即将进入国际公认的高等教育普及化阶段，社会公民不断提高对高等教育的关注度，利益相关方不断增强对大学的利益诉求和沟通愿望，这些都构成了大学编发社会责任报告的驱动力。

社会责任报告应该做定向传播，也应该做社会化传播。信息能否有效抵达利益相关方是重点。在现代的信息传播时代，大学与公众的沟通方式已经发生变化，大学除了要做专业的社会责任报告，还要做大众化报告。笔者建议大学应更多地整合信息披露渠道，既有整体的社会责任报告、可持续发展报告，也可以有对社会责任专题的披露。

现阶段，我国大学发布的社会责任报告存在专业性较强、可读性不足、与可持续发展目标缺少结合等客观问题。因此，在社会化传播的过程中，大学需要充分考虑移动互联网时代的实际，从传播的视角将报告的内容转化，以利益相关方容易接受的方式将报告规则背后的专业要求呈现出来。一些大学的社会责任报告虽然内容翔实，但是缺少美学设计、视觉传达、图文排版，这也是非常可惜的。在移动互联网迅速发展的情况下，电子报告的使用将使信息传播的广度达到前所未有的程度。为了减少纸张印刷浪费，大学适宜采取将报告全文以 PDF 文件形式在网站公开，有的学校还要印制部分定向传播的纸质版社会责任报告。特别需要提醒的是，印发的纸质版报告应采用 100%的可回收纸张与植物油墨打印。

随着移动互联网、自媒体、智能终端等应用的普及，大学更加有条件提升信息公开和决策透明度。大学可以利用学校的自有网站平台和微信公众号，也可以使用行业平台、专业机构、社会机构的平台来共同传播信息，保证各利益相关者可以及时、持续地获取大学提供的社会责任信息。同时，学校需要提供专门的热线、电子邮箱、开通公众号的留言功能等，使利益相关者能够方便、快捷、直接地反馈相关意见和获取相关咨询信息。

---

① 郝琴. 社会责任国家标准解读. 北京：中国经济出版社，2015：110-112.

二、社会责任系列报告是有价值的管理工具

2001—2018 年，中国发布的社会责任报告数量逐年增长，2018 年 1 月 1 日至 10 月 31 日，中国共发布 1676 份社会责任报告，同比增长 8.5%。在这些社会责任报告中，上市公司、国有及国有控股企业依然是报告发布的主力军，这些企业在十余年的报告发布的过程中，形成了规范化、一体化和制度化的社会责任管理体系，使得它们成为履行社会责任的表率和先锋。

2011—2015 年，上海共有 46 所高校发布了 140 份社会责任报告。报告内容包括队伍建设责任、人才培养责任、文化传承责任、依法诚信责任、社会服务责任、生态文明责任。上海市政府对高等院校发布社会责任报告属于鼓励性规定，并不是强制性规定。但是，这种要求体现了政府、社会和监管部门的期望。因此，上海市一批优秀的大学以高度的政治责任感和使命感，主动迎合这种期望，从 2011 年开始连续向社会公开发布社会责任报告。从 2011—2016 年高校社会责任报告的演变过程来看，上海各大高校的报告具有基础信息呈现好、核心内容回应好、基本原则遵循好的特点，社会责任议题的内容逐渐拓宽，报告制度日臻完善。

大学发布的社会责任报告究竟能否提升大学的竞争力和大学价值？已有的经验证据对于发布社会责任报告有何作用尚不能得出清晰的结论。大学发布社会责任报告是自愿行为，目前还没有法律规定报告要做到什么程度，大学难以直接观察到社会责任报告的高等教育市场的反应和价值效应，这也正是大学社会责任报告的数量没有持续上升的原因。其实，有很多大学的社会责任实际上做得也比较好，只是没意识到发布社会责任报告的价值。

对于社会责任报告的发布，笔者认为：

第一，社会责任报告是将社会责任融入管理决策和日常运营的重要手段，它本身并不是目的。实践证明，社会责任系列报告绝对不只是应付披露要求的表面文章，更不是“谁写谁看、写谁谁看”的利用价值不高的材料。每一次发布的社会责任报告都要求党委书记、校长、主管工作的副校长就社会责任报告的真实性进行公开致辞，管理层要对报告的价值有统一的认识，信息才能得到充分披露，这一步是真正做到了学校高层领导亲自参与。在编写报告内容的过程中，管理者需要跟教学、学生、科研、人事等不同的业务部门、战略部门和各个学院进行沟通，通过收集数据、案例梳理履责实践，这才能够真正促进社会责任融入各项业务流程。在报告信息披露之后，管理者应搜集内部师生和外部公众对社会责任报

告的评价。一方面，这正是把对社会责任的理念认识内化于师生心中的过程；另一方面，大学可以根据外部治理环境、自身的社会责任表现、外部公众对报告内容的态度，不断评估和改进社会责任的表现，并在发展实践中逐渐形成较为完善的外部治理机制。

第二，社会责任的绩效信息是社会责任报告应该披露的主要信息，也是利益相关方最为关注的信息。其内容既包括可测量的结果，也包括难以测量的绩效，如社会责任的意识和态度、将社会责任融入组织、对社会责任原则的遵循情况等。为便于比较，社会责任报告还应包含组织以往时段相应的绩效信息，以及类似组织的绩效信息。社会责任绩效还应公正和完整，既包括成绩，亦包括不足，还包括弥补不足的具体方式。总体而言，社会责任信息披露的主要目的仍是强化高等教育机构的运营透明度、积极开展社会责任沟通、提升治理能力。同时，也要加强社会对大学的了解和评判，增强大学与社会的互动。报告中披露的创新实践、好经验、好案例，成为学校继续开展社会责任与可持续发展实践的指南，也成为其他大学学习、启发、提升的范本。报告中披露的一些负面案例，既有事故描述，又有原因分析和反思，对大学具有借鉴和警醒作用，同样能够为大学内部管理的提升带来正能量。

第三，大学要确保其关键信息、评价、报告和传播系统的协调性，不断地与大学内、外的利益相关者进行沟通。大学的社会责任信息披露，应该走本土化之路，讲好本土故事。社会责任报告内容应切合所在国家的实际、切合大学的实际，对大学社会责任的理念、管理、实践和绩效及利益相关方的评价做出全方位的信息披露。因此，中国的一流大学应成为社会责任信息披露的引领者、受益者、创新者。遵守透明度原则，既是社会和利益相关方对大学行为的重要希望，也是大学加强与社会和利益相关方沟通，并赢取他们的信任和支持的基础。大学要保持信息的公开和披露，随时将相关信息向利益相关方通报，多听取意见，加强沟通，丰富反馈信息、进行监督的渠道。海外办学的高校还应提升社会责任报告的国际化程度，海外社会责任报告的内容也要与当地的办学情况结合，向当地的国际利益相关方汇报大学的经营活动对当地的经济、环境、社会的影响情况等，发挥社会责任报告作为国际社会新语言的重要价值。

后　记

2019 年，是我从事大学社会责任研究的第十年。

我衷心感谢每一位在研究及写作过程中支持过我的人。

衷心感谢大连理工大学高等教育研究院各位老师始终支持我并以严谨的学术态度鼓励我从事这些研究工作，并为我提供了学术发展的良好平台。

衷心感谢引导我走上科学研究之路的导师欧进萍院士，他对于高等教育发展的关切，对严谨科学的执着以及对跨学科对话的热忱，始终激励着我在过去十年里致力于大学社会责任理念与实践的研究工作。在此对老师表达我最诚挚的敬意与感激。

辞章甫成，载怯载欣。
谆谆教导，循循而明。
春风其训，无以相谢。
惟以平生，夙夜在公。

2013—2019 年，我指导的教育经济与管理硕士研究生葛二长、徐歆、牟园园、徐蕾、李福林、兆玥琪、马文瑜、张诗奇等在研究中给了我很多支持和帮助。葛二长、徐歆、牟园园开展了“利益相关者视角下的大学社会责任履行模式”“民办高校社会责任的要素识别”“可持续大学的要素识别与发展路径”等研究，徐蕾、李福林、兆玥琪等通过案例研究、图片编辑、访谈资料整理等方式为本书的出版做出了重要贡献。在此对各位同学表达深深的谢意。

衷心期望本书的出版能够吸引更多国内外学者来关心和研究大学社会责任问

题。期待越来越多的中国大学成为负责任、有影响的一流大学，展现出我国作为负责任的大国担当全球责任、参与全球治理的良好形象。

衷心感谢科学出版社各位编辑专业的精神和所做的高质量的编校工作。

由于时间和研究精力的限制，本书如有疏漏和不当之处，请读者朋友多多指正，欢迎读者将建议与评价反馈到我的工作邮箱 kangle@dlut.edu.cn。

康　乐